教育部高职高专公共事业类专业教学指导委员会推荐教材

社区管理与服务

Community Management and Service

主编 朱国云

天津大学出版社
TIANJIN UNIVERSITY PRESS

内容简介

我们说社会是一个有机体，而社区就是这个有机体社会的细胞。我们的意思是说，社区就像一只小麻雀那样，“麻雀虽小可五脏俱全”。它是一个由服务形式或管理过程构成的复合体，其中每个服务形式或管理过程都在与其他的服务形式或管理过程的互动过程中生存和发展。对于社区管理层面来讲，扮演其主体角色的是三大方阵，即政府、社会力量和广大居民；而对于社区居民层面来说，他们所要追求的安居和归属感，则与社区管理和服务的形式及其过程紧密关联。也就是说，社区管理和服务意味着不是一个简单的生物体的细胞，而是在为整个社会协调发展过程中起到有机整合的核心作用。本书在前言部分就提出：正因为“社区管理与服务”具有事关构建和谐社会乃至于达成世界共同目标的重要性，所以，我们当然要把“社区管理与服务”的理论和实践问题作为一门非常重要的学术研究来对待。

图书在版编目(CIP)数据

社区管理与服务/朱国云主编. —天津：天津大学出版社，2009.12(2023.8 重印)

教育部高职高专公共事业类专业教学指导委员会推荐教材

ISBN 978-7-5618-3309-4

Ⅰ.①社… Ⅱ.①朱… Ⅲ.①社区－管理－中国－高等学校：技术学校－教材 Ⅳ.①D669.3

中国版本图书馆 CIP 数据核字(2009)第 235068 号

SHEQU GUANLI YU FUWU

出版发行 天津大学出版社
地　　址 天津市卫津路 92 号天津大学内(邮编：300072)
电　　话 发行部：022-27403647
网　　址 www.tjupress.com.cn
印　　刷 天津泰宇印务有限公司
经　　销 全国各地新华书店
开　　本 169mm×239mm
印　　张 15
字　　数 311 千
版　　次 2010 年 1 月第 1 版
印　　次 2023 年 8 月第 7 次
定　　价 66.00 元

教育部高职高专公共事业类专业教学指导委员会推荐教材

编审委员会

总序

高等职业教育是我国高等教育体系的重要组成部分，也是职业教育体系的重要组成部分。近几年，高等职业教育呈现出前所未有的发展势头，高等职业院校数量、在校生和毕业生人数持续增长。1996年，我国高等教育的毛入学率仅为6%，2002年达到高等教育大众化阶段的15%，到2007年上升至22%，这其中，高职高专教育的快速发展起到了不可或缺的作用。

20世纪80年代以来，世界许多国家和地区都把职业教育确立为教育发展战略重点。伴随着经济一体化的要求，把发展职业教育作为提高国家竞争力的战略措施，成为世界各国教育政策调整的普遍做法。

我国从20世纪80年代初期建立职业大学至今，高职教育走过20多年的发展历程。随着我国社会经济体制的转型以及高等教育大众化的发展，高等职业教育得到快速发展，其中一个重要原因是国家政策的促进。1996年，全国人大通过并颁布了《中华人民共和国职业教育法》，从法律上确定了高职教育在我国教育体系中的地位，由此我国的高职教育发展驶入了快车道；1999年全国教育会议召开，中央提出“大力发展高等职业教育”的工作要求，我国高职教育进入了蓬勃发展的历史新阶段。2005年，国务院印发《关于大力发展职业教育的决定》，召开全国职业教育工作会议，明确提出，推进我国走新型工业化道路，解决“三农”问题，促进就业再就业，必须大力发展职业教育。2005年成为我国职业教育史上具有里程碑意义的一年。与此同时，各地纷纷出台新举措，加强对职业教育的统筹领导，加大财政投入，鼓励和支持民间资本举办职业教育，完善职业教育的管理体制和保障机制。

从目前我国高等教育发展的总体情况看，存在着由于各层次高等教育不谐调所造成的人才类型结构失衡现象。面对这一问题，中国人民大学校长纪宝成曾在2005年高等教育国际论坛上呼吁：“（高等教育）结构调整的关键是发展高等职业技术教育。”①当前存在的社会需求与学校教育的供求矛盾,对高职高专院校而言无疑是一次发展的机遇。

截至2005年底,高职高专教育取得了规模性增长,基本形成了每个市(地)至少设置一所高职高专院校的格局。全国共设有高职高专院校1 091所,占普通高等学校总数的60.9%。从招生情况看,2005年全国高职高专招生人数达到268.1万人,占全国本专科招生总数的53.1%。从在校生规模看,2005年全国高职高专在校生人数为713万,占本专科在校生总数的45.7%。根据国家对职业教育发展的规划,到2010年,高职高专招生规模将占高等教育招生规模的一半以上②。高职高专已经占据了高等教育的半壁江山。

2004年10月26日,教育部首次颁发了《普通高等学校高职高专教育指导性专业目录(试行)》(教高[2004]3号)(简称《目录》)、《普通高等学校高职高专教育专业设置管理办法(试行)》(教高[2004]4号),并印发《普通高等学校高职高专教育专业简介》,从2005年开始实施。这是我国第一次在专科层次颁布全面系统的专业目录,填补了我国缺少高职高专教育专业目录的空白。《目录》按职业门类分设包括公共事业大类在内的19大类,下设二级子类77个,专业556个。公共事业大类下设公共事业类、公共管理类、公共服务类3个二级子类,共设有24个专业。2005年12月,教育部发布《教育部关于成立2006—2010年教育部高等学校有关科类教学指导委员会的通知》(教高函[2005]25号),2006年,全国高职高专各专业类教学指导委员会相继成立。教育部高职高专公共事业类专业教学指导委员会于2006年6月在南开大学召开成立大会暨第一次工作会议,会议讨论并通过了《教育部高职高专公共事业类专业教学指导委员会工作章程》《教育部高职高专公共事业类专业教学指导委员会2006—2010年工作规划》以及2006年的工作计划,明确了该教学指导委员会2006年及其今后四年的总体工作目标与任务。

教材建设是专业建设的重要组成部分。高职高专公共事业类专业教学指导委员会成立以来,就把教材建设作为一项重要的工程来抓。为此,我们制定了针对高职高专公共事业类专业特点的人才培养目标,按教育部确定的必修课和专业课课程设置,动员和组织全国相关院校的专业教

---

① 沈祖芸,计琳:《一个统率高教发展的重要命题》,载《中国教育报》,2005-11-25(5)。

② 教育部发展规划司:《2005年教育事业统计主要结果及分析》,见《教育统计报告》,2006(1),1页。

师和研究人员，编写一套高水平的教材的计划。

我们组织编写这套教材的总体构想是：严格按照教育部高职高专公共事业类专业建设的基本要求，根据专业教学内容、教学发展要求、人才培养方案以及学生的基本素质情况，以职业岗位核心技能培养为目标，紧密结合学生未来工作实际，充分体现职业岗位核心技能要求和工学结合特点。同时，积极探索“专业标准”建设，并尝试建设“标准化”教材，力争对全国高职高专院校公共事业类专业的教材建设起到示范、引领和辐射的作用，鼓励高职高专双师型专业教师参与编写并积极推广使用，从而提高公共事业类专业的教学质量，面向行业，培养出更多高质量的应用型高级专业人才，为我国的社会主义建设服务。

我们期望这套教材应具有以下特点。

1. 教材以职业岗位核心能力需求为主线，按照职业岗位核心技能的要求制定教材编写大纲，设计教材体例和内容。教材中的知识点与职业岗位核心技能紧密对应，使理论知识学习、实践能力培养和可持续能力发展紧密结合起来，形成教材内容的三位一体，强化教材体系的职业性。

2. 教材内容突出对学生职业岗位能力的培养，把专业和职业结合起来，将核心技能的培养贯穿于教材全部内容。

3. 教材内容体现“基础理论适度、突出应用重点、强化实训内容，形式立体多元”的思想原则，教材内容设计以岗位技能需求为导向，以素质教育、创新教育为基础，以学生能力培养、技能训练为本位，使其真正成为为高职高专学生“量身定做”的教材。

4. 教材融入职业资格标准，体现职业素质培养。将双证书教育融入教材内容，使职业资格认证内容和教材教学内容有机衔接起来，让学生学习相关课程教材后可直接参加职业资格证书考试。

5. 将行业或国家的技术标准融入教材内容中，让学生在校期间接受“标准”教育，增强“标准”意识。

6. 将人才培养方案、专业标准、实训条件等放入教材内容中，在强化教材职业针对性的同时，体现教材实用性、创新性和前瞻性的特点。

7. 扩大教材的使用范围，使教材的功能多元化。既可以作为高职高专院校学生的教材，也可以作为一般本科院校相关专业的教学参考用书及行业的培训参考读物，还可以作为相关人员普及提高相关知识的应用性图书。

8. 教材的形式力争立体化，除纸质的主教材外，另辅以电子教案、教学计划、CAI课件、IP课件(流媒体课件)、电子习题库、电子试卷库、影音资料等辅助教学资源,最终为学校专业建设、教师教学备课、学生自主学习提供完整的教学解决方案,最大限度地做好全方位的资源供给服务,从而提高教材选用的竞争力。

在确定教材编写目标和要求的基础上,我们教学指导委员会与天津大学出版社合作,按教育部规定的高职高专公共事业类专业的课程目标,选定一批主干课及专业必修课程,采取在全国范围内公开招标的方式,在编著者自愿申报的前提下,由本教学指导委员会成员组成的教材编审委员会从中遴选最优秀的教师担任既定教材的主编,并鼓励高职高专公共事业类专业有经验的一线教师与研究型大学的相关教师合作,由我们牵线搭桥,优化组合成一部教材的编写团队,共同完成一部教材的编写工作,以求达到理论与教学实践的有机结合。

然而,编写高水平的专业教材谈何容易。虽然参与编写这套课程教材的都是既有丰富教学经验,也有较高研究水平的教育工作者,但毕竟我国公共事业类专业开办的时间尚短,所以,这套教材肯定会有一些不尽如人意之处,敬请大家提出批评、改进的建议,使这套教材臻于完善,为我国公共事业类专业的发展做出应有的贡献。

教育部高等教育司高职高专处、教育部高职高专教学指导委员会协联办、天津大学出版社对出版这套教材给予了大力支持。在研讨设计和组织审定这套教材的过程中,天津大学出版社给予了部分经费支持,并对这套教材的编写方针提出了参考意见,为本教材的出版做了大量推动和建设性工作。在此表示衷心的感谢。

教育部高职高专公共事业类
专业教学指导委员会主任　王处辉

前言

国外社区管理大约起源于15世纪,主要经历了社区救助、社区组织和社区发展三个阶段。根据世界各国社区管理的发展历史可以看出,各国社区管理在逐步走向社会化、制度化、规范化的同时,也都形成了各具特色的社区管理范式。

20世纪80年代中期以来,特别是进入90年代以后,中国和世界各国都面临着全球重组的挑战。随着我国经济体制改革和社会管理组织体制改革的不断深入,原来由政府和企事业单位统包统揽的社会管理与社会服务职能开始分化并逐渐回归于社会及社区。社会成员也由原来的"单位人"属性逐渐转变为"社会人"。社区管理在改革开放后的独特地位、功能及作用也就越发凸显出来。因此,社区管理的问题引起了社会各界的重视,包括各级领导、专家、学者,都纷纷介入研究,力争为完善和推动社区管理及发展而探讨出具有中国特点的理论模式。

胡锦涛总书记就曾在提高构建社会主义和谐社会能力专题会议上,向省部级主要领导干部特别强调,"要加强城乡基层自治组织建设,从建设和谐社区入手,使社区在提高居民生活水平和质量上发挥服务作用,在密切党和政府同人民群众的关系上发挥桥梁作用,在维护社会稳定、为群众创造安居乐业的良好环境上发挥促进作用。"

的确如此,社区作为一种地域性社会,它既是连接社区居民个体与社会的桥梁和纽带,也是微观社会的重要组成部分。相应的,社区发展作为社会发展的一个重要组成部分,也与社会发展有着内在的融合性和统一性。从某个社会角度看,只有通过将整个社会的发展牢固地建立在一个个社区的发展之上,并不断地保持它们之间的一致性和协调性,整个人类社会才会走向良性且持久的发展之路,这就是我们所要追求的"构建社会主义和谐社会"的目的,也是当今世界各国所要达成的共同目标。

正因为"社区管理"具有事关构建和谐社会乃至于达成世界共同目标的重要性,所以说,我们当然要把"社区管理"的理论和实践问题作为一门非常重要的学术研究来对待。那么,我们又是如何研究,从什么角度着手研究才能达到理想的结果？一定意义上讲,我们将"社区管理"视为一门新兴学科进行研究。因为它既不同于政府组织的行政管理,也不同于企业组织的商业管理和社会组织的事业管理;而它恰恰是建立在社区自治基础上的政府基层组织、社区自治组织和社区居民共同参与下的一种新型的协作管理模式。

本书主要研究社区管理的组织结构、管理模式、主体、绩效的评估、发展趋势等内容。其中:第1单元为社区的概念,简要介绍社区的概念、类型、功能、地位及研究方法和意义;第2单元为社区管理的概念,简要介绍社区管理的含义、意义、原则、体制及社区管理的发展史;第3单元为社区管理的内容,介绍社区管理中的党建管理、经济管理、文化管理、服务管理、精神文明建设与管理;第4单元为社区管理的组织结构,主要介绍街道委员会与居民委员会、业主委员会、居民自治性组织、物业管理公司等社区管理的相关组织机构;第5单元为社区管理的管理模式,介绍社区管理模式分类、进行中外模式的比较、对具体模式的研究;第6单元为社区管理主体的多元化,介绍政府、经济组织和民间组织的功能和定位及社区自治;第7单元为社区管理绩效的评估,介绍社区管理绩效的评估概念、意义和指标体系及其在文明社区评比中的应用;第8单元为社区管理中的公共事业管理,介绍社区治安与综合治理、社区卫生服务、社区环境与物业管理、社区文化和精神文明建设及社会保障;第9单元为社区管理的发展趋势,分析城乡社区管理中存在的若干问题并提出相应的政策建议,指出影响中国社区管理的几个基本因素,指出新型社区管理体制模式建立的原则、基本内容和具体要求。

本书的特点:总体而言,在学习"社区管理与服务"课程的学生中,许多人都没有比较广泛的工作经历和社会实践积累,尤其是缺少从事中高层管理工作的经历,而《社区管理与服务》一书恰恰对中高层管理工作最为适用。因为考虑到使用该书学生的所需,所以我们在编写本书过程中特别兼顾了如下几点:一是内容较系统、全面,可选择性强;二是知识概念较通俗、易懂,可读性强;三是理论较贴近实际,适用,可操作性强。基于上述特点,这本书实际上也适合于作为从事社区管理工作人员的参考手册以及有关管理专业本科生、研究生课外阅读课本。

本书是集体合作的作品。大纲和体例由朱国云和江忠燕共同拟订;第1单元由杜兴华撰写;第2单元和第6单元由冯佳撰写;第3单元由江忠燕撰写;第4单元和第8单元由王叶菲撰写;第5单元和第7单元由姚洁撰写;第9单元及全书统稿由朱国云完成。林闽钢为本书的出版也给予了很多的帮助。本书的出版还得到了天津大学出版社的大力支持,尤其是副编审赵宏志先生为本书的出版做了大量的工作。在此一并表示真挚的谢意!

在本书编写的过程中,为了使这本教材内容撰写得更充实、更全面一些,我们参考了国内外有关社区管理方面的较多文献资料,在此,对本书中所引用文献的作者们深表谢意!

"社区管理与服务"是一门新兴的学科,鉴于作者学识浅薄以及涉猎资料有限,偏颇之处在所难免,恳望得到同行专家、读者批评指正!

朱国云

目　　录

1

社区概论

学习目标

1. 通过学习，掌握和了解社区这一基本概念的定义，社区的基本构成要素，社区的主要类型，社区的功能和地位；

2. 重点掌握并学会运用一些基本的社区调查研究方法，如访谈法、问卷法、实地研究法和文献调查法等社区研究方法。

内容提要

在现实生活中，社区概念被广泛使用。社区作为社会学的一个基本概念，指的是居民生活的共同体，必须具备一定的基本要素。社区经历了不同的发展阶段，在现实生活中，人们根据研究的需要往往将社区分为农村社区、城市社区以及集镇社区等。社区在满足社会需要过程中发挥着许多重要的功能，它既是居住中心、生活中心，更是服务中心、文化中心、管理中心、工作中心和谋生的场所。社区功能的多重性是由社区内容的多样性和社区居民的多方面需求所决定的，也是社区作为社会实体具有重要地位的一种反映。社区研究，就是运用社会学的基本理论和科学方法，对社区的性质、特点、状况、结构和功能等问题进行实地考察和分析研究，揭示社区发展一般规律。经常使用的社区研究实证方法主要有：社区调查法、实地研究法和文献分析法。

社区本是社会学的一个专用名词，但是在现实生活中逐渐被广泛使用。城市和农村的居住区被称为社区，房地产商开发建设的居住小区也被称为社区，网络社会中还有“虚拟社区”。在人们的观念中，它不仅仅是一个居住区，还是一个行政区划的概念。社区的范围可大可小,小至一个村庄、一个居委会,大至一个城市、一个国家乃至整个地球都可以看做一个社区。实际上,我们日常生活和工作中使用的社区概念与社会学理论中的社区概念有很大的区别。

1.1 社区的含义和类型

"社区"一词作为社会学的基本概念,最早是由费孝通先生在翻译德国社会学家滕尼斯的一本著作《社区与社会》时,从英文单词"community"翻译过来的,其含义是共同体和亲密的伙伴关系。从使用之初直到今天,大家对这一概念的理解始终不尽相同,有研究表明,到目前为止已有140多种有关社区的定义。在这些定义中:有的从社会群体、社会过程的角度去界定社区;有的从社会系统、社会功能的角度去界定社区;也有的则是从价值观、生活方式的角度去界定社区;还有人从归属感、认同感及社区参与的角度来界定社区。这从一个侧面反映出社区在人们生活中的重要性,反映出社会学界对这种重要性的关注程度。同时,也从另外一个侧面说明,在不同的历史时期和发展阶段,在不同的国家和地区,在不同的文化背景下,社区总是多元化且不断发展变化着的。没有一个单一模式的社区,也没有一成不变的社区。

1.1.1 社区的概念

1. 社区的定义

最早从社会学角度论述社区问题的是德国社会学家滕尼斯,他在1887年写了《社区与社会》一书,这是最早有关社区的社会学论著。他从社会变迁的总体趋势以及社区与社会的区分上分析认为,"社区是一种由同质人口组成的具有价值观念一致、关系密切、出入相扶、守望相助的富有人情味的社会群体。在社区中,个人与社会的一致性表现为有共同的价值取向,有亲密无间的关系,有强烈的归属感。这样的群体产生于对亲属连接的依赖以及血缘关系的延伸,是超乎人们选择的,是自然形成的①。而"社会"则是指基于理性、契约之上的人类共同体,是通过契约、立法和公众舆论三者而形成的。社区和社会是有区别的:社区是自生的,而社会是结合的;社区是同质的,而社会则是异质的;社区是相对封闭的、自给自足的,而社会则是相对开放的、相互依存的;社区往往是单一价值取向的,而社会则是多元价值取向的;社区是人们感情和身份的重要源泉,而社会则是人们理性和角色的大舞台。在滕尼斯那里,"社区"这个概念的本义,是指那些有着相同价值取向、人口同质性较强的社会共同体。继滕尼斯之后,又出现了齐美尔、马克斯、韦伯等社区理论研究者,他们都从社会类型学角度对社区和社会进行了区分。

美国芝加哥大学社会学系教授R.帕克是最早给社区概念下定义的社会学家之一。在他看来,"社区的基本特点为:一是有按区域组织起来的人口;二是这些人口

① 滕尼斯:《社区与社会》,林荣远,译,54页,北京,商务印书馆,1999。

不同程度地与他们赖以生息的土地有着密切的联系;三是生活在社区中的每个人都处于一种相互依赖的互动关系”①。以帕克为代表的芝加哥学派借用生物学中的区位学概念来解释美国都市的成因,用人文区位学的方法对城市社区进行研究,首次把社区研究与社区改良结合起来,具有开创性意义。林德夫妇创立了一种社区综合研究方法,把社区作为一个各种要素相互关联的整体进行研究②。在对当时美国印第安那州的一个市镇进行了深入的调查研究的基础上,1929年出版了《中镇》一书。书中较全面地描述和解释了这个大约3.5万人的小镇居民在职业、家庭生活、闲暇活动、宗教活动等方面的状况。

国内外较多的社会学家从社区功能与地域空间相结合的角度为社区下定义。美国社会学家戴维·波谱诺在《社会学》一书中指出:社区是指“在一个地理区域围绕着日常交往组织起来的一群人”。费孝通在《社会学概论》一书中,把社区界定为:是若干社会群体(家庭、民族)或社会组织(机关、团体)聚集在一个地域里,形成一个在生活上互相关联的大集体。

在我国现阶段社区研究中,对社区定义的表述主要有:

“社区通常是指以一定地域为基础的社会群体”;

“社区就是区域性的社会”;

“社区就是在一定地域范围内,发生特定的社会关系和社会活动,形成特定的生活方式和文化心理,并具有成员归属感的人群所组成的相对独立、相对稳定的社会实体”③;

“社区是指导具有某种互动关系和共同文化维系力的人类群体进行特定的社会活动的活动区域”④。

尽管不同的学者对社区概念的理解和表述各不相同,总有一些共性的东西正在被大家认同。几乎绝大多数的社区定义中,都不约而同地触及了人口、地域、共同关系和社会互动等构成社区的基本要素及其内在联系。综合社区发展的历史进程和社区理论的历史,我们可以博采众家之长,给“社区”概念下一个比较宽泛的定义:社区是一种地域性的社区生活共同体,是指居住在一个区域内共同生活的人群,他们进行相互联系的各项活动,从而形成一个在一定区域范围内共同生活的集体。它一般为区域性的,规模较小的基层社区。

2. 社区的构成要素

社区作为居民生活的社会共同体,通常包括五个基本要素:一是要有以一定生产关系和社会关系为纽带组织起来的,并达到一定数量规模的、进行共同社会生活的人

---

① 徐永祥:《社区发展论》,30页,上海,华东理工大学出版社,2000。

② 于显洋:《社区概论》,53页,北京,中国人民大学出版社,2006。

③ 袁秉达,孟临:《社区论》,3页,北京,中国纺织大学出版社,2000。

④ 陶铁胜:《社区管理概论》,2页,上海,三联书店,2000。

群;二是要有人群赖以从事社会活动的、有一定界限的地域;三是形成了一套基本能满足社区需要的生活服务设施;四是建立健全了相互配合的、适应社会生活的制度和相应的管理机构;五是要有基于社区经济、社会发展水平和历史文化传统的文化、生活方式以及与之相连的社区成员对所属社区在情感上和心理上的认同感和归属感。这五要素中:"人群"是社区的主体,"地域"是社区人的生活空间;"生活服务设施"是物质基础;"制度和管理机构"是调节器;"认同感和归属感"是纽带。一般来说,所有符合社区"五要素"的社会生活共同体均可称做社区①。

1)人口要素

"人"是社区主体。以一定社会关系为基础组织起来进行共同生活的人群,是构成社区的首要因素。社区主要研究的是社区人群中由于交往而形成的社会关系,社区组织、社区服务、社区活动等无一不是以社区人群为对象来组织开展的。一定数量和质量的人群是社区存在的一个前提条件,离开了人口就无所谓社区,而只是纯地理意义上的地区或区域。

社区的人口要素,主要包括人口的数量、构成和分布。社区人口的数量是指社区内人口的多少,农村社区与城市社区相比较,人口的总量、人口密度都明显不同;社区人口的构成则是指社区内不同类型人口的特点,社区人口类型可以按照年龄、职业、受教育程度等不同的标准来进行划分;社区人口的分布是指社区人口及他们的活动在社区范围内的空间分布,在城市社区中,人口及其活动的空间分布是有规律的,某些活动往往集中于社区的某一特定区域,如菜场、集市、体育中心、文化娱乐场所等等。我们可以从人文区位的角度来进行研究考察,这就使社会学的社区研究不同于地理学的地区研究。

2)地域要素

社区是地域性的社会,必须占有一定地域,它是人们从事社会活动的区域。不管是农村社区,还是城市社区,都要存在于一定的地域空间之中。没有地域要素,社区就不可能存在。社区管理就是对这一地域中的人群、组织及社会活动进行管理。

社区的地域要素是社区各种自然地理条件的综合,包括地理位置以及这一地理位置上的地形、地质、气候、土壤、山林、水系、矿藏、动植物的分布等等。它们为社区成员提供着活动场所,为社区居民提供着生产和生活的一部分资源,影响着社区的形成和发展速度。

3)物质要素

社区进行各种活动,必须要有各种物质要素的支持。比如社区组织必须要有一定的办公用房、办公设备和办公用品,要有通信设备与外界联络;社区教育和宣传要有教室、宣传栏等场所和设施,开展社区服务需要有相应的设施和条件等,搞社区文化活动、环境整治、治安强化、外来人口管理、帮困扶贫等都需要一定的经费投入。没

① 张秀兰,马学理:《中国社区建设解读》,载《社会福利》,2002(2),5页。

有物质要素,社区也难做无米之炊,无法满足社区居民的物质和精神需求。因此,一个社区必须要有一定的办公场所、服务设施、办公设备、经费来源等物质条件。

4)结构要素

社区的结构是指社区内的各种社会群体与组织相互之间的关系。在社区的范围内,存在着诸多的社会群体和组织,包括党政机关、服务机构、生产单位、学校、医院、政府职能部门的派出机构、家庭、邻里等以及社区居民自发组织的各种群众团体,社区内社会群体和组织的多样化以及各部分之间关系的复杂化,大大增加了社区管理的难度。

社区里总是存在着许多人际关系和民间纠纷需要调解,存在着许多公共事务需要处理,从而使得或大或小、或多或少的组织管理机构成了社区不可或缺的要素之一。而管理机构的功能发挥离不开一定的行为规范。行为规范是人类活动的规则、标准,包括习俗、道德、宗教教规、法律、制度、公约等等。生活在一定区域内的人群,总要从事政治、经济、文化等方面的活动,而任何社会性的活动都要有相应的规范来制约,只有在社会规范制约下的社会互动才使社会生活成为可能。社区中的人际互动规范,可以是成文的国家法律、法规,也可以是社区内不成文的风俗和习惯。不同社区内存在的与社区文化相适应的不成文的互动规范,常常是一个社区区别于另一个社区的显著标志。

5)社会心理要素

当人们生活在一定的社区中,参与各种社区活动并享受社区所提供的各种服务,在这些交往和活动当中,社区成员之间以及社区内的各个群体和组织之间会形成种种的社会关系。社区的性质和规模对社区的结构有非常大的影响,而社区的结构又会对社区成员的心理和行为产生不同的影响。

社区的社会心理要素的另一个重要方面是社区成员对社区的归属感。每个社区都有自身的文化特征,具体表现在:社区居民共同的生活方式、价值观念、信仰、伦理道德、精神思维、行为方式、组织制度、语言、风俗习惯等,这些都是社区生活对其成员的思想观念长期影响的结果,也是构成社区的一个重要因素。如果一个地方的居民毫无社区意识上的文化认同,就意味着他们毫无凝聚力,就很难构成一个完整意义上的社区。

现实生活中的社区是由上述诸要素有机结合成的。但是,不同层次、不同类型的社区,其要素的完整程度和发展水平有明显差异。社区诸要素之间的关系是否协调,对社区发展有重要影响。因此,始终保持社区诸要素协调发展是社区工作的一个基本原则。

1.1.2 社区的类型

社区的类型是依据一定的标准对社区进行分类的结果。从世界历史和当今各国的发展现实来看,社区的类型经历了一个从单一化到不断多样化的过程,人们的社区生活质量也经历了由低级向高级演变的过程。

1. 社区的发展阶段

自古以来,人类就有结群聚居的习惯。人类聚居达到一定的规模,具有一定的空间范围,并且成员之间拥有某种互动关系,就形成为社区。人类共同生活的社区大体经历了以下四个发展阶段。

(1)第一阶段,旧石器时代的流动性社区。当时人类靠狩猎、捕鱼、采集野果为生。食物只有在一定季节和一定地域找到,为了维生,人们不得不分散群居,居住地不能固定。这时,人类生活的社区是以氏族为单位构成的流动性社区。

(2)第二阶段,新石器时代半永久性的村社式的社区。大约一万年前的新石器时代,开始有了原始的畜牧业和刀耕火种的农业,社会生产力得到了巨大发展,使人们得到了比以往更多和更稳定的物质生活资料。这时,半永久性居民点开始形成。在西安半坡村遗址发现的原始人盖起的半洞穴式的泥草房,即这种类型社区的代表。

(3)第三阶段,新石器时代晚期,农村社区出现。当时,已经开始使用金属工具,发明了犁等,从而使农业生产日益专门化,人类出现了历史上第一次社会劳动大分工。农业和畜牧业逐渐分离。在农业发展的基础上,产生了真正的人类群体聚落——以农业生产为主的永久性居民点,人类的定居生活从此开始。农业聚落的形成,意味着具有相对完整性的有“农”有“村”的社区生活的开始。在这种早期的村落中,已经包含了后来各种社区生活的基本结构和功能需要。这一阶段的晚期,大约在公元前 3500 年左右,出现了少量的古代城市,规模一般都比较小。

(4)第四阶段,工业革命以后,以工业及商业为基础的新型的现代城市社区出现。资本主义工业化和现代化的出现和发展,促进了人口的大规模集中和快速增长,而当代的新技术革命和知识经济,使城市逐步向更高的都市文明提升。

社区形成及其演进的历程说明:人类的聚居活动推动了社区的发展,社区也在不断地满足着人类聚居形态发展的需要。

2. 社区的分类

在现实生活中,由于各社区的要素、内容及结合方式存在着差异,从而形成了不同类型的社区。人们可以根据研究的需要对社区进行分类。如果按照规模大小划分,可以细分为大、中、小型和微型社区等等。如果按照形成方式划分,还可以细分为自然性社区和法定社区。前者是人们在长期的共同生活中逐渐扩展而形成的社区,具有自然的边界,常常以河流、湖泊、空地、山林为标志,其最突出的表现形式是农村中的自然村。后者主要是根据社会管理的需要而设置的社区,例如城市中的区、街、居委会辖区以及农村中的“行政村”等等。法定社区的边界主要是根据社会管理的需要而划定的,但在很多情况下,又是以自然性社区为基础的,这就出现了自然性社区与法定社区相重合的现象。国内学者在社区研究中通常根据居住方式的差异把社区分成农村社区和城市社区两大种类。如果按照发展的连续性还可以把社区分为农村社区、集镇社区和城市社区。就城市社区来说,如果按照主要功能划分,还可以细分为工业社区、商业服务业社区、政治社区、文化社区等等。

1)农村社区

农村社区是指人口密度低,居民以农业为主要职业,以面对面的互动为主要交往方式的区域性人类生活共同体。从人文生态的角度来看,农村社区是一个人口数量较少、人口密度较小的地域;从行业构成看,农村社区的主业是农业;从社会文化看,农村社区成员之间的关系是和谐的,劳动分工是不显著的、初级的;农村社区的文化一般都是传统型的,变迁速度相对缓慢。

农村社区是人类几千年文明史中的主要聚居方式,在已经完成工业化和现代化的发达国家,传统意义上的农村社区已经不存在了,但对大多数发展中国家来说,其居民中的多数仍居住在农村社区。就中国而言,大部分人口目前仍居住在农村社区,而且在现代化进程中,中国农村社区正发生着巨大的变化。在急剧的社会变迁过程中,研究农村社区的发展、变化机制,有着重要的现实意义。

我国当前农村社区的主要特征表现为:人口的同质性强,流动性小;社会组织结构比较单一,社区活动比较简单;受传统势力和习惯的影响较大;社会成员关系密切,家庭、血缘关系深厚;服务设施和物质条件都比较薄弱等。

2)城市社区

城市社区是指在一定地域内异质性居民稠密集聚的共同体。城市社区在历史上已存在了几千年,但作为人类生活的主要聚居形式,则是出现在工业革命以后。目前,发达国家的大部分人口和发展中国家将近半数的人口都居住在城市社区中。

城市社区的特征:首先是人口密度大,在一个有限的区域内集聚了大量的人口;其次是政治、经济、文化等社会活动频繁,社区功能是综合性的;第三是结构复杂,社区成员的异质性强,人际关系由以血缘、地缘为主转向以业缘为主,人际互动以间接互动为主要形式;第四是社会流动性大,个人的社会地位和社会角色变化快。

欧美发达国家的城市化进程是与工业化相伴随的,而我国的城市化进程在这一点上表现得不是很明显。我国的城市以前几乎全是政治文化中心,工商业城市则很少。相应地在城市社区方面也就表现出一些不同的特点。主要有以下几点。

(1)从社区的空间地域范围看,中国的城市社区与城市行政区划在很大程度上是重合的。一般来说,人们都将一个街道所涉及的辖区视为一个社区。而国外的城市社区大多是在较长的城市化过程中自然形成的,社区之间的界限并不十分清晰,与当地的行政区划也没有太多的关系。

(2)从社区的人口及其社会关系看,中国的城市社区人口具有高度组织化的突出特征。每个社会成员从生到死都与组织发生着千丝万缕的联系,这种过度组织化现象在国外社区中是不多见的。

(3)中国很多城市的社区拥有较雄厚的经济实力,这一点主要与以前的街道经济有密切关系。相比之下,国外城市社区一般通过非营利团体和志愿者服务来实现社区活动的功能,社区直接办企业、抓经济的情况并不多见。

(4)从社区居民的参与度看,中国城市社区的居民参与程度普遍较低。由于过去长期存在政府、组织包揽一切生活事务的情况，居民只是服从领导管理，接受单方面的服务，较少有机会参与社区管理乃至决策，也造成了居民对于组织的依赖。

(5)缺乏有活力的社会团体。过去的基层管理主要通过政府管理方式实现，通常所谓的群众组织也都与政府存在着千丝万缕的联系。能够参与社区活动，成为联系居民与政府的中介团体比较缺乏。

总的说来，中国城市社区无论在传统、结构、要素、运行方式等方面，还是在其未来发展趋向上，均与其他国家存在着明显的差异。注意到这种差异，有助于我们发扬自身的优势，借鉴国外的城市社区管理经验，更好地完善社区建设与管理。

3)集镇社区

集镇社区也称做乡镇社区，是由生活在集镇范围内，主要以不从事农业劳动生产的人群形成的区域范围。它与前两类社区都不同，但也都有类似的地方，它在人口要素上与城市社区较接近，而与农村社区的差距较大；在结构要素和社会心理要素上，它又与农村社区的特征相类似；在物质要素方面，它又处于这两类社区的当中。因此说集镇社区既不同于农村社区和城市社区，又兼具了这两类社区的某些特点，它具有农村社区向城市社区过渡的特征，是农村和城市相互影响的一个中介。按照中国的情况，县以下的多数区、乡一级的行政中心，具有一定的工商和文教卫生性质的公共服务设施等，习惯上被称做集镇。

1.2 社区的功能和地位

社区的功能和地位是指社区在满足社会需要过程中所发挥的作用和所体现的价值。为满足人们生产生活需要，社区具有多种功能，它既是居住中心、生活中心，更是服务中心、文化中心、管理中心、工作中心和谋生的场所。社区功能的多重性是由社区内容的多样性和社区居民的多方面需求所决定的，也是社区作为社会实体具有重要地位的一种反映。

1.2.1 社区的功能

社区是社会的重要组成部分，社区功能发育程度也是与社会力量的发展程度密不可分的。从西方发达国家社区建设、社区发展的实践看，社区的功能是随着政府与社会职能的分化而不断强化的。

1.2.1.1 稳定功能

保持稳定的政治环境和社会秩序，是推进改革开放、社会发展和人民安居乐业的基本保证。社区作为社区成员的聚集之地，以其齐全的各类资源设施的配置和各种机构、组织的设立以及相应的管理，为生活在社区内的居民营造了一个稳定、安全的社区环境，保证了政治和社会的稳定。社区的这种稳定功能是通过服务和管理来实现的。

1. 社区管理和服务为居民提供了良好而稳定的生活和发展环境

居民生活在社区内,其生活的方方面面都与社区密切相联。如果社区的管理和服务搞不好,势必对居民的正常生活和心理造成不良影响,并有可能滋生不利于社会稳定的各种因素。现代城市社区恰恰是通过良好、完整的社区管理和服务,为社区中的个人、家庭、组织和居民提供了方便、有序和稳定的发展环境,而社区居民的稳定必然会带来整个社会稳定。

2. 借助社区管理和服务,构筑居民与政府之间的缓冲带

在传统的政府对社会进行垂直管理的模式下,一旦产生矛盾,极易造成冲突,并给政府带来直接的压力。现代社区管理的新体制和新机制,使政企、政事、政社初步分离,由社区充当政府与个人、家庭与组织之间的中介,在政府的指导下,具体管理社区事务,完善社区服务,加强社区的安全和保障;社区中各类组织如社区事务协调委员会、社区单位联席会议等,也为社会与政府间建立了一个可靠的缓冲带,使政府与居民之间能及时、有效地沟通信息,加强理解,减少矛盾冲突,从而形成政治安定、社会稳定的政治局面。

社区的社会控制和社会稳定功能,还蕴含在社区文化与精神文明建设、社区参与和民主管理、社区服务、人的社会化、社区生态建设与环境保护等社区发展任务之中。也就是说,社会控制和社会稳定决非抽象化的简单概念,不能局限于社会治安综合治理等具体事务方面,积极的社会控制与社会稳定,要求我们立足于发展,通过社区发展去追求社会控制和社会稳定。只有社区的各项事业做好了,居民的生活环境、生产质量提高了,居民的社区归属感、认同感增强了,社区的社会控制和社会稳定才有了坚实的基础,有了可靠的保证。

1.2.1.2 整合功能

社区是由居民组成的,居民是千差万别的。如何将这些居民有机地组织起来,形成生活共同体,以使个人在不脱离共同体的情况下获得最大的发展和收益,这就是社会整合。社会整合的可能性在于人们共同利益以及在广义上对人们发挥控制、制约作用的文化制度、价值观念和各种社会规范。利益是促使人们走向整合的驱动机制,在共同的利益面前,人们越容易团结起来采取一致行动。文化制度、价值观念和各种社会规范是实现整合的外在手段,它们能在一定程度上保证人们协调行动,以实现共同利益。社区工作就是实现这种整合最有效的途径。

1. 社区工作能够对社会利益进行协调和调整

在社区中,人们共享同一的生活环境、服务设施等,也就有着共同的利益;同时,每一个居民又有各自相对独立的居住环境、特殊的服务需求,因而有特殊的利益。通过社区工作,改善生活环境,完善服务设施,有利于实现社区中的共同利益。而有针对性地加强特殊服务,能够满足居民特殊需求,维护他们的个人利益。这样,社区工作在协调和调整社会利益的同时,实现了社会整合。

2. 社区工作能够形成和谐融洽的社区人际关系

社区中的居民来自不同的单位，缺乏了解和交往的机会；现代单元式住房更将人们封闭于居室之中，这种状况造成社区人际关系淡化。社区工作能够利用社区文体等活动，为居民提供沟通、交往的机会，增加居民之间的了解和交流，协调社区居民之间的关系，消除居民之间的误会和纠纷，形成和谐有序的社区人际关系，从而实现了人际的整合。

1.2.1.3 服务功能

在社区的各项社会功能中，社区服务是现代社区基础的，也是最重要的社会功能。社区是居民居住生活和人际互动的共同体，以人为本、满足居民的各种生活需求总是第一位的任务。社区服务功能的基本要求是通过基础性和福利性照顾来满足社区居民的日常生活需求。我国的社区服务主要是面向老年人、儿童、残疾人、社会贫困户、优抚对象的社会救助和福利服务；面向社区居民的便民服务；面向社会单位的社会化服务；面向下岗职工的再就业服务和社会保障服务。而各种公益性的社会服务，受益者不仅是社区中的各类弱势群体和连缘群体，同样包括全体居民。对于社区居民来说，公益性的社区服务与大家有着最为直接的、最为感性的联系。所以，立足社区服务功能的开发，为居民提供优质的专业化和非专业化的社会服务，最大限度地满足社区居民的有关需求，应当成为社区建设和社区管理的中心任务。

1. 社区服务内容日益丰富

随着城市经济社会发展水平和居民生活质量的逐步提高，社区服务层次由低到高，经历了福利型服务、便民利民服务和社会化服务三个阶段。服务内容由少到多，目前纯福利型的无偿服务内容在社区服务中所占比例越来越小，以保障和提高居民的生活质量为目的的服务项目已经成为社区服务的主体内容。如城市社区已经普遍推出了社会弱势群体服务、优抚服务、家庭服务、治安服务、就业服务、文化服务、娱乐服务等各类服务项目。

2. 社区服务设施日臻完善

服务设施是发挥社区服务功能必不可少的物质条件。随着城市社区服务内容的扩展，社区的服务设施不断得到改善，如许多城市社区都按规定配有社区服务中心，包括卫生保健、职业介绍、图书资源、社会救济、家政服务、文化活动、救助工作等。另外每个社区都有牛奶分送点、书报亭、修配服务点等。

3. 社区服务方式多样化

社区服务以满足基层社区不同阶段、不同层次、不同对象的需求为立足点，其服务方式也在朝着多样化方向发展，通常是福利性、公益性和经营性的有机结合。福利性是以政府福利资金作为保障的无偿服务；公益性是由政府主导下的有偿与无偿相结合的社区服务方式；经营性是社区进入社会化服务阶段的主要服务方式，即通过投资主体的经营，实现社区服务产业化。随着经济体制改革的深化，作为第三产业的重要组成部分，社区服务已经成为市、区政府着力培育的新的经济增长点。

1.2.1.4 凝聚功能

社区凝聚功能的基本职能就是培养社区成员的社区意识，提高社区成员对社区的认同感和参与社区活动的积极性和主动性，从而进一步强化社区的社会心理要素。社区的凝聚功能的发挥是在社区整合与服务功能发挥的基础上，通过社区教育和社区活动来实现的。

1. 借助社区教育内容体现价值引导

社区教育遵循的是“以人为本”的原则，一切围绕着人的素质提高和全面发展。利用社区教育设施和社区内外的教育资源，为社区居民提供各类教育服务，如各类讲座、技能培训、兴趣爱好的培养、终身教育等等，而每一类教育内容都渗透着社会本位和集体本位的社会主义价值观的教育，使社区居民在扩大知识面、改善知识结构、掌握各类技能和技巧的同时，得到了政治思想教育、爱国主义教育、社会公德教育和职业道德教育，树立积极向上的价值观。

2. 运用社区活动方式强化心理凝聚

社区所具有的整合和服务功能，必然使社区成员之间产生各种联系，从而造成社区成员之间的互动。而这种互动又往往是通过社区各类活动来体现的，如各种形式的精神文化活动、公益性和福利性的志愿者活动、娱乐与健身活动等，这些活动所形成的社区成员之间互动关系，产生了居民一致认同的价值观念、行为方式和社区意识，而各类社区活动对社区成员多样化的需求的满足，又大大激发了社区成员参与社区活动的积极性和热情。使每个社区成员在享有社区发展成果的同时，也承担着参与社区发展的义务，在社区形成文明、高尚的交往方式和人际关系，强化了社区成员的认同感和归属感。

3. 提倡居民社会参与发挥社会民主

社区往往是人们认识社会、参加社会生活的第一场所。人们参与公共事务无疑也应先从社区开始。对政府来说，提倡和鼓励居民的社会参与和社会民主，一方面可以增强居民对政府的信任和支持，有利于实施政府制定的社区发展政策；另一方面则可以将潜在的社区资源发掘出来，成为现实的人力资源和智力资源，并转化为社区建设、管理和发展的强大动力，又可适度地降低政府在经济、政治和社会等方面的成本支出及可能的风险。对居民来说，积极参与和民主管理社区的公共性社会事务，一方面可以培养健康的社区意识和公益精神，增进居民相互间的关怀和情感交流，清除现代社会常见的人际冷漠，形成良性的“我为人人，人人为我”的新型社会主义价值观；另一方面，则可以发掘和发挥自己的潜能，更好地体现和实现自己的社会价值和人生意义，塑造健康向上的生活方式，提升自己的生活质量。

1.2.2 社区的地位

社区的地位是与它在现代社会中的作用紧密联系在一起的。随着社会主义市场经济体制的建立和完善，原有的条块分割的格局被打破，企业逐步成为市场主体，参与激烈的市场竞争。原先由企业承担的一部分功能现在转由社区来承担，而政府的职能在体制改革中也在转变，政府以前承担的许多诸如行业管理职能、企业管理职能及一部分社会性事务管理职能等，现在也要逐步改由中介组织、企业和社区来承担。社区所承载的社会工作越来越多，任务也越来越重，致使社区的地位也得到了很大的提高。这种地位的加强和提高表现在以下几个方面。

1. 社区在社会管理中的职能地位不断增强

经济体制改革和社会主义市场经济的发展，是现代社区在我国得以生成和发展的客观历史前提。在改革开放前，我国长期实行高度集中的计划经济和高度集权的社会管理体制，居民生活的居住地并未承担社区的角色和功能。由于政府全权控制和管理着社区，客观上排斥、抑制着社区居民的自治组织、民间团体的发育和发展。随着社会主义市场经济体制改革的不断深入，社区在社会管理中的地位不断增强。政府和企业在体制改革中剥离出来的职能要由社区来承接。

政府和企业转出的职能，必须要有相应的社会载体来承担，这个载体就是社区。如人员管理问题，在退休人员的工资由单位发放转为社会承担以后，离、退休人员的管理职能就由社区来承担；待业人员、下岗人员、外来流动人口的管理职能，也是由社区承担。此外，社区在治安管理、卫生管理、环境管理、宣传教育、服务帮助、优抚工作、福利工作等方面所承担的工作也大大增加。随着社区工作职责的增加，社区与广大居民的利益和需求的关系越发紧密，其地位也越发巩固和重要。

2. 区域化的管理方法使社会管理的重心向社区转移

随着城市现代化进程的加快，其管理面之宽和管理量之大，已经远远超出了市、区两级政府所能承受的程度，而那种纵向的、以行政命令手段为主的管理方法，已很难达到管理的目的。比如对城市人口的管理、大规模的城市建设、旧城改造、市政工程等，致使大量的城市人口迁移；农村的城市化建设、城乡之间的巨大反差以及农村地少人多的矛盾，导致农村人口向城市转移，形成大量的外来人口；改革开放的深入，伴随着大量外资的进入，外籍人口也越来越多，他们无法纳入原有的管理体系之中，因为他们没有单位，没有上级主管部门，用以往那种纵向的行政管理方法对他们无法进行有效的管理。对象的复杂化，要求改变原有的管理模式。让管理贴近社会，就必须把管理重心下移，以地域化管理代替纵向行政管理，管理重心逐步向社区转移，许多具体事务的管理职能都由社区来承担，与之相应的管理方法和手段也发生了很大的变化，由传统的行政管理为主，到现在的行政、法规、市场三者合一，综合管理。社区承担的任务加重，责任增强，地位更加突出。

3. 社区承担着满足和提高居民物质生活水平的责任

社会主义的根本任务是发展生产力，满足人民群众日益增长的物质文化需要。社区的社会地位决定了社区与千家万户社区居民之间有着千丝万缕的联系，他们直接面对广大居民千差万别的需求，并千方百计地满足这些需求。因此，社区也承担着改善居民生活条件和提高居民生活水平的责任。而社区功能的有效发挥，就是在履行这个责任。社区的整合功能可以组织和调动社区内各种资源，用各种方法和手段来满足居民的这些要求；社区的服务功能可以通过服务渠道，最大限度地方便居民的生活起居和日常生活；社区的凝聚功能则通过教育手段和限制性手段来引导、影响居民的生活方式，提高居民对社会的满意程度。因此。社区对居民生活需求的满足和生活质量的提高具有十分重要的意义。

4. 社区是社会主义精神文明建设的载体

社区的邻里、社区学校的教育活动，社区的各种文化活动，社区的各类公益活动，对青少年人格的成长、社会价值观的形成影响是很大的。随着社会分工的扩展和人们社会交往的不断扩大，人的社会化的载体和渠道也呈现出日益丰富多样化的趋势和特征。学校、工作场所、社会团体、家庭乃至广播电视、报刊杂志、通信工具等，都成为人的社会化过程的重要载体。尽管大众传播媒介对人的社会化影响越来越大，以致“大众社会”、“信息社会”逐步成为我们今天社会的一个鲜明的特征，但它们并不能取代社区在人的社会化过程中的地位和作用。事实上，无论发展水平和状况如何，社区仍然是现阶段人的社会化最重要的载体和场所。

精神文明建设是建设有中国特色社会主义事业的重要组成部分。在当前社会主义市场经济迅速发展、经济和文化全球化进程不断加快的形势下，精神文明建设要以人的全面发展为中心，以提高广大居民的素质和社会的文明程度为目标，实现经济和社会协调发展。因此，加强精神文明建设，就必须在加快科技、教育、文化、卫生、体育等各项社会事业发展的同时，加强广大居民群众的思想道德文化建设。随着各种社会功能的调整和人民群众生活方式尤其是居住方式的改变，社区已经成为人们生活和闲暇活动的重要场所和精神生活的重要基地，无论是各项社会事业的发展，还是思想道德文化建设，都离不开社区这个有效的载体。

5. 社区是消除和缓解社会冲突的“稳定器”

社会稳定是顺利进行改革和现代化建设事业的必要条件。然而，目前导致社会不稳定的因素并没有消失，其中有产业结构调整和企业转制、改革所带来的下岗、待岗问题；有历史遗留下来的问题；有外来流动人口剧增所带来的就业竞争、社会环境和治安状况问题；有地方经济发展不平衡带来的投入状况、建设水平的差异以及由此形成人们心理失衡问题；还有在深化改革的过程中，一些改革措施影响了一部分人的切身利益，从而引起社会的不稳定，如养老、住房、医疗、教育等方面的改革，都会触动一部分人的切身利益，引起这部分人的不满也是情理之中的事了。这些因素的存在，使保持社会稳定的任务十分艰巨。要切实有效地解决这些问题，关键是早发现、早解决，将问题解决在萌芽状态，解决在基层，解决在当地，避免问题积少成多，聚小为大，影响全局工作，而身兼“基层”和“当地”这双重角色的社区，就责无旁贷地肩负起消除不稳定因素的责任，成为稳定社会的第一道防线。

总之，随着社会主义市场经济的发展，随着改革开放的不断深入，随着政府和企业的角色转换和功能的全新定位，社区的功能将不断增强，社区所起的作用在不断增大，社区的地位也将日益显现、巩固和加强。

1.3 社区的研究方法和意义

社区研究也叫社区分析，它是社会研究的重要组成部分。社区研究，是运用社会学的基本理论和科学方法，对社区的性质、特点、状况、结构和功能等问题进行实地考察，并对调查资料进行理论分析，以揭示社区发展一般规律及其特点的一门科学。

社区研究已有100多年的历史，它伴随着西方国家工业化和城市化全过程。社区研究起源于西欧，却在美国得到了很大的发展，其后又经历了一个衰落和复兴的过程。早期的社区研究多以调查为主，针对的是19世纪工业化所带来的城市社区的贫困、失业、犯罪、卖淫、家庭解体等具体社会问题。美国芝加哥学派用人文区位学的方法对城市社区进行研究，首次把社区研究与社区改良结合起来，具有开创性意义。除人文区位学方法外，社区研究还使用人类学方法、社会系统方法等。

20世纪30年代，经由吴文藻等人的大力倡导，社区理论及其实证的研究方法被引进中国，一批爱国社会学家从事本土的社区研究和社区建设，力图重建农村社区。1928年社会学家杨开道、许仕廉主持的清河镇调查，是中国最早的社区研究；在乡村建设运动中，由李景汉主持的定县调查，是用西方社会研究方法对中国社会进行的最完整的社区调查；30—40年代，费孝通的《江村经济》及其指导的《禄村农田》、《易村手工业》，林耀华的《凉山彝家》等，也都是中国社区研究中的代表作①。

1.3.1 社区研究的方法

社区研究方法，严格地来说，是一套多向度、多层次的方法体系。它包括社区研究方法论、社区研究实证方法和社区研究具体技巧。社区研究方法论是贯穿于整个社区研究过程的指导思想，是具有普遍意义的一般理论。社区研究实证方法及其具体技巧，主要是指在经验层次上规定如何搜集、整理和分析资料并提供一套相应的研究程序。通常所说的社区研究方法，是指实证研究方法。经常使用的社区研究实证方法主要有：社区调查法、实地研究法和文献分析法。

1. 社区调查法

社区调查是一种在自然情境下，有系统地搜集研究有关社区事实的数量性资料的方法。社区调查，可以是全面调查，但更多的是抽样调查，其特点是，从研究总体中按照一定的方法抽取样本进行调查，并试图用样本资料来推断全体情况。社区调查，既可以是描述性的，只描述某个变项或变项与变项之间的关系；也可以是解释性的，通过验证假设，建立理论，解释变项与变项之间的关系。社区调查法，特别是随机抽样调查法，是搜集资料的一种最常见的社会研究法。

社区调查，按照调查者与被调查者的接触关系，可分为两种类型：访谈法和问

① 童星主：《现代社会学理论新编》，117页，南京，南京大学出版社，2003。

卷法。

1)访谈法

比较正式的访谈法,或称结构性访谈法,一般是在面对面的场合下,由研究者把预先设计好的一组问题读给被调查者听,要求被调查者对所询问的问题作出回答,由研究者将回答的内容以及问答时所观察到的一些行为和印象记录下来。而非正式的访谈法,没有预先准备的调查表可供使用,调查者只是围绕调查主题提出一些问题,所以也叫非结构性访谈。

访谈法,尤其是非结构访谈,适宜于各种不同背景的研究对象,可探索一些较为具体的问题,而且在被调查者对某一问题有误解时,可当场解释。此外,访谈员还可根据访谈时的具体情境,对访谈的方式、内容作适当的调整,具有灵活性、应变性强,回答率和有效度较高等特点。但由于访谈的匿名性较差,对一些敏感问题,被调查者可能会不予回答或故意说谎。

2)问卷法

通常以邮寄或分发的方式,将预先设计好的调查表,也称问卷,送到被调查者的手里,并由被调查者按照问卷所问自填回答。在现代社会研究中,问卷法得到了广泛的运用。采用送发式问卷、邮寄式问卷等方法,虽然调查成本低,但问卷的回收率、调查资料的真实性和准确性会低一些。

问卷调查法和访谈调查法都是采取调查研究的方法来发现和解决社区中存在的问题,两者的区别在于获取调查数据的方式和方法不同,而在调查的程序安排和技巧要求上都基本相同,主要包括以下几点。

(1)研究课题的选取和确定。要考虑必要性、可能性等诸多因素,尽量避免重复别人已经作过的研究,考虑课题的社会价值、理论价值和应用价值,结合研究者自身的能力、经费、时限以及合作对象等各方面条件来确定。

(2)资料准备。课题确定要多方收集大量的相关资料,通过报纸、杂志、文献资料、档案馆、互联网等多种途径来获取这些相关的资料,了解与课题有关的研究成果以及尚待进一步研究的难点问题,做到心中有数。

(3)制定研究策略。要明确调查的问题,考虑可能会产生影响的若干要素,以及获取这些影响因素相关数据的各种方法,编写调查计划和调查提纲。

(4)设计问卷或访谈调查表。问卷和访谈调查表是指为统计和调查所用的、以设问的方式表达问题的表格,两者在内容和形式上虽各有侧重,但一般都由四个部分构成:一是题目;二是说明,具体说明调查目的、意义、填写方式、注意事项等;三是具体内容,把研究所要收集的资料以问题的形式列出;四是编码,它是对所问问题的次序编号以及为数据统计而设计的特殊编号。

(5)试点调查。设计好的问卷或调查表,在较小的范围内进行试点。通过试点来检查整体调查计划是否可行,发现问题及时对调查方案进行修订。

(6)收集样本资料。根据修订后的调查方案,进行大规模的正式调查,将调查采集到的样本资料按预定的渠道进行收集保存,防止遗漏或丢失。

(7)整理、统计、分析样本资料。对收集起来的样本资料进行校对、分类、登录、编码;进行分门别类的统计工作,并以数据、表格甚至是更加直观的图形等方式来表现统计结果;根据统计结果来分析问题,一些初步的分析甚至可以采用计算机进行分析和判断。

(8)撰写研究报告。研究报告是整个调查活动的总结。其内容包括题目、作者、日期、目录、正文、附录、参考文献等。

由于社区调查法的步骤比较复杂,每一步都有可能出现差错。为了使调查尽可能准确,研究者应该对可能出现的各种不同类型的误差做到心中有数,并尽力防范。

2. 实地研究法

实地研究法也称田野研究法,是一种在自然情境下,通过耳闻目睹的方式实地研究搜集有关价值、行为或社会过程的定性资料的方法。实地研究法注重的是现象背后的规律性,它要求在较长的一段时间内,对一个特定场所里的行为的观察,捕捉人们行为出现的自然情境,寻找影响社区居民社会关系的重要事件,并勾画出从被研究者的观点所看出的事实。

实地研究比较适宜用做个案研究。实地研究法所处理的每一个情境及研究对象都是事实本身,因而在一定程度上可以反映与其同类型的研究对象,一般不适合用来作推论性或大规模的社区研究。就空间地域而言,实地研究法可用于城市社区,也可用于农村社区,但在一些文化水平较低或文化较落后的社区,实地研究法更有用武之地。

实地研究法,依研究者介入观察客体的程度,分为参与观察和局外观察两种。

1)参与观察法

研究者加入被观察者的组织或群体,成为被观察者的活动中的一个正规的参与者,其双重身份一般不为其他参与者所知。由于观察者跟被观察者发生直接而密切的互动关系,因而可得到第一手资料,只要研究者对自己的行为控制得好,一般不会改变观察对象行为的自然过程。

2)局外观察法

研究者不参加被观察者的组织或群体,不以一个成员的身份出现,在这种情况下,研究对象有可能知道,也可能不知道研究者的目的。在观察对象不知道被观察的情况下,研究者不会影响被观察者行为的自然过程,观察者与被观察者保持一定距离,可以冷静、客观地搜集所需资料。但由于研究者扮演的"局外人"角色,不大可能真正了解到社会现象背后的深层意义。

参与观察法和局外观察法是一种理想型的分类,实际上,研究者在研究过程中所扮演的角色往往是混合型的,一般参与观察的程度在社区研究中会更多一些。

3. 文献分析法

文献分析法是通过搜集分析各种文献档案、统计资料,从中引证对研究对象的看法或找出其真相的一种研究方法。文献分析法根据所分析的文献本身的性质可以分为非结构式的个案研究法和结构式的内容分析法两类。个案研究法主要用于分析个人文献,它所处理的材料为第一手文献,具有第一人称叙述的主观性,出自曾经经历过某一事件或行为的人所作的回想描写,大多带有个人的属性,个人文献一般只适合于定性而不是定量的分析。结构式的内容分析法主要是通过第二手文献,通过那些不在现场的人的手笔,访问目击者或阅读第一手文献,获得编制文献所必需的材料。

文献分析法是在社区工作中常用的一种调查方法。使用文献研究法应注意的事项有:一是切忌断章取义;二是为了表明引用资料的可靠程度,并使他人检查方便,应注明资料的出处、文献的时间等。

随着社会的进步和发展,社区研究方法也同样有了非常大的进步,特别是许多现代社会学的研究方法,如社会网络分析方法、社区区位分析方法等,被广泛应用于社区研究,从而使得现代社区研究的方法更加丰富也更加科学。

1.3.2 社区研究的意义

随着社区功能和地位的不断增强和提高,社区研究也具有越来越重要的理论和现实意义,它对了解社区、分析社区、发现社区存在的问题,寻找解放社区问题的对策方法,提高社区管理效果等都具有十分重要的意义。

1. 社区研究是社会研究的具体化、深化

任何一个社区都是一个规模不等的具体的小社会,是整个大社会的缩影。整体社会一般都是庞大的、复杂的,要清楚、准确、具体地认识它是很困难的,而社区则是具体可感知、易于把握的。因此,社区研究是社会研究的具体化,是社会研究的起点。从对一个社区的具体调查研究,可以探讨社会发展的普遍规律及同类社区的共同特点。

近年来,人类社区的变迁极为快速,对人类生活方式和生活品质的影响非常深远,由此使人们对社区及其变迁的研究探讨感到重要并引起兴趣,在我国社区研究中具有更为重要的意义。由于我国民族众多,地形复杂,在同一种改革开放的政策之下,各地区的社会经济文化发展却呈现出不同的发展程度,需要学者和决策者们多作社区调查研究,通过研究不同区域、不同发展水平的社区的不同类型的问题,找到妥善解决问题的办法,打下建立新理论的坚实基础。

2. 社区研究具有较高的应用价值

从实践的角度看,社区研究的结果可以被广泛地应用于解决社区问题。对社区问题所作的科学研究有助于对问题真相的了解,进而促进有效对策的制定;社区研究的结果可供预测未来社区问题的演变,以便及早作出适当的预防;有关社区发展或社区行动的研究结果,还可以被直接应用于社区发展和建设。

(1)社区研究可为城乡建设提供理论和方法。通过社区研究,掌握社区形成发展的规律,认清社区内部的组织结构,分析社区成员的活动方式以及与外部环境的关系,从而为城乡建设规划和实施提供科学的根据。比如费孝通先生大力倡导发展起来的小城镇研究，作为社区研究工作的一个重要部分，来自实践又扎根于实践，取得了丰硕的成果并对我国城乡建设产生了深远的影响。

(2)社区研究还为加强社会管理提供科学依据。通过社区研究，可了解社区内部各项制度相互配合情况，探索社区管理的规律，及时发现和解决社区中出现的问题，从而为加强社会管理提供科学根据。从20世纪90年代开始，中国社会开始关注社区方面的问题，把解决社区问题作为一项重要任务，通过研究总结，对社区新出现的问题进行归类，构成社区建设的发展目标。

随着经济体制改革和社会管理体制改革的不断深入，我国原有的那套管理模式已不适应社会发展和社区建设的时代性要求，与此同时，社会层面的不断发育以及社区组织体系和结构的功能分化，居民对社区需求度和依赖性不断增强，致使社区管理的内涵在质变的基础上迅速丰富，要求调整政府在社区管理中的角色，构筑政府主导与社区自治相结合的现代社区管理体制，这些都有赖于加强对社区的研究和应用。

参考文献

[1] 夏国忠. 社区简论[M]. 上海:上海人民出版社,2004.
[2] 于显洋. 社区概论[M]. 北京:中国人民大学出版社,2006.
[3] 鲍日新,刘泽雨,董慧. 社区管理理论与实践[M]. 大连:大连海事大学出版社,2004.
[4] 夏学銮. 社区管理概论[M]. 北京:中央党校出版社,2005.
[5] 黎熙元. 现代社区概论[M]. 广州:中山大学出版社,1998.
[6] 何肇发. 社区概论[M]. 广州:中山大学出版社,1991.
[7] 徐永祥. 社区发展论[M]. 上海:华东理工大学出版社,2000.
[8] 徐琦,等. 社区社会学[M]. 北京:中国社会出版社,2004.
[9] 北京大学社会学人类学研究所. 社区与功能——派克、布朗社会学文集及学记[M]. 北京:北京大学出版社,2002.

2

社区管理及其发展史

学习目标

1. 通过本章的学习,使读者对广义的社区管理能有一个比较全面的了解;

2. 对社区管理的含义和特征有一定的清晰认识;

3. 在熟悉我国社区管理的各种体系以及制度演变的过程中,力争掌握社区管理以及社区制度建设所需要遵循的各种原则、法规。

内容提要

改革开放以来,中国在经济市场化、社会转型和可持续发展过程中,基层社区包括农村社区、集镇社区、城市社区都不同程度地发挥着重要的作用。社会转型期基层社区的发展表现出由下而上的自主创新以及对社会经济运行产生的显著影响;同时,基层群众积极参与、自觉创造和自我组织,都有力地推动了中国各项事业的综合进步。由此可见,作为社区的核心力量——社区管理对社区发展所作的贡献的确不可低估。本章主要介绍社区管理的含义和特征,社区管理的基本原则和体系以及社区管理在中国的发展历史。

2.1 社区管理的含义和特征

2.1.1 社区管理的含义

社区管理也可称之为社区行政,是指在一定的社会环境和条件下,社区内部各种组织以居民自治、自我服务、自我管理为目的,为满足社区居民物质生活、精神生活等需要和维护社区整体利益而对社区的各项事务进行有效管理和调控的过程。这个定义指出了社区管理的如下几个内容。

1. 社区管理的主体

社区管理的主体是社区内部各种组织,具体来说,包括社区基层政权组织(城市社区的街道、居委会和农村社区的村委会)、业主委员会、居民自治性组织、物业管理公司、社区居民组织等。社区基层政权组织在社区管理中发挥着指导和规划的作用。随着民主参与意识的增强,社区居民的作用也日益得到发挥。

2. 社区管理的客体

社区管理的客体包括社区内的各项事务,是一种全方位的管理。主要指对社区内所有成员而言具有共性的地区性事务、与社区内部成员之间的相互关系、人际交往有关的互动性事务、需要社区内的群众广泛参与的群众性事务和涉及社区所属的整个社会的公益和福利性事务。从内容上看主要有社区党建管理、社区经济管理、社区文化管理、社区治安管理、社区服务管理、社区精神文明建设与管理、社区社会保障管理。

3. 社区管理的目的

社区管理的目的:从宏观来说,是维护社区的整体利益、调动各种资源和协调多方面的力量,促进政治稳定,维持社会团结,发展社区经济;从微观来说,密切社区成员关系,促进社区成员相互沟通,创造就业机会,拓展就业渠道,合理配置医疗卫生资源,对社区弱势群体进行照顾和救助,丰富居民的业余生活和精神世界,通过宣传、教育培训,提高居民的文明素质,提高其生活质量。

4. 社区管理的性质

社区管理的性质是群众性的自我教育、自我服务和自我管理。社区内成员之间是平等的,他们通过相互关系和文化维系力联系成一个共同体,大家既有权对社区提出要求,又要为社区的建设、管理尽自己的义务,社区全体成员都应自觉来参与社区的建设和管理。

过去城市管理中主要沿用的是街道管理,管理的主体仅政府一家——街道办事处。改革开放以前的“社区”只是人们居住的地区,不足以成为现代意义上的社区共同体。从定义中可以看出社区管理不同于传统意义上的街道管理,它们的主要差别表现为:社区管理的主体比街道管理的主体范围扩大,社区管理的主体除了社区基层政权组织、街道办事处外,还有业主委员会、居民自治性组织、物业管理公司、社区居民等主体。相对于街道办事处由上而下的目标设定方式而言,社区管理的目标设定是由下而上的设定方式,不会随上级政府的工作目标而转移。社区管理是一种地域化的管理,管理对象面广量多,覆盖整个社区,街道管理的对象仅限于街道下属的企事业单位和依附程度较大的居民委员会。

社区管理方式是在相互尊重、平等的基础上,以协商、讨论、加强沟通、相互理解、达成共识，并采取共同行动的方式来进行管理，区别于地区管理的命令管理方式。社区管理用法律机制、利益机制、市场机制和伦理道德机制来进行管理，是包含各种机制在内的综合性的管理机制，它有别于只有单一行政机制的街道管理机制。社区管理的内容要比街道管理的内容多得多，只要是社区居民需要的和能够满足社区居民需要的内容，都是社区所管理的内容，其主要包括：地区性事务，即区域中相对所有成员而言具有共性的事务；社会性事务，即涉及各成员间相互关系的事务；群众性事务，即涉及群众利益，需要广泛参与的事务；公益性事务，即有利于整个社会，而不限于任何特定成员的事务等。

表 2.1　街道管理与社区管理的区别

区别	街道管理	社区管理
管理主体	唯一的	多元化
管理目标	由上而下	由下而上
管理对象	面窄量少	面广量多
管理方式	行政性	协商、讨论
管理机制	行政机制	综合机制
管理内容	范围小	范围广

所谓社区管理制度伦理，是指对社区管理制度是否正当合理的道德评价和社区管理制度中蕴含着的伦理道德原则。从理论上来说，社区管理制度伦理有两种既互有联系又不尽相同的含义，即从外部对社区管理制度进行伦理评价和从社区治理结构中体现的伦理原则及道德精神。

1）从外部对管理制度的价值评判

它是指人们从外部所做的对社区管理制度的一种价值评判，即对社区管理制度是否正当合理的伦理评价。它着重强调的是社区管理制度的合伦理性、合道德性，即一个社区的任何管理制度选择与安排都体现正义、公平、公正等伦理价值，是一个社会文明进步的重要标志。一种制度、一个方面或一个系列的制度，实行起来是否合理、正当，即善恶倾向如何，社会作出伦理评价，这种评价是由社区管理制度中的伦理性质所决定的，表明社会对社区管理制度的"伦理效应"所持的态度。由于制度问题是带有根本性、全局性、稳定性的问题，因此，制度好可以使坏人无法任意横行，制度不好可以使好人无法充分做好事，甚至走向反面。

这里所讲的制度"好"与"不好"就是对制度所作的道德评判，其根本标准在于：是否有利于调动最大多数人的积极性、主动性、创造性，是否有利于充分发挥广大实践主体的主体能力，是否有利于培养和提高人的文化素质。简言之，就是是否有利于促进人本身全面而自由的发展和社会的进步，这也是制度伦理建设的根本标准和方向。因此，对社区管理制度作出好与不好的伦理评价，也要以是否有利于促进人本身全面而自由的发展和社会的进步为根本标准。然而,在实际的社区管理制度伦理建设过程中,社区管理制度中的伦理和对社区管理制度的伦理评价又往往是缠绕在一起的,因而,这种区分只具有学理的意义。

与我国过去的基层社会管理相比,目前社区治理结构本身就具有道德的合理性。

(1)就主体而言,由单一化转变为多元化。我国过去在对基层社会的管理中,管理主体单一化,只能是政府。而在社区治理中,主体的多元化是必然要求,除了国家(政府)主体之外,还有居民、社区自治组织以及非营利非政府组织、辖区单位等。因此,社区的公共事务需要多元主体的参与和决策,政府与社区之间要形成积极而有成效的合作信任关系,以善治(即良好的治理,就是使公共利益最大化的社会管理过程)为目标,达至社区公共利益的最大化。

(2)就过程而言,从强调行政控制到强调居民参与。我国过去的基层社会管理,不论是单位制度,还是街居制度,行政功能都非常突出,命令式的上下级科层色彩浓厚。政府与单位之间、单位与职工之间都是服从与被服从的行政命令关系。市区政府、街道办事处和居委会之间的互动关系也都按照行政命令模式运行。而社区治理则强调居民参与,要求社区发展的各项规划、社区建设的实施以及社区事务的处理等都必须体现社区居民的广泛参与,与居民的要求相适应。居民不再依附于单位或街居组织,更不受它们的庇护,而是彼此形成平等互惠的关系。

(3)就结构而言,由垂直科层结构转变为横向网络互动结构。我国过去的街居制度结构是从上级政府到街道办事处到居委会再到居民,单位制度结构是从上级单位到下级单位再到居民,只有垂直的关系,没有横向的联系。而在社区治理结构中,社区主体多元化,街道与居委会之间、居民与政府之间的关系由单向运行转变为双向互动;大量社区中介组织的培育和发展,在居民与政府之间又是一道沟通和联系的桥梁,从而将社区中行政力量、自治力量和社会力量构筑成横向的网状结构。从这二者特征比较当中就可以看出,社区治理结构本身就能体现出平等、信任、自由等伦理价值,有利于促进人本身全面而自由的发展和社会的进步,因而具有道德上的合理性。

从社区治理的实践模式来看,自治型治理模式比混合型治理模式、政府主导型治理模式更具有道德合理性。自治型治理模式主要是产生于一些民主思想传统较为深厚的国家。在社区自治中,政府的管理权非常有限,政府不直接管理社区的大小事务。社区拥有高度的自治权。社区内的成员对自己的事务当家作主的程度高,拥有自己独立的平等人格和尊严。这说明自治型治理模式重视人的价值和尊严,促进了人本身全面而自由的发展和社会的进步,因而,具有合理性。混合型治理模式产生于东西方文化交汇融合的国家和地区,如日本、中国香港等。在社区管理上,既受东方文化传统思想的影响,也受到西方民主思想的影响。因此社区管理中表现为政府和社会共同管理。这种模式中的社区自治性较强,自治程度也越来越高,较重视人的价值和尊严,在一定程度上促进了人本身全面而自由的发展和社会的进步,因而在一定程度上是合理的。

行政主导型治理模式主要产生于缺乏民主与法制传统的东方国家。在这些国家,法治与市场不健全,主要依靠行政统治来维系国家和社会的稳定,因此社区发展只是政府推动的自上而下的运动,居民自觉参与还很有限。当然,在社会尚未完全发育的情况下,政府推动是必要的。这种模式中的社区自治性不强,民主程度低,人的价值和尊严也就体现不出来,从而在一定程度上阻碍了人性的发展,因而不具有合理性。民主应该是产生最合理、最公平和谐社会的社会机制,民主和自治的程度越高,就越能体现出人的自主性,越能给人提供最大限度的发展空间。这说明民主和自治是人类社会历史发展的潮流,反映在社区治理实践模式上,可以说,社区管理由行政主导向自治治理转换是必然的趋势。

2)从社区管理制度中体现的伦理原则和道德精神

社区管理制度伦理是指从社区管理制度中、从社区治理结构中体现出来的伦理原则和道德精神。制度以道德性为基础,一定的制度蕴含着相应的伦理原则和道德精神,新制度经济学派的代表人物之一诺斯把一定的伦理道德当作制定规则的规则。富勒指出,一个真正的制度包含着自己的道德性,即内在的道德或程序自然法,一旦国家所实行的制度没能蕴含着道德性质,就会导致一个根本不宜成为制度的东西;马克思在比较市场经济制度与自然经济制度时认为,市场经济制度蕴含着"自由"、"平等"、"所有权"和"边沁"(利己主义)。

进步的社区管理制度本身就蕴涵着伦理原则和道德精神。我国计划经济条件下的城市社区管理制度表现为"单位制",市场经济条件下的社区管理制度表现为"社区制"。在"单位制"下,我国实行了一套行政全能主义的"亚社区"管理制度。这样,单位的强大力量势必形成单位与职工之间的支配和依附关系,久而久之,职工对单位这种从经济利益到社会地位和社会角色的全面依附,容易使"单位人"生成依附人格,其结果是人的发展被局限在无比狭窄的时空临界点上。按照马克思主义的观点,社会的结构决定人们的思想意识和道德观念。相对集权的社会结构和高度集中的社会管理模式限制了社区这类民间性、自发性组织的生长,而以此为基础的自主意识由于缺乏物质前提便不可能发育出来。从政府与公众的关系上来看,二者仍然受过去统治与被统治的关系思想阴影的影响。虽然"统治"这样的观念早已被抛弃了,但是并没有完全消除,仍有统治者自居的架势。这就决定了政府尽管也在提倡民主,但是实际上没有从根本上提高服务意识,仍然还带着统治意识在支配着单位制度的运行。这样,政府与公众之间的关系仍然处于不平等的地位。这几点都说明了"单位制"相对于现在中国的现状而言,是不适应我国的发展的,并且阻碍了人的全面发展和社会的进步。

在"社区制"下,我国实行的是人性化管理。随着非国有经济在国民经济中的比重越来越大,"单位制"受到强有力冲击后逐步松动,越来越多的单位开始改革"企业办社会"、"机关办社会"的旧制度,单位开始成为职工主要进行社会劳动的场所,单位原来的一些社会职能正逐渐向城市社区转移,过去政府的一些权力也陆续下放到基层,政社分离已经初步实现。特别是20世纪80年代中期以后,社区的经济功能逐渐增强,“社区服务部”方便了所在社区居民;“街道办工厂”为企事业单位改革、减员增效中的富余人员开辟了又一条就业途径。这样“单位制”下形成的职工与单位的社会利益关系逐渐淡化,职工对单位的依附性大大减弱,“自己对自己负责”“自己为自己立法”的自主精神有了赖以产生的根基。从政府与公众的关系上看,二者是服务与被服务的关系。政府通过管理对社区公众服务,这是政府人员的职业权力,而不是特权。因为这和其他人一样,都在通过行使自己的职业权力来为社会上的其他人服务,服务者与被服务者之间没有高低、贵贱之分。这体现了政府与公众之间处于平等的地位。从目的上看,它的最终目的就是为了社会公正、平等和规则有序,为了人们能过上富足文明的好日子,为了促进全体人民的全面发展。人民的幸福和全面发展就构成了社会主义的管理制度伦理以及这种伦理的终极价值目标。从这几点可以看出,“社区制”是适应我国目前的发展状况的,它促进了人的全面发展和社会的进步,因而是一种善的制度。

2.1.2 社区管理的特征

从社区管理的含义和内容可以看出社区管理具有明显的特征,这些特征主要表现为如下形式。

1. 地域性特征

社区管理的具体内容基本上都局限于社区的范围之内,管理的方式也是发动社区内的各类管理主体,进行自我组织、自我服务和自我管理。如果社区外的管理机构延伸至社区内来实行管理,那么社区的自我管理机制将无法正常进行,如果本社区管理机构的管理对象越出了社区的范围,那么社区管理主体和管理对象的一致性将不复存在。这种管理主体和管理对象的同一性,使社区管理的区域性特征更加明显。因此,以街道(或乡、镇)党工委和政府机构为主导的社区管理,一定要将工作重心指向社区,协调各方面的力量,社区管理实践更应该本着“以人为本”的原则,代表最广大人民群众的根本利益;开展环境卫生、绿化养护、市容整治、治安联防、教育卫生、文娱体育、社区服务等各项工作,切实解决社区居民日常碰到的各种困难和不便,提高居民对社区的认同感和满意度,同时还要抓好本社区的精神文明建设,加强思想道德品质以及文化艺术、科学知识的教育,以提高本社区居民的综合素质和生活质量。以是否有利于社区成员生活水平的提高、是否有利于增加社区认同感和归属感、是否有利于强化社区向心力和凝聚力为评判社区工作得失成败的标准;坚持在社区管理中依靠群众的力量,发挥群众的作用①。

2. 互助性特征

俗话说“远亲不如近邻”,生活在社区中的居民之间以及他们与社区单位、群众

① 韦克难:《社区管理》,成都,四川人民出版社,2003。

组织之间有着十分复杂、密不可分的关系；而这种关系的基础又是各社区成员之间平等互助的联系，——每个社区成员既是管理主体，又是管理对象；既有管理别人的权利，又有接受别人管理的义务。所以说，社区单位、群众组织、社区成员以及社区之间是存在关联性的。社区成员共同参与的平等、互利、互助式的自我组织、自我服务、自我管理的模式，也只能建立在这样关联性特征的基础上。居民之间交往的便利性与快捷性，必然导致居民守望相助，一人有难，众人相助，社区管理的地域性特征决定了社区管理的互助性特征，生活在社区中的居民之间以及他们与社区单位、群体团体之间有着十分复杂、密不可分的关系，社区组织自我组织、自我服务、自我管理，居委会（或村委会）干部是居民推举并通过社区居民直接选举的方式产生出来的，他们是社区居民的代表，要为居民说话，维护社区居民的利益。在城市中，居委会的这种身份，使它成为连接居民和街道机构的“桥梁”，三者之间有了紧密的联系，每个社区成员既是管理主体，同时又是管理对象，既有管理别人的权利，又有接受别人管理的义务，在这种关系基础上建立起来的社区管理只能是社区成员共同参与的平等、互利、互助式的自我组织、自我服务、自我管理的模式，解决社区的矛盾和困难所采取的方法也只可能是社区成员的互助行动①。

3. 复杂性特征

目前城市社区存在以下三种情况。

（1）随着市场经济的不断发展，出现了个体经济、私营经济等大量的新经济组织，人口密度高，流动性较大，外来人口的数量在不断增加。

（2）社区成员的异质化程度较高，老年人的比例增高。社区成员的异质化程度越高，其需求就越不统一，人们的需求越来越复杂化和多样化。

（3）社区成员之间的社会交往难度增加，次数减少，也淡化了人们的交往意识，社会上存在不安定的因素，治安状况不尽人意，降低了他们对在社区内进行面对面交往的需求程度，社区管理要协调和发动这些数量众多、异质性强、交流意识淡薄的社区成员来参与社区管理，为别人服务，当然不是一件轻松的事。

社区管理涉及的因素众多，十分复杂。社区管理的复杂性特征导致社区管理的综合化。为了有效地利用社区资源，全面协调社区关系，提高社区的整体效益，社区管理需要进行整体规划和总体部署，这就需要社区管理者认识和掌握社区变迁的客观规律，从社区实际出发，制定计划，有目的、有步骤地实施管理。①由于社区成员的数量多，差异性大，所以他们各自的资源优势和需求也各不相同，社区管理就是要充分利用社区居民的资源，满足多样化的需求；②社区管理的主体是多元的，要综合利用这些力量让各种主体共同参与；③社区的功能是多样的，也就要求社区管理要综合利用社区的多种功能。

---

① 韦克难：《社区管理》，成都，四川人民出版社，2003。

4. 社区管理社会化特征

社区管理社会化对于当代中国政治改革的意义是非常重大的。在我们大力倡导社区建设与社区发展的时候,我们不应该忽略对于当代中国国情而言,最需要解决的问题是政府与社会的关系问题。建立一种合理、规范的管理体制是总体建设工程的基础。社区管理社会化的基础是社区权力模式的重构,而模式的构建又以权力的基础——权力资源的调适为条件。权力资源从制度文化到人力、物力、信息无不决定着权力形式。现代社会权力已经被社会团体分散,精英的作用已被准精英、平民知识分子的能力增长所消减。中国社区权力模式是多种模式的杂合物,这种特征是转轨时期中国社会所独有的,它存在一些问题,如社区权力资源与权力结构的不完全、社区权力制度化的不彻底、社区权能不足等。

要改变这些问题,就必须对社区权力模式进行重构,必须整合社区地域,扩大自治范围,修改社区自治法规,妥善处理社区二重责任主体的关系。社区管理社会化的有效途径就是社区参与。社区参与的实践工作已经在各地社区改革中广泛地展开,在对权力组织、政策过程、社区服务等方面进行着摸索与尝试。社区参与要求社区公民都有权利进入权力组织或参与对权力组织的构建,有权利介入政治的议程、方案、决策诸过程,能够在政策制定与执行中表达自我的利益要求,有权对政治权力的运行进行监督、评估,甚至不信任而予以撤免。社区参与是社会民主和自由的必然渠道。居民参与社区发展有两条途径:个人流动和组织渠道。个人流动使个人的低经济、社会地位得到改变,从而获得政治参与的能力;组织渠道使社会弱势群体能够聚合力量,形成团体,制造共同的组织意识,并以这种意识为工具参与社区政治博弈。两种渠道的完善和结合是社区参与发展的最佳选择。

另外,在社区管理的目标定位上,应在实行自我管理的前提下,以社区居委会为依托,以发展社区服务为龙头,以提高居民整体素质和生活质量为宗旨,不断强化社区的组织、协调、凝聚、动员、组织群众参与社区管理的职能,力争做到实行社区居民自治、保证治安状况良好、配置优化的服务功能、创造优美的社区环境、促进居民相处和谐的新型社区。总之,通过目标的定位、目标的实施、目标的效力等过程中的社区管理的有效性影响,最终达到社区发展的社会化效果。

2.2 社区管理的原则和体制

2.2.1 社区管理的原则

1. 共同原则

社区管理必须以社区内的全体居民、组织、团体、单位的共同需要和利益为出发点和根本目标,一切计划、组织、手段、做法都必须紧紧围绕着这个根本目标,强调社区管理的目标导向。衡量社区管理有效与否的最直接的标准就是社区管理的措施是否切实反映了社区全体成员的共同利益需求。以街道办事处和街道党工委为主导的各方面管理主体，按照全体利益原则的要求，在工作方法上，以社区服务为突破口，以创建文明社区为目标，倾听各方面的意见和要求，协调社区各方面的力量，充分利用社区的各种资源和优势，改善社区软、硬件设施，全面推进社区的社会、文化、治安、教育、环境、卫生、服务等各方面的工作，来满足社区成员多样化、高质量的生活需求和全面发展的需要。为居民服务就是要坚持以不断满足社区居民的社会需求、提高居民生活质量和文明程度为宗旨，把服务社区居民作为社区建设的根本出发点。

2. 社区自治原则

社区管理的自治原理就是通过社区居民自我管理、自我教育、自我服务、自我监督，控制和影响社区的一切程序、计划和决策，实现社区管理的指导思想。社区管理主要是通过政府向社区的放权和授权，通过各职能部门向社区延伸的机构，通过社区居民和单位的共同参与，明确社区各管理主体的权责利，明确各社区管理主体的地位（既是管理者，同时又是被管理者），明确社区自我组织、自我管理的管理方式，充分利用社区内的人力和物力资源，充分发挥居民的特长和潜能，以自动、自发、自助、自治的精神，来实现社区的管理和发展。社区自治是社区建设的必然选择。在社区管理的指导思想上，我们理所当然将它作为一个原则来指导我们的社区管理工作。在街道管理的模式下，满足社区成员的需求是容易的事，居民只是“等、靠、要”，满足需求所需资源由政府提供，社区的事务，大到治安、环保、卫生、市政，小至教育设施、体育设备配置、卫生网点建设、文化娱乐、便民服务点的设置等全由政府及其各职能单位包下来，群众没有参与的渠道和参与的意识，造成“单位意识”远远浓于“社区意识”的局面，居民在社区只强调自己享用的权利，而忽视了自己应尽的参与义务。

这种政府和单位包打天下的体制导致居民认识上的误区，即街道管理得好是应该的，而管理不好则是政府和干部的失误和差错，到头来政府花了大量人力、财力、物力进行建设和管理，但由于没有群众的参与和合作，成本居高不下，但效果却不是很好。同时政府无法也无力去承担如此众多的具体的事务性管理职能。事实证明街道管理的路走不通，必须要转到社区管理上来。扩大民主，居民自治，就是坚持地域性、认同感等社区构成要素科学合理地划分社区；在社区内实行民主选举、民主决策、民主管理、民主监督，逐步实现居民自我管理、自我教育、自我服务、自我监督①。

3. 组织和教育原则

社区管理的最终目的是为了社区的发展以及社区居民生活质量和综合素质的提高。居民的综合素质包括身体素质、文化素质和品德修养等，主要有生活态度、价值观、行为准则、文化程度、艺术修养、品格品行、健康状况等方面的内容，其中相当一部分可通过教育的途径来改善和提高。教育是提高人们的觉悟、认识、思想、道德水平，提高人们的科学文化水平，提高人们的技能、技巧的重要途径，在社区管理中一定要注意教育的原则。社区教育是一种全方位的终身教育，社区中管理者与被管理者都

---

① 韦克难：《社区管理》，成都，四川人民出版社，2003。

是人，通过将人组织到社区中解决各种问题，通过教育提高人的素质。社区教育符合受教育者的兴趣、爱好或就业、理家方面的技能需求，还能通过文化、艺术教育来满足人们精神生活的需求，并且通过共享社区内的教育资源，以自我服务的互助方式来进行。

社区成员的异质性强，数量众多，因此他们各自的需求和看法也是多样化的，很难形成统一的行动和共同的需求，也很难满足这种多样化的需求，若放任自流，其结果必然是社区内成员各自为政，一盘散沙，形不成合力。因此，组织原则是为了统一居民们的认识、看法，认清共同的需要，形成一致的行动，解决社区中的共同问题，以推动社区的发展。通过组织和管理，利用约束性要素，来建立健全并理顺社区成员之间的关系，统一大家的认识，培养社区意识，达成社区事务是为了大家，必须大家参与的共识，并形成大家共同遵守的规章制度和行为准则，在此基础上，开展各项自我组织、自我服务、自我管理的活动。

4. 资源共享，共驻共建的原则

社区中的组织都有一定的资源。资源共享，共驻共建就是充分调动社区内机关、团体、部队、企业事业组织等一切力量广泛参与社区建设，最大限度地实现社区资源的共有、共享，营造共驻社区、共建社区的良好氛围。一方面是社区管理不能仅仅局限于社区这个小区域，而且要注重社区与整个外部大环境的协调；另一方面就是注重组织与功能之间的协调，以保证管理的及时、有效、无遗漏区域。社区管理一定要把握好资源共享、共驻、共建的原则，协调好社区与外界的关系，协调好组织机构与功能职责的关系，让社区内的各组织机构权责利统一，责任明确，正常运转，让社区和城市的发展协调、同步、少走弯路，使社区健康、迅速地发展，实现社区管理的目标。就城市整体而言，社区只是其中的一个局部，社区的发展必须要符合城市的整体规划，要服从整体的要求，而不能自行其是。

居民的所有需求仅靠社区不可能全部解决，封闭起来发展社区是没有出路的，也是根本行不通的。在街道管理的模式下，片面重视职能部门而忽视地域结构，造成人财物等资源的配置都向职能部门倾斜、街道所掌握的资源很少的局面。现在城市的管理重心向下转移，职能部门用其掌握的资源开展工作，其中有一部分本来是它们应该做的，而现在却变成帮助社区来做，比如体育管理用发行体育彩票募集的资金，投资购买各种健身器材，建设社区健身苑，这本应该是这些机构的职责，而现在却变成了为社区居民做好事，是支持社区的工作。只有几十人编制的街道要和上级所有党务部门、行政部门和职能部门设立接口机构，一个街道办事处主任要兼 20 多个职务，一个只有两三个人的科室要应付 20 多个职能部门，“突击工作经常做，经常工作突击做”现象的出现成为一种必然，管理的效率和效果也就可想而知了。街道“既当运动员、又当裁判员”，既缺少监督，使管理的权威性下降，同时又包揽了太多的事务，牵扯了太多的精力，影响本应干好的本职工作，事倍功半。

5. 前瞻性原则

社区管理的前瞻性原则，强调了在社区管理过程中，要注重预见性，要有长远的目标，要充分考虑社区管理的根本出路问题，考虑社区管理发展中可能出现的或已经出现的各种因素对以后的管理将会带来的不利影响，是社区管理长效稳定的有力保证，可有效避免在今后的发展过程中遇到大的变动却由于没做事先防备而引起的失措和浪费，从而使社区管埋朝着自己的既定目标积极而稳妥地进行。例如对社区管理人员的技能要求问题，由于网络技术的飞速发展和它所具有的远程传递、数字化、智能化等突出的优点，所以社区管理人员要学习网络技术。将不利因素化解在萌芽状态，使它对社区管理的影响降到最低程度。今后社区管理必然朝着网络化方向发展，这样可以大大降低费用成本，减少人力耗费，提高管理效率。因此，在社区管理中必须按前瞻性的要求，对管理人员的文化素质和操作技能提出新的更高的要求，让他们接受新的管理，接受各种培训，掌握新的技能，努力防止以后出现大的变动，造成大的损失，避免今后实行网络化管理时，因无法掌握和使用新的管理工具而影响工作效率，甚至被淘汰。①

6. 坚持"小政府大社会原则"

社区的管理机构宜小不宜大，但管理职能则宜大不宜小。最关键的是机构要精简、管理要统一、效能要提高。纯粹的行业行为由企业承担；半行政化的服务行为由中介组织承担；政府直接办的经济实体实行政企分开；社会职能转交给社会组织。这样，政企、政事、政社分开，使大量的社会事务转移到社会上去。要做到小政府大社会的社区管理机构构架，必须注重居民的社区参与性。社区的繁荣要靠社区成员的广泛参与，同时必须最大限度地调动个体、群体的积极性，将那种自发、自觉、自立的行为组织起来，以"各尽所能、各扬其长，普遍关心、广泛参与"的方式来推动社区建设，并使之成为主体力量。从社区的管理和维护角度来看，居民社区参与性通常要同居民的休闲文化结合起来。这是社区参与性提高的关键。因为跟休闲文化相结合，公众才会感到有所收获，感到社区的价值和对自己的影响。

2.2.2 城市社区管理的体制

社区管理体制，也称为社区管理制度，是指社区管理的组织体系及运转模式，是由社区发展动力、利益主体、权力结构、运行机制和监督机制等多方面内容构成的综合性、系统性的管理制度，它要以社区管理的基本内容为基础，与社会外在环境和社区发展的方向相适应，是实施管理的组织结构、职能权限划分和管理方式、工作方法的总和。社区管理体制具有开发性、综合性、服务性、社会性和科学性等特点。一定的社区管理体制，总是特定的历史环境和时代条件的产物。新中国成立以后，我国的社区管理曾经长期实行了一套行政全能主义的地区管理体制，行政性较强。直到改

① 韦克难：《社区管理》，成都，四川人民出版社，2003。

革开放以后，尤其是进入20世纪90年代以后，构建与社会主义市场经济相适应的现代社区管理体制的必要性和紧迫性，才日益为人们所理解。社区管理的体制是社区功能正常发挥的重要保证，是社区管理有效性的重要保证，是实现社区发展目标的重要保证。构建社区管理体制必须要结合中国具体的国情和改革开放的进程，坚持理论联系实际，同时坚持开展法制建设，只有这样，社区管理体制才能符合现实的要求，才能保证社区管理能够依法、有效地进行。我国城乡的一些地方通过社区建设和发展的实践，在社区管理体制的改革与创新上作了许多富有成效的探索。

新中国成立以后不久，我们选择了有计划地对全国有限的人力、物力和财力资源等加以集中并有效地整合与利用的资源配置方式，国家通过行政权力体系和计划控制手段统揽了经济领域的管理权，建立起依靠计划控制手段配置经济资源的、高度集权的计划经济体制。正是在这一历史背景下，政府作为国家利益的代表，也就成了组织和管理经济、政治和社会生活的唯一主体，当然也就成为地域社会管理的唯一主体。由此形成了行政全能主义的“单位人管理”与“地区管理”的传统社区管理体制。地方政府的基层组织、城市政府的有关职能部门、街道办事处、居民委员会既提供基本的社会救助、社会保障等社会支持，又进行直接的社会管理和社会控制，进行计划性与控制性极强的地区管理。管理对象涉及城镇非在业者、丧失劳动能力的残疾人、无子女赡养的孤寡老人以及军烈属、在校学生等所有的居民及其居住地。管理内容主要表现为流动性极差而身份特征极强的户籍登记与户籍管理、生活用品配给管理、社会治安管理、计划生育管理、环境卫生管理等政治、经济、军事、社会、教育多项职能。

在传统的计划经济体制下，社区建设和管理普遍采用的是行政手段，但是随着社区功能的增强，社区管理的对象、内容和手段逐渐向社会化过渡，单纯利用行政手段已经很难做到对社区资源的有效配置，以及各方利益和需求的统筹兼顾，也很难做到真正意义上的依法治理。这种行政化的社区管理体制具有很多积弊：进行专业管理的各职能部门的力量很强，其资金资源、人员配备、组织管理、工作指导均由其上级部门掌握，并形成一个封闭的专业管理系统。由于各职能部门都有封闭性、单一性的特点，因此各职能部门之间的协调比较困难，不易形成合力；街道承担的工作任务很多，而管理权限很少，很多工作想干却没权干，对有些事无能为力却要承担后果；各职能部门在第三级上配置的资源（包括人、财、权）都比较少，难以支持制度化、经常性、全覆盖的管理要求。因此迫切需要建立新的社区管理体制以适应新时代的要求。

在计划经济时期，就农村而言，福利保障主要是通过家庭责任保障和村集体的“五保”供养政策来构成的，而城市社会福利体制，国家是按照个人身份分配到不同的单位体制之中，或者落入城市街道和居委会组织体制之中，而对于城市“三无”对象，则根据基层社会组织的推荐和民政部门的审核，列为城市民政福利对象，到社会福利机构享受集体供养服务，或者接受民政部门的定期救济。1983年第八次全国民政会议提出“社会福利社会办”的基本思想，开始打破单一封闭的民政部门包办社会福利机构和社会福利事业的体制，探索国家、集体和个人多元办社会福利的体制。1994年第十次全国民政工作会议提出“深化福利事业改革，加快社会福利社会化的进程”的要求，积极发动和依靠社会力量发展社会福利事业，加大社会福利事业各项体制改革的力度。

2000年2月国务院办公厅转发了民政部等部门关于加快实现社会福利社会化意见的通知。2000年4月民政部在广东召开全国社会福利社会化工作会议，明确提出了社会福利社会化的总体要求、目标任务和基本思路。立足我国社会主义初级阶段的基本国情，以邓小平理论和党的“十五大”精神为指导，在供养方式上坚持居家为基础、以社区为依托、以社会福利机构为补充的发展方向，探索出一条国家倡导资助、社会各方面力量积极兴办社会福利事业的新路子，建立与社会主义市场经济体制和社会发展相适应的社会福利事业管理体制和运行机制，促进社会福利事业健康有序的发展。

建立社区管理的组织结构新体制，必须从充分发挥社区的体制职能和管理功能、从社区不同的行政事务和目标出发，以街道为核心，在街道党工委、街道办事处性质不变的前提下，依照法律、法规、规章和上级政府的授权，以居委会为基础，对辖区内的社区治安、社区服务、精神文明建设、街道经济组织等行使组织领导、综合协调、监督检查的行政管理职能；以专业管理部门派驻社区的机构为重要组成部分，分别承担履行制定政策、执行政策、支持和反馈政策等功能作用，对地域性、社会性、群众性的工作负全面责任。组成包括对社区内专业事务的管理、社会公共事务的管理及街道办事处自身的管理的全新的管理体制，形成条包块管，以块为主的管理格局。

2.2.2.1 新的社区管理体制构成

新的社区管理体制应该包括以下三个层次。

1. 社区领导系统

社区内部的领导系统主要由街道办事处和社区居民委员会组成。街道办事处作为管理社区最基本的单元，在社区行政管理中处于主导地位。根据权力下放与属地管理的原则，街道办事处和社区居民委员会依据法律、法规和上级区政府的授权，履行相应的“准政府”的管理职能，对辖区内的地区管理、社区服务、社会综合治理、精神文明建设和街道经济组织行政领导、协调、监督等行政管理职能，对区域性、群众性、社会性的工作承担全面责任。社区居民委员会既是群众性居民自治组织，也是党和政府领导下的正式的、统一的、具有法律和行政权威的社区管理机构，在社区管理中居于中心地位。作为群众性居民自治组织，社区居民委员会由居民大会或居民代表大会直接选举产生，接受居民大会和居民代表大会的监督，对全体居民和居民代表大会负责。

通过法定程序，居民大会或居民代表大会可以罢免居民委员会成员。在社区内部，居民委员会全面领导、规划、组织本社区的社区管理、社区建设、社区服务。主要包括：负责制定、审核全市范围的社区建设、规划和工作计划；研究制定社区建设的方针、政策和重大措施；督促、检察全市范围内的社区建设的先进经验；接受区、街政府部门在社区建设方面的规划和指导，开展区、街政府部门布置的与社区建设相关的活动，配合相关政府部门在社区内的执法和其他公务行动，协助或承担政府部门必须在社区内进行的统计工作；协助市委、市政府推进基层行政管理体制改革，理顺基层条块关系；努力解决社区建设中的政策保证和财力保障等问题；协调有关部门与单位之间的关系，为全市开展社区建设创造条件。

当然，区、街政府部门应提供相应的人员工资和活动经费，保证居民委员会有足够的时间和精力管理社区内部事务，发挥居民自治职能。在社区内，社区居民委员会同其他组织的关系是社区内的其他组织在保持自己的独立地位、自主运行的同时，均应接受居民委员会在社区建设和管理方面的领导和协调，积极配合居民委员会开展工作。条件允许的社区，居民代表大会同时也是业主代表大会，居民委员会行使业主委员会的职权。物业管理作为社区管理的基础层次和一个方面，纳入由居委会领导实施的社区管理的全局。居民委员会根据所在城市的《物业管理条例》，同物业公司就物业管理的项目、标准、价格进行平等的谈判，签订合约，决定物业管理中的重大问题，监督物业公司工作，并教育业主履行交费义务。

2. 社区执行系统

为了适应社区建设和管理的需要，按照“两级政府，三级管理”的要求，应设立市政管理委员会、社区发展委员会、社会治安综合治理委员会、财经委员会等四个工作委员会，具体承担社区管理、精神文明建设、社区治安和街道经济等工作，使街道的工作在新的体制下得以延伸和拓展。具体来说：①市政管理委员会包括街道原有的市政科、卫生科、街道办合并而成的各科室、房管所、工商所、园林管理所、区段医院等部门，分别对辖区内市容卫生、市政建设、卫生防疫等方面进行综合管理；②社区发展委员会除涵盖原有的教育科、计生办外，劳务部门以及社区内行政扶持、引导的人民团体，如老年委、残疾人联合会及新增的区域市民会馆等也归其管理，社区发展委员会通过对街道内社会保障、社区福利、社区服务、社区文化教育、计划生育、劳动就业、户籍等方面的管理，对辖区内社会发展与建设工作进行管理与协调，全方位、多层次地满足区域内社会成员的生活需要；③社会治安综合治理委员会的职能主要是协助街道党工委、办事处领导辖区内治安综合治理工作；④财经委员会主要职责是在街道办事处领导下，依照行政授权，对辖区内的有关企事业单位、个人工商经营者等实行工商、物价、税收等方面的行政管理，对辖区内街道财政进行预算，对街道企业进行综合管理，并扶持和引导街道经济的发展，确保辖区内经济发展工作的有效进行，原有经管科、财税办等有关科室、工商所、物价所、税收征管小组等部门都归靠该委员会。

3. 社区监督和协调系统

协调各方形成建设社区的合力，是社区工作健康发展的根本保证。社区管理监督和协调系统具体包括两个层次：其一，在社区管理中，党组织对社区负全责。社区党支部在上级党委领导下，负责本社区的党建工作，支持和保证社区居民委员会依法自治，履行职责。强化党组织的核心作用，明确加强街道社区党的建设，为社区管理体制创新提供坚强的政治保障。充分发挥街道党工委领导核心作用。健全党建工作联席会，由街道党工委牵头，吸收社区党支部和辖区行政组织、经济组织、群团组织和民间组织基层党组织负责人参加，负责对辖区内社区建设工作进行指导、部署、协调，通报情况，沟通信息，协商议事，领导社居委民主选举，指导社居委开展“四自”活动，支持和保证社居委依法履行自治功能，利用党的政治、组织优势，协调好社居委与驻区单位和社区组织的关系，动员和调动各方力量开展社区建设。其二，由社区内企事业单位、人民团体、城区管理委员会、居民群众等社区成员及区域内自治性组织构成的社区内各中介组织对社区事务所进行议事、协调、指导、监督和咨询，商量、协调、督查城区管理的各种事项，制定城区发展新规划。同时，社区各中介组织作为条与块之间的中介，发挥重要的行政协调功能，使“条”的专业管理与“块”的综合管理形成有机的整体合力，从而对社区行政管理提供有效的支持，并促进社区行政管理的社会化。

2.2.2.2 建立新社区管理体制应遵循的原则

建立和健全社区管理新体制还需要遵循以下一些原则。

1. 权力下放，权责一致的原则

在政府放权，建立社区管理新体制的过程中，要注意按照以政府为主导、全社会广泛参与的原则，按照政府适度参与的原则，按照有偿服务政府不介入的原则，按照政企、政事、政社分开实行联动的原则来进行具体操作。第一，将政府的行政管理职能和企业的经营职能、社会组织与社会团体的服务职能相对分离。保证街道权力的落实，做到管人与管事相结合，保证街道财力的落实，做到“财随事转，费随事转”。首先是将物业管理、垃圾清运、环卫保洁、园林绿化、路政养护等作业行为与行政管理职能分开，经营性的作业行为，如物业管理等由企业公司来承担，走企业化、产业化的道路；其次是将有偿服务事宜从政府中分离出来，交由或授权委托社会中介机构等事业单位来管理，政府从政策角度推动社区服务的社会化、产业化，让服务走向市场。这样既有利于精简政府职能，推动政府依法行政，又有利于降低管理成本，提高管理的效率。第二，将具有社会慈善性质、社会互助性质的工作从政府职能中分离出来，交由社会组织、社会团体来具体负责。将下移的职能适当分解，不能简单地一放了之，放权时要考虑管理的规模效应和管理成本，防止放权不够导致的管理不到位，以及放权过度而造成的专业管理割裂及街道无法承受的现象出现。

2. 新的管理体制需要管理手段的多样化

在管理手段上要综合运用行政、经济、法律三大手段。

(1)严格执行行政法律法规，有法必依，违法必究。街道机构是依法行使相应的政府管理职能，拥有组织领导权、综合协调权和检查监督权，按照依法行政的原则，引进法律手段，将法律、法令、法规等作为管理的依据，不合法的坚决不做，违法的坚决查处，确保法律的权威性，依法规范行政职能、行政行为、行政程序和行政监督，提高管理主体的法律意识和依法管理的能力,使社区管理高效、有序地进行。

(2)在社区管理中建立"条包块管、各司其执、综合管理"的责任机制和考核机制,它对进一步改善社区管理体制具有很大的意义,因为它能加强党风廉政建设,树立党和政府以及社区管理主体的形象,增强其权威性,它还能纠正行业不正之风,保证职能部门、中介机构和各类社区组织更好地为广大社区居民服务,密切党群之间、干群之间以及各社区成员之间的关系,其重点是社区的党政组织及其负责人实施党内监督和行政监督。改变以往责权不分、责任主体不明、权责利不统一、多条线考核交叉、重复的缺陷,明确工作责任,保证工作效果。

(3)要将经济手段引入社区服务领域,社区服务是具体管理内容的落实,它有一定的成本,需投入资金。资金充裕程度和成本高低直接影响社区服务的效果。改变以往不重视成本、不讲究效益、不注意投入效果的缺陷,通过引进竞争机制,通过实行自主经营、自负盈亏的企业化管理,来强化人们头脑中的经济观念和效益观念,以社区居民为服务对象,通过吸引社区居民、服务社区居民、让居民满意的途径来增加经济效益,这种逐利行为和满足居民需求的统一,将使社区管理的成本降低,而社区管理效果却大大提高。

2.3 社区管理的发展史

2.3.1 传统的居委会建设时期

在1954年以前,全国各城市的街道组织包括三种类型:一是设置街政府,为城市基层政权;二是设置街公所或街道办事处,为政府市或市辖区的派出机构;三是"警政合一",在公安派出所内设行政干事或民政工作组,承担有关工作。

街道办事处以及居委会的建立是新中国的创举。为了组织市民参加社会主义建设,1953年彭真提交了《关于街道办事处组织、居委会组织和经费问题的报告》。报告建议,"街道的居委会必须建立,它是群众自治组织,不是政权组织,也不是政权组织下面的脚,城市街道不属于一级政府,但为了把很多不属于工厂、企业、机关、学校的无组织的街道居民组织起来,为了减轻区政府和公安派出所的负担,还需要设立市或区政府的派出机关——街道办事处"。1954年12月31日,全国人民代表大会常务委员会第四次会议通过并颁布实施《城市居民委员会组织条例》:10万人口以上的市辖区和不设区的市,应当设立街道办事处。居委会首次被正式以法律条文的形式确定了性质、地位和作用。

1993年5月30日山东省人大常委会颁布实施的《〈中华人民共和国城市居民委员会组织法〉办法》第九条居民委员会履行职责(三)中:明确指出发展居办经济,依法管理本居民委员会的财产。20世纪80年代后,民政部门提出了"社会福利社会化"的口号,开始倡导社区服务。社区概念被政府部门和社会所接纳。在社区建设实践中,城市居民委员会的名称、规模、构成、范围和职责等方面有了很大的调整:名称的改变,在“居委会”前冠以社区二字,叫做社区居民委员会,再次明确和强化社区居民委员会的自治组织性质,社区居民委员会是民主选举、民主决策、民主管理、民主监督的社区自治组织,在建立社区居民委员会的同时,社区还建立了社区党组织、社区成员代表大会和社区协商议事会三个组织,使社区功能得到进一步增强。弹指一挥间,作为社会群众基层自治组织居民委员会,到今天已经走过了整整50年的风雨历程,在历史行进与时代变迁中,它曾发挥过不可替代的作用。

社区居民委员会的职能主要是维护居民的合法权益,教育居民履行依法应尽的义务;开展便民利民的社区服务活动,组织居民办理公共事务和公益事业;开展多种形式的社会主义精神文明建设活动,组织居民学习科学文化知识,教育居民尊老爱幼、扶残助残、团结互助、反对封建迷信、破除陈规陋习,推行婚丧习俗改革,提倡晚婚晚育;调解民间纠纷,促进居民家庭、邻里团结和睦等等职责,为居民和驻地单位在生产、生活、工作等方面提供方便。

政府对城市社区实施社会控制的重心是在街道,即以街道行政区域为区来划分社区。在社会结构、社会功能、人们的生活方式和社会需求、社会组织间的相互关系都日趋多元化的背景下,现有的街道行政管理方式已显得越来越不相适应。国家对社会事务行政干预过多,单位对职工社会管理、社会服务、社会保障等又承担过多。传统街道居委会行政管理体制存在诸多弊端。

1. 传统居委会管理不能满足人们多元化管理需要

长期以来,计划经济体制下“政企合一”、“政社合一”的社会组织结构造成了企事业单位功能的充分发挥和社区功能的相对萎缩,突出表现在“政府办企业、企业办社会”,我国城市组织管理体制的一个基本特点是“一元化”的组织管理结构。在城市基层“街道”社区中,“街道办事处”作为政府派出机构,代表政府对辖区内的行政事务、社会事务实施管理,是社区组织管理的主体。而街道的社区管理和服务在整个社会管理系统中仅处于细枝末节的地位,它的基本对象局限于老、弱、病、残;管理和服务功能仅仅是楼道卫生、调解邻里纠纷等,社区的功能发育极不完善。但随着市场经济体制的建立,随着区域经济的迅猛发展,人们生活水平的不断提高,城市社区中出现了独资企业、“社会人”、物业管理公司等多元化的利益主体。社会服务、社会管理等职能大量地从企业和政府部门中剥离出来,我国的社会组织功能发生了巨大的结构性变化。“街道组织”作为唯一的管理主体,依靠单一的行政手段、行政资源已不能对社区事务实施全面、有效的管理,导致街道行政管理主体与社区内利益主体的矛盾,社区多元的功能需求与计划经济体制下“街道”作为行政组织履行行政管理方式极不适应。

2. 传统居委会管理不能满足社区内人们多样化的精神需求

过去我国实行的是一条“重积累、轻消费、先生产、后生活”的政策,人们的需要基本局限在衣、食、住、行等基本生活方面,生活水平较低,社会需求单一。单一行政化的社会组织系统基本上可以满足这种低水平、单一化的社会需要。马斯洛理论把需求分成生理需求、安全需求、社交需求、尊重需求和自我实现需求五类,依次由较低层次到较高层次。各层次需要的基本含义如下。

(1)生理上的需求。这是人类维持自身生存的最基本要求,包括衣、食、住、行等方面的要求。如果这些需要得不到满足,人类的生存就成了问题。在这个意义上说,生理需要是推动人们行动的最强大的动力。马斯洛认为,只有这些最基本的需要满足到维持生存所必需的程度后,其他的需要才能成为新的激励因素,而到了此时,这些已相对满足的需要也就不再成为激励因素了。

(2)安全上的需要。这是人类要求保障自身安全、摆脱失业和丧失财产威胁、避免职业病的侵袭、接触严酷的监督等方面的需要。马斯洛认为,整个有机体是一个追求安全的机制,人的感受器官、效应器官、智能和其他能量主要是寻求安全的工具,甚至可以把科学和人生观都看成是满足安全需要的一部分。当然,当这种需要一旦相对满足后,也就不再成为激励因素了。

(3)感情上的需要。这一层次的需要包括两个方面的内容。一是友爱的需要,即人人都需要伙伴之间、同事之间的关系融洽或保持友谊和忠诚;人人都希望得到爱情,希望爱别人,也渴望接受别人的爱。二是归属的需要,即人都有一种归属于一个群体的感情,希望成为群体中的一员,并相互关心和照顾。感情上的需要比生理上的需要来得细致,它与一个人的生理特性、经历、教育、宗教信仰都有关系。

(4)尊重的需要。人人都希望自己有稳定的社会地位,要求个人的能力和成就得到社会的承认。尊重的需要又可分为内部尊重和外部尊重。内部尊重是指一个人希望在各种不同情境中有实力、能胜任、充满信心、能独立自主。总之,内部尊重就是人的自尊。外部尊重是指一个人希望有地位、有威信,受到别人的尊重、信赖和高度评价。马斯洛认为,尊重需要得到满足,能使人对自己充满信心,对社会满腔热情,体验到自己活着的用处和价值。

(5)自我实现的需要。这是最高层次的需要,它是指实现个人理想、抱负,发挥个人的能力到最大程度,完成与自己的能力相称的一切事情的需要。也就是说,人必须干称职的工作,这样才会使他们感到最大的快乐。马斯洛提出,为满足自我实现需要所采取的途径是因人而异的。自我实现的需要是在努力实现自己的潜力,使自己越来越成为自己所期望的人物。

按照马斯洛的理论,传统的街道管理仅仅满足生理上和安全上的需要,对于情感、尊重等更高层次的需要却有心而无力。现今,我国已经结束了社会生活在低水平上长期徘徊的局面,使人们的社会需要内容由单一的生存需求向休闲、娱乐、康复、心理咨询等综合需求发展,需求水平上由低层次向低、中、高等多层次发展,社会服务的需要对象由特殊群体向全体居民发展。群众中普遍存在着高层次的需要,如社会政治参与的、职业志愿的、志趣的和高情感的需求,这仅仅依靠“街道”组织是无法得到满足的。

3. 纵向隶属管理与条块分割管理体制之间的冲突

计划经济体制下,社区内各组织不同的行政隶属关系,直接对上级主管部门负责,并且分别属于"条条"与"块块"两个相对封闭的系统。如街道党委和街道办事处与派出所、房管所、环卫所、工商所、人民医院之间的关系,它们分别属于不同的条块,有各自的上级主管部门,互相之间无直接关系,形成一种"条块分割"的局面。市场经济体制的建立,使社区内"条块"组织的关系出现了变化,传统的街道行政管理体制引发各种社会矛盾和城市社区建设本身具有的优势,使得城市社区化成为城市化道路中的必然选择。而且有一部分职能重叠,在横向联系中往往冲突多于合作,"街道"行政组织权力有限,对于一些协调工作是心有余而力不足。如何将各"条条"的职能迁移到社区工作中,通过权限、职责的理顺,确立社区内各组织与街道行政组织的关系,这也是摆在我们面前的应该解决的问题。上述这些矛盾的出现,是社会主义市场经济体制的建立和城市社会不断发展的必然,并将显得越来越突出,改革城市社区管理体制已势在必行。

2.3.2 社区建设时期

社区建设是社区服务在新形势下的必然延伸。自从 20 世纪 80 年代后期社区服务在中国兴起以来,关于社区建设和社区发展的呼声在中国越来越高。随着经济社会发展和改革的不断深化,原有计划经济体制下"政社合一"、"政企合一"的社会组织结构已经转化,传统的"单位制"趋向解体,"单位人"逐渐转向"社会人"、"社区人"。虽然社区服务在日益成熟,但面对种种社会问题,目前的社区服务体现仍然不能满足居民的多样化需要。在我国社会由传统社会向现代社会快速转型的过程中,基层组织的工作任务日渐繁重,特别是随着构建和谐社会重大任务的提出,各地对社区建设的重视程度明显提高,迫切需要一支高素质的干部队伍,高效率地开展工作,提高城市现代化的管理水平。这些新情况的出现,向现代城市的管理提出一个新课题:加强社区建设。

社区建设的提出最初是在 20 世纪 90 年代初,在社区服务广泛开展的基础上,政府有关部门借鉴国外"社区发展"的基本经验,结合中国的实际情况,提出了"社区建设"的思路。民政部专门下发了《关于听取对"社区建设"思路的意见的通知》,并在全国确定了若干个城市作为社区建设的试点。1998 年 3 月,第九届全国人民代表大会第一次会议通过的国务院机构改革方案,批准民政部在原基层政权建设司的基础上建立基层政权和社区建设司,具体指导和管理全国的社区建设。与此同时,社区建设实验区工作已经事前启动。这表明,作为政府管理职能的一个重要组成部分,社区建设正式被提到议事日程。1999 年 8 月,民政部在全国城市社区建设工作座谈会上,提出了以街道、居委会为依托,以发展社区服务为龙头,以提高居民生活质量、人口素质和整个社区文明程度为宗旨,开展社区建设活动的指导意见,全国社区建设实验区从 11 个扩大到 26 个。2000 年 12 月,中共中央办公厅、国务院办公厅转发了《民政部关于在全国推进城市社区建设的意见》。这个文件对社区概念的内涵、外延和开展社区建设的重要意义、指导思想、基本原则和主要目标都作出了明确的规定，表明我国城市社区建设已经从实验区实验阶段进入在全国全面推进的阶段。

我国社区建设形式多样，内容日益丰富，社区建设正在进入整体推进、全面发展的新阶段，总体态势良好。

（1）全国社区建设的总体过程是呈现出由点到面发展，由大城市向中小城市延伸，然后是向农村集镇拓展；由东部发达地区向中、西部地区推进。社区服务设施网络初具规模，截至2005年底，我国有城区852个，街道办事处6 152个，社区居委会79 947个，已建成社区服务中心8 479个，各类社区服务设施19.5万个，便民利民生活服务网点66.5万个。据民政部门初步统计，全国至少80%多的居民委员会建立了社区警务室，60%多的居民委员会建立了社区图书室，85%的社区设立了社区卫生服务点（站）。初步建立起以“一站式”服务为核心的街道社区服务中心，以提供综合性服务和覆盖广泛为特点的社区服务站（所），以街道和社区服务设施为依托的便民利民服务网络，以现代信息技术为载体的信息服务平台，形成了区、街道、社区三级为中心的社区服务网络。

（2）社区建设目标经历了社区组织建设—社区功能建设—社区精神建设等基本阶段。现阶段的社区建设仍然处于第一阶段建设社区组织阶段，即以有形社区建设为重点，以社区基础设施、调整社区规模、构建社区组织体系等为侧重点。第二阶段是社区功能建设。侧重点包括社区自治功能、社区生活功能、社区文化娱乐功能、社区教育功能、社区卫生保健功能、社区治安功能、社区保障功能等。社区建设的内容日趋丰富，经过多年的发展，我国社区建设的内容已经由当初的扶残济困、居民调解，扩展到党建、社保、就业、养老、医疗、教育、文体、家务等众多领域；覆盖范围由仅仅为福利对象服务发展到面向社区全体居民；服务形式由单向服务提升到邻里互助、热线电话、志愿服务等多样便捷的形式。第三阶段将会是社区精神建没。所谓社区精神，是指社区文化的最高形态、集中概括以及核心内容。它是整个社区的思想意识、价值取向、社会信仰、社会态度、人文素质、道德修养以及风俗习惯等文化要素的综合体的高度抽象概括。社区成为政府提供公共服务、加强城市管理的重要平台，也成为增强社会融合、塑造精神文明风貌的家园，在密切党与群众的关系、维护社会稳定、促进就业、提高居民生活质量等方面发挥着越来越重要的作用。

（3）我国社区建设实践过程表明，社区建设行为主体的角色基本走向是政府主导—政府与社区相结合主导—社区主导，多元主体共同参与的变迁过程。社区主导是有条件的，首要条件是社区主体自治组织的健全与成熟，有能力主导社区建设；其次是社区主体自治组织掌握一定的资源，有必需的资源主导社区建设；再次是社区居民的广泛参与达到足够社区主导建设的程度。社区建设者队伍不断扩大，社区服务社会化、产业化的势头初步显露。我国已经初步形成了一支由专职、兼职人员和广大志愿者组成的社区建设者队伍，政府、社区组织、社区居民和驻区企事业单位等不同社区相关主体积极兴办社区服务，既提供无偿低偿的公益性服务，也提供有偿的高档次服务，开始改变街道、居委会独自兴办社区服务的传统格局。据不完全统计，全国城市社区专职工作人员超过30万人，兼职工作人员50多万人，每年参加社区建设相关工作的志愿者总数达到1 600多万人次。面对社区广泛而多样的服务需求，社区服务业发展成为扩大就业的重要途径，社区管理产业化也成为一些地方新的经济增长点。

参考文献

[1] 韦克难. 社区管理[M]. 成都:四川人民出版社,2003.
[2] 王思斌. 社会工作概论[M]. 北京:高等教育出版社,1999.
[3] 任远著. 农村村级社区发展研究[M]. 上海:百家出版社,2001.
[4] 童星. 社会保障与管理[M]. 南京:南京大学出版社,2002.
[5] 焦亚波. 关于完善农村"五保户"供养制度的探讨[J]. 市场与人口分析,2006(3).
[6] 黄顺康. 论公共危机管理中的政府责任[J]. 甘肃社会科学,2006(1).
[7] 张成福. 责任政府论[J]. 中国人民大学学报,2000(2).
[8] 蔡放波. 论政府责任体系的构建[J]. 中国行政管理,2004(4).
[9] 张宝峰. 社区管理[M]. 郑州:郑州大学出版社,2006.
[10] 汪大海. 社区管理——21世纪公共管理系列教材[M]. 北京:中国人民大学出版社,2005.
[11] 黎熙元,童晓频,蒋廉熊,等. 社区建设:理念、实践与模式比较[M]. 北京:商务印书馆,2006.
[12] 韩子荣,连玉明. 安全型社区——中国社区发展模式经典插图版[M]. 北京:中国时代经济出版社,2005.
[13] 于燕燕. 社区自治与政府职能转变[M]. 北京:中国社会文献出版社,2005.
[14] 王敬尧. 参与式治理:中国社区建设实证研究[M]. 北京:中国社会科学出版社,2006.
[15] 潘小娟. 中国基层社会重构——社区治理研究[M]. 北京:中国法制出版社,2004.
[16] 杨波. 从冲突到秩序:和谐社区建设中的业主委员会[M]. 北京:中国社会文献出版社,2006.

3

社区管理的内容

学习目标

1. 掌握社区党建的含义、重要意义、主要任务、如何进行党建体制改革以便更好地为社区发展服务；

2. 掌握社区经济管理的内涵、特征和功能，我国社区经济发展的路径分析，了解我国社区经济管理的现有问题和社区经济管理的体制创新；

3. 掌握社区文化管理的内涵、特征、作用，了解社区文化的发展历程以及如何更好地进行社区文化管理；

4. 掌握社区服务管理的起源和发展，社区服务的意义和内容；

5. 掌握社区精神文明建设的内涵、地位与作用、战略目标、主要内容和建设途径。

内容提要

随着我国经济体制改革的深化和城市化进程的加快，社区正逐渐取代传统意义上的单位而成为新的社会细胞。城市社区重要性的日益凸现，正成为当今社会凝聚力的重要载体，以及团结个人和社会的桥梁。因此，加强社区建设已经成为建设和谐社会的重要议题。本章首先从社区党建管理入手，探讨社区党建的内涵、特殊性、重要意义、主要任务、现有问题以及如何进行党建体制改革，以便更好地为社区发展服务。其次，本章探讨了社区经济管理相关内容，具体阐述了社区经济的含义、特征和功能；我国社区经济发展的路径分析；现有问题和社区经济管理的体制创新。再者，本章探讨了社区文化管理的有关内容，具体阐述了社区文化管理的内涵、特征、作用，阐明了社区文化的发展历程以及如何更好地进行社区文化管理。接着，本章节也具体阐明了社区服务管理的起源和发展、社区服务的意义和内容。最后，本章论述了社区精神文明建设的相关内容，具体阐明了社区精神文明建设的内涵、地位与作用、战略目标、主要内容和建设途径。

随着传统的单位制度的解体，城市社区成为党和国家联系群众的有效载体。加强社区建设不仅关系到社会个体的利益，而且关系到整个社会的和谐稳定。党在十六大报告中明确指出要高度重视社区的建设，以服务群众为重点。

3.1 社区党建管理

3.1.1 社区党建管理的主要特征

社区党建管理虽有多种含义，但是最为广泛接受的是：在街道辖区内，以街道党工委为核心，社区党组织为基础，社区全体党员为主体，社区内所有基层党组织共同参与，形成合力的区域性党建管理工作。

社区党建管理同其他社区管理相比具有以下特征。

1. 社区党建的目标任务不同

基层党建的目的在于党建要保持党的纯洁性和战斗力，加强党对基层社会的领导，保证党对国家和社会的正确领导。社区党建管理的目的除了上述内容之外，还要适应现代社会多方面的变革。如果说以往的基层党建的目的主要是政治层面的，那么社区党建的目的则是多元的，涉及政治、经济、文化等多层面。

2. 社区党建的途径差异明显

传统的党建主要通过三种途径实现：①通过学习教育进行思想建设，提升党组织的凝聚力，加强意识形态教育，引导党员建立坚定的信仰；②通过党的民主集中制的贯彻，加强党员的组织观念，根据形势的变化加强改进党的组织制度，进行组织建设；③通过教育、学习、纪律检查，建立有效的规章制度，进行党的作风建设。社区作为现代社会的主要单位，社区党组织直接面对的是各阶层的群众；因此，社区党建除了坚持以上三种途径外，还要注重党的社区基础建设，使党的基层组织成为城市社区组织中的主导力量。社区党建要重点利用基层党组织的社会特性，将社会基层各级的党员组织起来，同时还要以防单一模仿行政建设的做法。

3. 社区党建面临的情况特殊

（1）所有制结构改革带来的新情况。随着经济体制改革的进行，传统的单位制度的解体，各种各样的社会组织不断涌现，这些组织很多都没有建立党组织。此外，很多党员的组织关系虽在原来单位，但事实上却长期在外。但是，这些组织和个人却与社区有着密切的关系。因此，建立覆盖全社会，尤其是以社区为重点的党的工作网络,加强党组织的影响力和渗透力,已成为新时代下社区党建工作的重点。

(2)社会生活多样化带来的新变化。随着市场经济的发展,人们物质和精神生活得到了很大的丰富和提升,社区中涌现出了许多新的群众组织和群众活动;而这些组织和活动都需要社区党组织加以引导、加强管理、确保正确的政治方向。

(3)党员分布变化带来的新情况。随着用人制度改革的深化,党员也出现了较大的流动,但是无论他们的流动性有多大,他们都居住在社区中,这就需要社区党组织加强对这些党员的教育和管理,保持党组织的严密性。

3.1.2 社区党建管理的地位和作用

社区党建在党的建设和社区建设中都具有十分重要的意义,它的战略性地位是由社会转型、基层社会组织的需求等多方面的因素所决定的。

1. 首先从社会转型看,社区党建是党的领导和执政力的社会基础

我国现在正处于社会转型时期,经济体制的转变带来了政治、经济、文化等多方面的转变。随着国有企业改革的深化,传统的单位制度逐渐瓦解,原本由单位来承担的养老、医疗等公共需求渐渐返还给社会,社区成为各种需求满足的载体。因此,基层党建的重心必须与时代潮流相适应,适时下移至社区,在已有的街道、居委会的基础上,从战略高度全面建设党的社会基础,从而保证党的执政地位和领导能力。

2. 从基层社会需求来看,社区党建有助于加强传统街道管理能力的提升

在计划经济体制下,单位作为党的基层组织被强调,而街道、社区的党建却相对较弱;但随着企业改革的深化,原有的党建模式已不再适应社会的发展需求。一方面,随着市场经济竞争的加剧,很多企业破产或被兼并,大量的党员下岗、待岗、离岗、转岗,变成"流动党员",有的是"有党员无组织",有的是"有组织无党员",出现了党组织的"真空地带"。另一方面,以街道党工委为核心的社区党建任务日益繁重。街道党工委已由过去以简单的、单纯的民政管理为主,转向融合经济建设、城市管理、社会服务、行政管理的一体化的综合管理工作。同时,随着城市社会实行"二级政府,三级管理",使以社区为基础的"属地管理"成为必然的趋势。此外,社区还要承担起大量失业和离退休党员的组织和教育工作,妥善解决各种人民内部矛盾,引导社区的物质和精神文明建设等。这就使社区党建的重要性得到了前所未有的提升。它适应了基层社会的需求,加强了党的执政能力。

在现代社会,社区党建的作用不可忽视,具体地说表现在以下三个方面。

(1)文明社区建设的领导者。随着市场经济的发展,人民的物质生活逐渐富裕,富裕起来的人民群众产生了生理和精神等多方面的需求,社区党组织要肩负起领导建设文明社区的重任,组织各种形式的、丰富多彩的活动,增加居民的社区归属感,使社区朝着健康、文明的方向发展。

(2)思想道德建设的引导者。社区成员往往有着不同的背景,他们在价值观、人生观等方面都存在着较大的差异。如何在社区居民中树立健康向上的思想道德标准,也是社区党建工作的重点内容。

(3)社区服务和管理的指导者。在现代社区,社区服务和管理已成为社区的重要工作。目前,我国正处于社会转型期,出现了很多新问题,社区党组织一方面要努力研究这些新问题;另一方面要通过对服务和管理的指导来解决这些问题。虽然,社区党组织不是社区的直接管理者,但是它从协调、监督的角度指导社区的服务和管理,解决困难,满足需求。

3.1.3 社区党建管理的主要任务

社区党建作为一个区域性的基层党组织的建设,其基本任务和其他基层党组织一样,包括党的思想建设、组织建设和作风建设。同时,为适应时代需求,还要搞好社区党组织的工作机制建设。

1. 社区党的思想建设

思想建设主要为三方面的内容,即:党的基本理论教育,党的基本路线教育,党的基本知识教育。

2. 社区党的组织建设

社区党组织是党的基层组织的重要组成部分,社区党组织是一纵一横的体系:"一纵"为街道党工委、居民委员会辖区的党组织,它们之间是上下级的领导与被领导的关系。"一横"为社区党建工作协调委员会,它是由街道党工委牵头组织的、街道辖区内各单位党组织参加的机构,它与辖区内各单位的党组织在组织上一般不构成上下级的领导与被领导的关系。

相对于传统的居民委员会党支部的工作,社区党委的工作范围和工作内容等都发生了较大的变化。首先表现在区域性。传统的居民委员会党支部主要管理离退休党员,是居委会的领导核心;社区党组织的工作则具有明显的区域性,包括社区内的社区党组织,社区内各种新的经济和社会组织,工作范围较以前有了很大的突破,承担起整个社区区域性和社会性工作。二是多元性,传统的居民委员会工作比较单一,而社区党组织的工作则延伸到区域各级党组织,表现为多层次、多元性。三是更具整体性,传统的居民委员会工作比较散,而社区党组织的工作则要在社区实现组织管理和资源整合。

3. 社区党的作风建设

在社区党建工作中,加强社区党组织的党风廉政建设是社区党建的基本目标之一。通过党风建设既能健全全党组织自身,又能推进党的社会基础的巩固,赢得群众的真正拥护。

社区党组织的党风建设,除思想教育外,还要有制度加以规范。自党的十三大以来,我们党先后制定和实施了一系列旨在加强党的作风建设的规章制度。此外,各基层党组织还要制定具体的规章制度。同时,也要建立相应的监督机构,监督各项规则的落实情况和相关人员的行为。完善责任机制,根据相关人员的工作表现进行嘉奖或者批评、惩罚。

4. 社区党的体制建设

(1)建立健全社区党建的工作机制。社区党建的工作机制,应坚持“纵向为主、横向为辅,纵向到底、横向到边”的混合型体制。“纵向为主到底”,即建立街道党工委对社区党组织、居民委员会辖区党组织的垂直领导体制,“横向为辅到边”,指对那些设立或工作和经营活动在社区的各种组织,由于在组织上不存在明确的隶属关系,通过社区党建工作协调委员会这样的体制,将党的工作协调和管理起来。这种交叉的党建工作体制,既是社区工作的新需求,也是做好社区党建工作的保障。

(2)加强社区党建的运行机制建设。健全党建的运行机制是党建工作顺利展开的关键。一要加强组织领导,强化领导的重视度;二要加强各部门之间的合作;三要健全制度并确保得到有效实施。

3.1.4 社区党建管理的运作方式

针对党员之间的具体差异,可将社区党员管理分为如下情况。

1. 离退休党员的管理

传统上社区的党员管理主要就是退休党员。因此,对他们的管理主要沿袭过去的一些有效的做法。同时,根据新情况和新需求进行调整,与时俱进。

2. 流动党员的管理

随着改革的深入,一些党员由于离岗、转岗等原因使得原有的党员关系脱离单位,转到街道、社区,出现了流动党员。对于这些党员,首先要根据具体情况,改变组织方式,如建立流动党支部;其次要针对不同的对象进行差别管理,满足不同对象的需求。

3. 社区在职党员的管理

对于在职党员而言,他们的关系多在所在的单位,社区党组织很少对他们进行有效的管理。但随着单位功能的转变,很多职能逐渐由社区来承担,他们与社区的联系越来越密切,对在职党员进行管理已成为社区党组织的重要工作之一。

3.2 社区经济管理

3.2.1 社区经济的含义、特征和功能

社区经济是社区建设的基础条件。它为社区建设提供可靠的物质保证,也有助于满足社区居民的生活需要,同时还是扩大就业、安置社会劳动力的重要渠道。联合国在倡导社区发展运动时,把发展经济放在十分重要的地位,因为对大多数社会问题严重的社区来说,经济落后是一个普遍的特征。在某种意义上,经济落后是社会问题恶化的最重要原因之一。因此,发展经济是社区建设与发展的不可缺少的重要任务。

3.2.1.1 社区经济的含义

不同的学者对于社区经济有着不同的理解,综合不同学者的意见,我们更多地倾

向于将社区经济定义为：在一定的区域范围内，以居民福利和部分服务效用最大化为目标，通过以社会机制为主的多元化机制进行资源配置，并可进行成本与效益比较的一切活动。其中，“一定的区域范围”主要指的是社区所在的范围。“居民福利和部分服务效用最大化”则是社区经济活动的目标指向。社区经济活动的宗旨主要是以非营利性为主，这明显不同于一般的经济活动。“成本与效益比较”则是社区经济活动的分析方法。

“社区经济”的独特内涵决定了社区经济有别于其他经济。具体地说体现在以下几个方面。

1. 属地性

社区经济具有明显的空间上的属地性。首先，地理位置上的属地性，社区经济绝大部分是在本社区范围内，依靠社区组织，利用社区资源发展起来的；其次，社区经济所属关系方面的属地性，任何经济实体，都属于街道办事处领导和管理；再者，劳动力构成方面的属地性，即社区经济发展所需的劳动力主要是由本社区提供。

2. 小型性

社区经济发展在规模上总的来说是以小型企业为主。一方面，社区空间有限，只能进行小规模建设；另一方面，社区经济主要靠社区自我筹集资金，缺少国家资金支持，一般很难扩大。

3. 社会性

社会性是社区经济诸特征中最为突出的体现。社区经济不能像其他经济类型那样，一味地追求经济利益的最大化，而忽略社区经济的社会性。尤其在社会主义市场经济中，社区经济不仅要讲究经济效益，更要讲究社会效益，而这种社会效益又是广泛而巨大的，如文化方面的有偿服务不仅可以增强社区建设的后劲，而且还可以促进社区居民文化生活的普遍改善和基本素质的不断提高。

4. 服务性

社区经济是为了发展社区建设而兴办的，其宗旨是为社区居民更好地生活和全面发展服务，因此，并非在社区内的一切经济都是属于社区经济的范畴，这正是社区经济区别于其他经济的一个重要特征。社区经济的服务性主要表现在两个方面：一是从其构成来看，社区经济一般多以商业、生活服务业等第三产业为主。二是从其性质来看，社区经济的性质就是为了更好地服务于社区居民，其发展方针是“围绕服务办经济，办好经济促服务”。近几年来，我国许多城市社区本着“为民、便民、利民”的宗旨和因地制宜、拾遗补缺的方针，发展起来的综合服务事业已构成社区经济的主要方面，成为社区经济的出发点和归宿点。

5. 多样性

社区经济具有发展方向上的多样性的特点，经济发展必须适应其生存环境。社区环境具有多元性，因此，为适应这一状况，社区经济也应审时度势朝着多元化的方向发展。

3.2.1.2 社区经济的特征及功能

多年来的实践表明，社区建设是一项涉及方方面面的系统工程。社区环境的改善、社区服务的优化、社区教育的普及、社区生活质量和文明程度的提高以及“文明社区”的创建等活动都离不开社区经济的发展，都必须要有相应的经济基础和财政实力。因此，大力发展社区经济，对社区建设具有如下十分重要的现实意义。

1. 提供物质保障

社区经济的发展为社区各项建设事业提供了强大的经济支持和物质保障，是社区建设和社区发展目标得以实现的根本保证。社区的发展需要大量的资金支持。但由于我国仍处于社会主义初级阶段，国家经济实力有限，并不能对社区的发展给予很多的扶持。社区发展所需要的资金只能来自社区经济发展本身。因此，从这个角度讲，社区经济成为社区发展的重要保障。此外，社区经济也成为国家财政的重要来源，弥补了国家财政的不足。就我国而言，社区建设的最终目标就是要与整个社会发展相适应，逐步把我国的城乡社区建设成为生态环境优美、社区服务完善、文化教育发达、社会秩序稳定、公共安全可靠、人际关系和谐、生活质量优良、居民安居乐业并能充分体现我国社会主义社区成就的新型社区。如果没有资金的支持和保障，社区建设的这些目标只能留于空想而无法实现。尤其是当前，随着我国城乡各项建设事业的发展，社区建设的任务越来越繁重，社区管理、社区文化、社区教育、社区服务、社区治安等各项事业都需要建设资金的大量投入。

2. 服务功能

服务功能是社区经济的基本功能，“围绕服务办经济，办好经济促服务”是发展社区经济的出发点和归宿点。近些年来，各街道社区本着“为民、便民、利民”的宗旨，根据本地实际情况，因地制宜地发展社区综合服务。如今，服务产业已成为社区经济的支柱产业，不仅方便和丰富了群众的生活，而且缓解了吃饭、住房等矛盾。

3. 稳定功能

社区经济的发展还有助于社区乃至整个社会的稳定。首先，大量吸收了社区剩余劳动力，包括有劳动能力的残疾人。既保证了他们的收入，也维持了社会的安全，减少不安定因素。其次，加强社区安全警卫力量，保障社区成员生命财产安全。再者，社区经济的发展促进了社区文化的发展，丰富了群众的生活，提高了群众的生活品位，减少了犯罪的发生。

4. 凝聚功能

在社区发展过程中，个体与个体之间，个体与群体之间，群体与群体之间相互配合，共同发展，促进相互之间的理解，不断加强彼此之间的凝聚力，推动社区的协调发展。社区经济的发展有利于增强社区凝聚力，充分发挥社区居民的积极性和创造性，是提高社区建设参与率的有效手段。社区居民在思想意识、心理情感上所具有的共同的归属感和认同感，是社区经济发展的一个基本前提，是增强社区建设凝聚力和吸引力的基础。由于社区经济大多数是规模小、分布广，并主要是面向广大社区居民的集体经济,因此具有良好的群众基础。社区内部可以通过合作、合股、合办社区经济项目的形式,促进彼此之间的相互理解、支持与合作,不断增强社区建设的凝聚力。这不仅有助于增加社区居民对社区的归属感和认同感,而且会大大激发他们参与社区建设的热情。

5. 有利于改善社区内部的社会关系和经济关系

社区经济的发展有利于改进社区内部的社会关系和经济关系。加快社会结构的转型,促进传统社区向现代文明社区的转变。随着我国市场经济的确立和改革开放的深入发展,传统计划经济下的"单位"制的社会功能正在逐步弱化,而基层社区却变得越来越重要了。社区经济的发展将有利于充分发挥社区利益主体发展经济的积极性和创造性,以社区经济推动社区文化、社区建设的发展,从而导致社区产业结构与社会结构的转型,重建新型的现代文明社区。不仅如此,社区经济的发展还将会在很大程度上优化经济结构,改善社区内部的社会关系和经济关系,促进第三产业的飞速发展,提高国民经济和社区经济的整体效益,对解决我国社会经济发展的深层次问题,预防社会问题的发生,加快社会现代化进程具有十分重大的意义。

6. 有利于社区资源的综合发展和利用

发展社区经济有利于社区资源的综合开发和利用。发展社区经济,关键是要拉动城市经济和地区经济的快速发展,从而更好地为社区建设服务。随着社区经济的发展,社区居民不仅在衣、食、住、行等物质生活的各个方面提出更多、更高的要求,而且还会在文化娱乐、体育、卫生、教育等精神生活方面表现出更多、更高的需求,而居民的这些需求的满足主要是在社区内部进行的,因此其消费的社区性特征十分突出。同时,社区经济的发展有利于社区闲置资源的开发和利用,促进社区市场和全国统一市场的建立与发展,从而造成一种更加公平竞争、自由民主、平等互利、公开透明的社区生活环境,活跃城乡社区物质文化生活,促进人的全面发展和社会文明程度的提高。

3.2.2 我国社区经济发展的路径分析

3.2.2.1 我国街道经济向社区经济发展的历程

近些年来,社区理念在中国兴起,"社区经济"这一新的概念开始萌芽,并得到了快速的发展。在中国,孕育社区经济的母体是具有中国特色的街道经济。

1. 新中国建立初期

在新中国建立初期,为了巩固新生的人民政权,党和国家提出用合作化的方式恢复发展国民经济,稳定社会。城市街道积极组织居民开展生活自救,组织了一些群众性的生产自救组织,为居民生活提供一定程度的保障。从20世纪50年代中期起,为了安置更多的就业人员,更好地服务群众,街道通过自筹资金,在社会力量的支持下,组织劳动群众从事生产加工,形成了由街道办事处领导和扶持的街道经济的萌芽。此后,女性劳动力解放的浪潮进一步推动了街道经济的发展,形成了以女性劳动力为主,以手工操作和服务工作为特色的街道经济。

2. 缓慢成长，发展时期(20 世纪 60—70 年代)

从 50 年代到“文化大革命”前，随着社会主义建设的日益高涨，街道经济也逐渐壮大，从社区劳动合作组织发展为自愿结合、自主经营、自负盈亏的集体企业。但由于受到“左”倾思想的影响，许多街道企业因不能适时转变而被合并、解散。在文化大革命之后，为了安置返城的青年，街道兴办生产、生活服务组织。由于知青的加入，街道经济劳动者的知识层次得到了较大的提升。

3. 快速成长时期(20 世纪 80—90 年代)

80 年代，改革开放使街道经济得到了快速发展，特别是市场经济的发展，使得街道经济得到了前所未有的发展机会，街道经济逐步形成了以工贸实业、社区服务等为主的经济体系。

4. 重组时期(20 世纪 90 年代中后期至现在)

随着经济改革的深入，街道经济的弊端日益显现，新型社区服务的要求不断得到强化，使得原有的街道经济出现了新的分化和组合。虽然目前全国范围内的街道经济改革和发展的具体做法不一样，但是，从整体上讲，都处在从街道经济向较为规范化的社区经济转化。

3.2.2.2 街道经济与社区经济的区别

街道经济并不等同于社区经济，社区经济与传统的街道经济之间存在着较大的区别，大体情况如下。

1. 行为目标不同

街道经济目标具有多元性。一方面，街道经济最初是为了就业安置，实现社会稳定。此外，街道经济的部分收入还返还给街道，用于各种公益性的支出，提升社区福利；另一方面，街道企业经营活动又是以利润最大化为特征。所以，街道企业的经营目标兼有利润最大化和社区福利化，而规范社区经济则服从于社区组织的基本职能和社区管理的总体目标，是社区福利的最大化。

2. 主体性质不同

街道经济的主体是企业。由于这些企业很多是由街道扶持，因此，或多或少地带有半官半商的色彩，实际上是一种政企结合体。而规范的社区经济的主体是各种非营利性的组织和公益性的组织。

3. 活动特征不同

街道经济主要是以物质或货币成本与利益价值进行比较，而社区经济所关注的成本则是人力、精神和时间等。它所获得的则是心理价值的实现、社会价值的提升和文化价值的提升等。

4. 运行机制的不同

街道经济的运行机制主要是市场化的机制。社区经济的运行机制则是多元化的。除了市场外，还有社会化机制等。

5. 活动的地域范围不同

街道经济有着利益最大化的追求,它的活动范围在某种意义上讲是不确定的。而社区经济的活动范围一般在本社区内,主要是为了解决本社区居民的生活需要,提高社区的生活质量等。

以上五点表明了社区经济与街道经济存在着差别,街道经济并不等于社区经济。事实上,目前的街道经济具有过渡性质,它最终要完成向社区经济的转变。

3.2.2.3 社区经济发展中存在的问题

随着经济改革的深入,城市化水平的提升,社区经济组织的作用日益显现,街道经济向社区经济转变的取向不仅必要,而且是必然。但是,如何转变这是值得深思的大事。尤其要认真正视社区经济发展中存在如下问题。

1. 社区建设经费短缺

从国外实践来看,无论是发达国家还是发展中国家,社区发展所需资金来源不外乎三种渠道。一是政府资助,资助的数量取决于经济发展水平和实行的社会政策。一般而言,经济发达或实行高福利政策的国家,政府资助所占比例高一些。政府资助采用财政拨款或设立专项资金等方式进行,但数额通常是依据社区发展规划和年度推荐项目而定。二是社会赞助,主要通过机构赠款、民间捐助等方式实现。三是有偿服务收费,主要是非政府、非营利性组织依据政府规定的收费范围和标准,通过提供有偿服务实现。

从我国城市社区发展资金筹集方式上看,政府资助和社会赞助尚未形成固定渠道,还主要是依靠街道、居委会发展街居经济来实现。现实的情况是,街居组织,尤其是街道办事处在社区建设中,同时扮演着三种角色:行政管理者、企业经营者和提供社会福利、社区服务的操作者。这种角色冲突的结果,是哪一种角色功能都不能得到真正的履行。造成这种局面的因素固然很多,但最为关键的因素是机制问题——缺乏一种合理分工合作的社会机制。从理论上讲,街道办事处既不应该承担政府的行政管理职能,也不应该承担企业的经济职能,它的定位应该是承担社会职能。街道经济的弊端,在现行的转轨体制和发展水平下,尽管街道经济仍有其存在的土壤甚至发展的必要性,但它存在着一些制约社区建设的问题与弊端。

2. 产权不清

街道应是街道经济最大的出资者和股份拥有者,但是,作为政府派出机构的街道,事实上没有财产的最终所有权,也没有财产的授权经营权。因此,街道经济的产权并没有得到清晰界定。街道经济的企业大多采取承包、租赁经营的形式,在短期内淡化了因产权模糊可能引发的问题。但问题依然存在,并没有从根本上得到解决。

3. 体制不顺

体制不顺的问题表现在两个方面。一是政企不分。街道办事处作为政府的派出机构,其职能定位于行使社区行政管理和社区服务。街道经济所属的企业作为市场竞争主体,以利润最大化为目标。街道办事处和其所属的企业捆在一起,街道本来的职能往往就不能得到尽心尽责的有效履行。二是多头领导。两级政府三级管理，每级管理都可成为街道所属企业的“婆婆”，从而导致多头领导、政出多门的体制关系。

税源经济的不规范操作。由于以招商引资获得税收为主要特征的税源经济使街道从旧的街道企业脱身，实现了政企分离，街道由原来的准行政角色向社区管理角色转变，也规避了自己直接办企业带来的风险。但从上海等地的实践来看，我们发现，街道的税源经济也有不规范操作等不少隐患。

(1)竞争的无序性。各个街道作为独立核算的经济个体，谁都想招到更多更大的企业，获得更多的税收。各方面的条件差不多，街道之间的竞争最后集中在按企业给街道创收的某个比例返还给企业的奖励上。在奖励企业上的恶性竞争迫使街道将地方税收的很大一部分以奖励的名义返还给企业，形成街道一级的“泡沫经济”。具体表现在：不择手段拉税源，即以行政、经济、环境等手段对不愿在本区纳税的企业进行各种控制，强迫其在本地纳税，损公利己拉税源，部分地方政府从本部门或局部利益出发，不惜损害全局利益，以各种“优惠政策”来引进税源，实际上降低了企业的税负。利用企业改制拉税源，一方面，各地为了使隶属于本级的财政收入尽可能增多，利用企业改制来实现其目的；另一方面，在建立现代企业制度进程中，虽然发展连锁店经营及兼并成企业集团都是改组改制的重要形式，但是这种兼并外地企业集中交税或向外地扩张而不在当地交税的形式却受到改制双方政府的干扰，一方政府往往抓住税户不放，从而阻碍了企业改制的顺利进行。

(2)发展的不可持续性。街道在引进企业时一般以短期内创税收的多寡为主要目的，普遍心态是逮一个算一个。因此在引进企业时对投资的产业是否有潜力，是否可持续发展缺乏详细考察，很难保证税源的可持续发展。

(3)重复建设问题。社区经济作为城市经济的组成部分，必须服从于城市的功能定位、产业布局。各社区的经济发展应在整个城市经济总体框架下，从资源优势出发，确定自己的产业方向、行业特色。这样，才能同城市经济相得益彰，互为补充，具有竞争力。但是，目前不少城市的社区经济也存在重复建设、结构趋同的现象。不管自己社区的资源特点、区位状况，对热点项目你上我也上，你给什么政策我也给什么政策，甚至比你还优惠。这种盲目布点、盲目竞争态势，很难使各个社区在某些行业、某些产品领域形成经济优势。

3.2.3 社区经济发展的理论基础

3.2.3.1 社区经济发展理论

1. 生长点理论

增长点理论认为，厂商与行业之间的亲和力(proximity)将产生外部经济效益，促使厂商和行业聚集在城市社区，特别是中心城市的社区，形成增长点。如果把整个城市作为一个增长点，那么其中的社区就可以看作是生长点。生长点促使社区内厂商间、行业间形成网络关系并进一步扩大外部经济效果，使社区经济不断蓬勃发展。经济发展是一个累计循环过程。在这个过程当中，既可能是增长的积累，也可能是衰落的积累。衰落的积累过多，经济发展缓慢或不发展。生长点的生命力在于生长的积累，而生长的积累在于经济技术的自我创新能力。如果经济技术上的创新能力差，生长的积累就必然缓慢。一旦生长的积累慢于衰落的积累，其活力就告以完结。社区经济要保护自己的活力，也必须不断地进行经济技术的创新。生长点理论给我们的启示是：应根据社区经济发展状况，建立相应社区科技教育模式，在技术发展需求高的社区大力开发技术课程，以提高社区成员的创新能力，并带动社区经济发展，进而辐射周边地区。

2. 整合理论

整合理论是指社区中的经济行为者通过利益的融合，将各自所拥有的社会资源结合在一起，创造新的价值，并推动社区经济繁荣的系统过程。在社区中，各种成员、各种拥有投资能力的自然人或法人相聚在一个共同的空间里，有的发展境况好，有的发展境况一般，有的发展境况较差，有的则维持生活都很困难。配置与组合各种要素是一种整合。利益是促使各种要素整合的内在动因。利益的整合能够促进存量资产与要素的流动，从而带动社区经济的发展。

3. 结构功能理论

结构功能对经济的发展是至关重要的，它不仅对社区经济起重要作用，而且对整个国民经济都起着重要的作用。结构功能理论对社区经济的发展起着组合排列的指导作用，使社区经济发展的各种因素能够有效地聚合在各种能发挥作用的位置上，从而促进社区经济的协调发展。社区经济的结构，要符合两条原则：一是效益原则，不仅是经济效益，还有社会效益，衡量结构是否合理要看效益如何；二是协调原则，也就是社区经济内部各个环节、各个部门是否相互适应、相互促进的原则。社区经济的发展就是通过结构功能的作用，不断改善市场环境，实现发展上的协调。当这种协调实现时，经济效益原则就体现出来了，社区经济也就得到了长足发展。

3.2.3.2 社区经济管理体制创新

解决社区经济发展过程中的问题，推动社区经济有序、健康的发展，壮大社区经济的实力，需要改革社区经济管理体制，进行制度创新。

1. 转变政府职能

(1)投入职能。政府作为公共利益的代表和收税人，对社区理所当然地有投入的责任，否则社区服务的公益性和非营利性将成为空谈。社区组织提供的服务与管理应当以稳定的、经常的投入作为保证。

(2)引导职能。社区经济中不可能没有市场机制的作用，但市场机制也有失灵的时候，这时就需要政府的调控和引导。①首先要对社区经济的发展进行市场信息引导、投资信息引导。在现代市场经济条件下，信息能够减少决策的失误，是社区经济发展的重要资源。政府的信息来源可靠、信息量大、综合性强、质量高，特别是宏观经济信息、产业政策信息、金融财政信息等，是其他信息咨询结构所无法提供的。政府要充分发挥优势对社区经济的发展进行市场信息引导和投资信息引导。②发展空间的引导。社区的发展需要有一定的空间。但空间利用的失范和发展空间的紧缺已成为社区经济发展的瓶颈。政府要积极引导,提供或开辟发展空间。坚决取缔违章建筑,妥善解决发展空间与乱搭乱建的矛盾,促进社区经济健康有序发展。③政策引导。要根据社区的资源优势和条件,确定产业发展的重点和顺序,把社区经济的发展引导到产业政策的轨道上来,把有限的资源充分利用好,避免发展中的盲目性。

(3)整合职能。在社区经济发展的过程中政府既要进行引导,又要在产权结构、利益结构等方面进行调整或重组,以增强适应市场的能力,这就是政府的整合职能。政府的整合职能主要体现在两个方面:一是产权整合,二是利益整合。在社区经济发展过程中,在社区经济的非营利性和公益性领域需要政府通过不同的制度安排,进行利益整合,否则非营利性和公益性的服务项目很难持续下去。

2. 社区服务的市场化

在目前我国政府对社区建设投入普遍不足的情况下,尤其有必要发展营利性公司,走社区服务市场化的道路。社区服务市场化有别于街道办公司。营利性公司的主体是非政府组织和自然法人,它接受政府和非政府组织的管理,服务于社区。街道应适时地压缩自营经济的规模并最终退出这一领域。要跳出过去自办街居经济的"小圈子",把经济工作的视野转向整体社区经济的繁荣。特别是要以主要精力优化经济发展环境、搞好各方面服务,积极吸引民营、私营、三资企业来社区投资发展,形成"你办企业我服务,你获利润我得税"的社区经济发展的新格局。为此,要建立多元化的投资体系,鼓励民办社会事业。如民办学校、民办医院、民办养老机构等,这些民间组织利用社会资金,兴办公益性社会事业,有效地弥补了政府投资的不足。

3. 改革财税体制

在以往的城市街居基层工作中,为了满足其经费需求,靠的是在政府政策扶持下自办经济项目来创收。现在,这方面我们面临着一个两难境地:一方面,社区经济中的政企不分、职能错位和随着市场竞争激烈,风险日益加剧的弊端越来越突出;另一方面,社区建设的繁重任务,使办公经费、人员工资和场所建设所需资金进一步增加。为此,应该加快探索一种既有利于社区经济发展,又有利于形成稳定的社区组织的财力来源的新途径。这就是运用财政杠杆下伸的办法,建立新的社区财力机制。其探索方向是:街道居委会组织逐步退出自办经济项目,转向创造优良社区经济发展环境,大力发展多种所有制经济,丰富社区税源,把社区财政收入的"蛋糕"做大。在此基础上,运用财政支付转移的办法,来解决社区组织的经费来源,并形成一种良性的基层财力机制。在现行的财税体制下,税收返还仍是街道财政拨款不足的有效补充,但数额具有较大的不确定性。因此,政府应该尽快研究新的、面向社区的财税体制,在地方税中进一步实行分税制,形成社区财力的良性循环。一是可以考虑在现行税制结构中增设或调整属于社区的税种;二是在地方税中进一步体现分税制的思想,明确归社区支配或共享的税种。

4. 倡导非营利观念

按照组织目标与受益者的关系划分，我们可以将社区组织划分成经营组织、互助组织、慈善组织三类：经营组织就是社区企业；互助组织是为特定的组织成员服务的有限性公益组织，例如，由一定范围的成员组成的各种协会；而慈善组织属于非限定性的社会公益组织，它没有属于本团体的私利，其组织目标就是为了非特定的社会绝大多数人服务的。

慈善类与互助类组织统称为非营利组织。社区的非营利组织是发展社区公益性事业的依托，他们组成了社会的非营利部门。社区的非营利组织是由社区的居民、企业甚至政府部门自我创造的，按照创办机构的不同性质，可以粗略划分为政府办的和民间办的两类。即便属于政府办的社区非营利组织，也在目标任务、与社区的关联程度、组织管理方式乃至资源供给方式上，与传统国有社会福利事业单位有着很大的区别。

当然，大量的社区非营利组织是政府参与，发动社会力量共同兴办的，体现了社区的合作机制，我们把这类组织也算作民办。非营利组织在社区内的任务，是满足社区居民的不断增长变化的各种需求，推动社区建设与发展，有利于解决社区存在的各种问题。社区非营利组织的主要功能是：维护社区治安与各项秩序，维护社区环境，使社区居民安居乐业；保持社区原有的特征，保持社区的凝聚力，对社区资源进行组合与分配；进一步开发社区资源，使社区能够通过与外界的不断交流，持续地满足社区居民不断增长的需要，创造性地解决社区面临的各种问题。

3.3 社区文化管理

3.3.1 社区文化的概念和功能

我国对于社区文化的研究，始于20世纪80年代中期，但是，由于理论界对社区文化的研究角度不同，故而对社区文化的含义也有不同的界定，目前仍然莫衷一是。有人认为："社区文化，是在特定的地域范围内，人们所创造、孕育、形成的人文环境、行为模式和生活方式的总和。"①也有人认为："社区文化指的是特定社会区域当中人们各方面的行为所构成的文化生态系统。它既包括这一区域内人们的生产方式和生活方式，也包括该区域内社会成员的理想追求、价值观念、道德情操、生活习俗、审美方式、娱乐时尚等。"②对社区文化的认识，学术界的很多观点都有一定的道理，但要从理论上全面把握社区文化，笔者认为应从广义和狭义两个角度来理解。广义的社区文化是指社区居民在特定的区域内，经过长期实践而创造出来的物质文化和精神文化的总和。它对人们的思想观念、道德情操、行为方式以及人格理想的形成和发展

---

① 高占祥：《论社区文化》，北京，文化艺术出版社，1994。

② 龚贻洲：《论社区文化及其建设》，载《华中师范大学学报》（哲学社会科学版），1997(9)。

具有重大影响,甚至制约着当地经济、政治的发展。狭义的社区文化是指社区文化现象的集成,即社区居民在特定区域内长期实践过程中逐步形成和发展起来的有一定特点的价值观念、生活方式、行为模式和群体意识等文化现象。

将广义和狭义的理解结合起来,才能揭示出社区文化的全面内涵。由此可以看出:社区文化包含物质生活条件、精神风貌、生活规范和社区团体组织等四项基本内容。

(1)社区文化的物质生活条件指的是经过社区人改造的自然环境和创造出的一切物质财富。它主要包括社区内的文化设施及文化场所:文化活动室、图书馆、人文景观、公园、市政建设设施等;还有居民所用的服装、用具、一切生活用品等都属于社区文化的有机组成部分。因为它们的存在与使用,无一不凝聚着社区人的智慧与价值观念,包含有深刻的文化特色。

(2)精神风貌则是通过社区群众的文化活动长期培养形成的人们的价值观念、人生观、审美观、艺术修养、生活情趣、伦理道德、宗教信仰等。实际上,精神风貌是城市社区文化中最活跃的因素,是社区开展积极向上的创建性文化活动的力量之源,它植根于每一个社区人的内心世界,并左右着社区居民生活的目标和生活方式的形成。

(3)社区生活规范既包括保证社区各种群众文化活动正常进行所建立的一整套行之有效的法律和规章制度,也包括约定俗成的风俗习惯等行为规范。它是社区人总体价值观的外在表现。

(4)社区团体、组织则主要是指实现各种关系的结构实体,它是社区其他文化的存在基础和保证。如家庭、学校、社区企业、居民委员会、妇女团体及其他非政府性组织、团体等。这些组织是精神文化和物质文化的双重结合。社区文化的四个基本构成要素各有特点而又相辅相成,共同实现社区文化在社区建设中的重要作用。

3.3.2 城市社区文化的基本特点

我国城市社区文化是在一定的地域上发展起来的,一方面秉承中华民族的传统文化特色;另一方面随着市场经济和改革大潮的冲击又体现出时代人文精神。因此,我国社区文化既具有浓厚的地域性和群众性,也具有很强的多样性、开放性。

1. 地域性

社区文化形成于一定具体的社区,必然带有那个社区的浓厚地域特色。因为它的产生会受到那个社区地理环境、生产方式、社会制度、意识形态和风俗习惯等因素的影响,它的发展无一不烙上本社区特有的印记。随着这种地域性社区文化的长期发展和沉淀,其地域性的特点越发凸显。

2. 群众性

对于社区文化的群众性,我们可以从以下几个层次来理解:一是社区居民群众是社区文化的创造者和建设者,在社区建设中,社区群众广泛参与,共同创造出符合本社区发展的特色文化;二是社区文化的服务对象仍然是社区居民群众,无论是社区组织、图书馆、舞厅,还是公园文化等,都直接服务于社区居民群众。

3. 多样性

社区文化可以说是一个“万花筒”。从社区文化的创造和服务对象上看,社区文化是社区内多种人群共同创造的。它是社区内职工、教师、军人、学生、商人、艺术家、外来流动人口等各种不同行业、不同层次的人群在长期的实践中共同培育和创造出来的;从社区文化的服务对象看,社区文化服务于社区内不同层次的居民群众,因为不同群众个体,有着不同的文化需求;从社区文化的形态上看,也是“百花齐放,百家争鸣”,社区文化的形态主要有工人俱乐部、文艺沙龙、诗歌协会、戏曲协会等,各自都在发挥自身的长处,为社区文化增光添彩;从社区文化的设施上看,各式各样,有图书馆、歌舞厅、棋牌室、游乐园、宣传窗等,都为满足社区居民群众的不同文化需求发挥着重要作用;从社区文化的管理上来看,有集体管理、个体管理、合资合作管理等多种管理形式,随着市场经济的发展,社区文化的管理方式还会越来越多,其社会性会越来越强。

4. 开放性

现代社区,尤其是城市社区,是一个开放的系统。随着我国市场经济的逐步发展和各项改革的日益深入,人口流动加快,经济活动频繁。伴随人员交往的增多和城市间人口流动的加剧,社区文化也在随之进行着不断的双向交流和多向交流。本土社区文化与外来文化,传统文化与现代文化,高雅文化与通俗文化等无时无刻不在相互发生碰撞、融合,最后形成一种新的社区文化。它既保留原有社区文化的特点,又带有外来文化的色彩,成为一种兼容并蓄的文化系统。

3.3.3 社区文化在社区建设中的作用

社区文化是社区全方位的文化,在社区建设中具有非常重要的作用,其作用主要体现在以下几个方面。

3.3.3.1 社区文化营造“社区精神”

一定的社区文化,在一定时期内,总会强调特定的文化理念,从而规范和影响社区群众的行为模式,并排斥其所否定的价值观念和行为方式。它一方面不断鼓励社区群众与现实之间以及社区群众之间的相互协调;另一方面也在不断引导人们追求高尚的理想和目标。这样,社区成员在长期的交往中逐步形成了共同的理想目标、价值观念、风俗习惯、信仰和归属感,即形成了某种共同的“社区精神”。

1. 有利于提高人们的精神境界

社区文化总是要倡导社会所认定的积极的价值观、人生观和行为方式,并能对社区内存在的各种矛盾和问题给予解决与导向,通过在长期的文化熏陶中培养出的高尚的道德情操,进而陶冶、美化人们的心灵,抵制不健康的文化,以达到不断提升社区群众的文化品位,从而再进一步引导人们自觉追求真、善、美的高雅的素养。

2. 有利于增进社区群众之间的感情,形成良好的人际关系

随着社会化大生产的发展,整个社会分工越来越细,工作强度加大,使人们之间的交往范围打破了过去封闭的“单位人”界限,进而使得“单位人”都变成了开放的

“社会人”,但也使得人们彼此之间的联络相对减少,人们各自忙忙碌碌。8 小时的工作忙碌之外,其大部分时间都是在社区度过,因此,增进彼此之间的联系和交往,为社区群众搭建互相沟通的平台,就显得十分重要。而社区文化的群众性活动正是解决这一问题的最有效的办法,它成为增进社区居民之间、各类组织之间相互联系、加深了解、沟通关系的精神纽带,同时也易于把社区群众吸引在一起,创造和谐、友善、互助的人际关系。

3. 有助于增强社区成员的认同感和归属感

通过组织老年、青年、少年、残疾人等不同形式的演出活动,尤其是代表本社区外出演出,不仅会大大吸引社区不同成员的积极参与,而且在社区集体演出活动中还会增强对本社区的认同感和自豪感;从而增强其对社区的强烈归属感。通常,居民的社区归属感越强,就越能够意识到自己作为社区成员的权利和义务,进而越加喜爱和参与社区文化活动。

4. 有利于满足人们的精神需求

社区文化以其最活跃、最生动、最具吸引力、最易于为人们接受的生活方式,满足了广大社区群众的精神需求,尤其是现代社会,生活节奏日益加快,人们的工作紧张程度和精神压力随之增大,需要精神上给予调剂;而社区文化恰恰能够满足人们的精神和情感需要。在共同理解的心理空间内,人与人之间情感交融、心灵沟通,个体化的人格融入社区整体,个体与群体的统一不仅极大地丰富了个体成员的精神和情感体验,而且创造了共同的“社区精神”。

3.3.3.2 社区文化为“社区综合竞争力”的提高创造良好的文化氛围

“社区综合竞争力”体现了一种新的发展理念,它以新的发展观为基础。要增强“社区综合竞争力”不能单单理解为提升社区的经济增长能力,而应理解为社区经济、文化自然的持续、协调发展。

1. 为“社区综合竞争力”的提升提供精神动力

20 世纪 80 年代以来,世界各国普遍关注文化在社会发展中的重要作用,人们普遍认识到:一个脱离文化背景的发展是没有灵魂的发展。文化可以通过对社会制度构成要件的指导,实现社会经济体制和政治体制的优化,以此为“社区综合竞争力”提供精神动力。

2. 为“社区综合竞争力”的提高提供智力支持

创新是一个社区进步的灵魂,也是社区兴旺发达不竭的动力。在当今知识经济和科技信息全球化大趋势面前,一个社区“综合竞争力”的强弱,在很大程度上取决于这个社区人口整体的受教育水平,取决于社区群众综合素质的高低。

3. 为“社区综合竞争力”创造了巨大的经济价值

社区文化产业主要包括文化娱乐业、影视及影像制品业、新闻出版业、文化旅游业以及一些与文化相关的美食、美容、时装、休闲等产业。它不仅为社区创造出了巨大的经济价值,而且能够极大地提高一个社区的文化品位。例如,美国的文化名城洛杉矶,它就是靠"迪斯尼乐园"和"好莱坞城"形成了惊人的文化旅游和影视及影像制品业。既创造出了巨大的经济价值,也提升了洛杉矶世界文化名城的品位。

4. 社区文化是"社区综合竞争力"发展的象征

一个社区综合发展的形象是外在面目与内在精神本质的有机统一,是历史文化的沉淀与现实文化交融的结果。对于一个社区而言,社区文化就是该社区的气质和灵魂,一流的社区文化塑造一流的社区形象。比如,在上海黄埔旅游文化节中,商业购物、美食品尝、文化娱乐、风光游览浑然一体,无论是中外的游客还是服务人员,都在参与中获得了美好的乐趣,使人们在购物、美食、观光中体验高品位的文化。这不仅在很大程度上树立了黄浦区的美好形象,而且也提高了上海在国际大都市中的竞争地位。

3.3.3.3 社区文化提高社区居民的综合素质

社区居民的综合素质是一个具有基础性、系统性和层次性的大概念,不仅体现了一个社区全体居民的文化教育水平、道德风貌、精神状态、健康等人文状况,而且还反映着一个社区人力资源的数量和质量等智力水平。社区居民的综合素质一般包括以下几个方面:受教育程度、道德水准、精神状态、健康状况和创新能力等。这几个方面形成一个综合的统一体,共同反映社区居民的综合素质状况。只有全面提高社区居民的综合素质,才能不断推动社区建设向前发展,而要提高社区居民的综合素质水平,就不能忽视社区文化的重要作用。社区文化在提高社区居民综合素质方面的作用主要体现在它的教育功能上。社区文化教育除了学校教育和专业教育外,还有社会性自我教育。它主要通过不断向社区传播科学文化知识和潜移默化的渗透方式来实现。

社区文化针对不同的服务对象和特点,开展形式多样的教育活动,例如,传播科技文化知识,开设服装设计、烹调、缝纫、文艺、健身、机修等培训班,这不仅可以提高社区居民的社会科学和自然科学知识水平,而且还可以使其在活动中学到各种技能。同时,在社区,各种各样的国家大政方针、法律法规的宣传活动和群众性的自娱自乐活动等都可以使居民在精神上得到慰藉,在思想和道德上受到历练和提升。另外,社区的医疗、卫生保健等知识宣传、服务活动,有助于增强社区居民的卫生保健意识,有助于他们身体素质的提高。总之,社区文化在提高社区居民的综合素质方面发挥着重要作用。

3.3.4 社区文化的发展历程

3.3.4.1 新中国成立以来社区文化

社区文化历史悠久。在我国古代社会,社区文化一直是以一种自然的状态在社区中延续。现在我们讨论的社区文化的发展历程,主要是指新中国成立以来的社区文化发展。

1. 新中国成立初期的"百花型"阶段

新中国成立初期,在党和政府的支持下,城市街道办和居民委员会大力响应党和国家的号召,倡导新文化。广大人民群众学习热情空前膨胀,文化素养得到了很好的提升。人民公社运动开始后,群众的文艺活动大多围绕政府的方针政策展开,具有强烈的政治色彩。社区文化中强化了的政治成分,使得集体主义强化。但是,社区文化的娱乐性、民俗性等有所减弱。与此同时,在党和国家的倡导下,社区居民的生活开始朝着健康文明的方向发展。旧社会留下的一些不良风气一扫而空。在这一阶段,广大文艺工作者深入基层,体验生活,创作出许多优秀作品,丰富了群众的精神生活。

2. 文化大革命期间遭受破坏

文化大革命对中华文化是一次重大打击。这 10 年里,很多历史文物被毁,人与人之间缺乏信任,社会风气受到严重的污染。在批判"封、资、修"的同时,文艺界也进行了"文艺革命",文艺活动充满了革命性和政治性,缺少人情味。

3. 改革开放后的恢复时期

十一届三中全会后,中国进行了政治和经济体制改革。与此同时思想文化领域也发生了很大的变化。"解放思想,实事求是"思想路线的确立以及"实践是检验真理唯一标准"的大讨论,给整个文艺界带来了真正的变革。20 世纪 80 年代后,社区人民参加社区文化的热情日益高涨,文化活动更加丰富,各种文化形式呈现出百花齐放的向荣局面。

4. 十六大以来的发展

党的十六大提出了全面建设小康社会的宏伟目标,指引着人们更快、更好地建设社区。现在社区居民对于社区文化建设的热情空前高涨。同时,党和国家也高度重视社区文化的发展。社区文化不断被赋予新的内涵,社区文化建设力度加大。

虽然我国社区文化建设取得了很大的发展,但还远远不能满足群众对文化生活的需要,在各个方面也存在一定的问题,比如:对于社区文化的理解有待进一部加深,思想需要进一部统一;居民的参与度和参与面有待进一步加强;社区文化的管理机制需要完善;要进一步加强人才的引进等。

3.3.4.2 社区文化活动的形式和内容体系

根据社区文化的参与主体,可将社区文化分成如下几类。

1. 家庭文化

家庭作为社会生活的基本单位,承担着生产、教育、娱乐等多种功能。没有人能离开家庭,家庭是社区文化的一个基本单位。家庭文化包括家庭个别文化和家庭整体文化。家庭整体文化是指家庭总的生活状况和精神状态,可以通过家庭平均消费、家庭文化生活方式等进行衡量。家庭个体文化可以通过个体的教育水平、生活方式等反映出来。

2. 小区文化

小区文化是一种大于家庭文化小于社区文化的邻里文化。住得较近的居民,彼此之间经常会产生互动。通过一段时间的交往,他们相互影响,价值观往往会趋向于一致,会形成一定程度上的文化认同。这种文化在社区文化建设中具有非常重要的作用,有助于形成邻里守望相助的文化氛围。

3. 校园文化

社区中往往有着大、中、小学。这些学校也会形成属于自己的校园文化,其核心是全体教职工和学生的价值观的凝聚。学校是人类的精神家园,学校文化对社区文化具有不可忽视的影响。

4. 企业文化

社区内的各种企业也有着不同于其他组织的特有文化。企业文化并不仅仅指企业的文化娱乐活动,更体现为企业精神、管理制度和企业形象等。现代企业已充分认识到参与社区建设的重要性,积极参与各种社区文化活动,不仅提高了企业自身形象,也可以为社区作出自身的贡献。

5. 军营文化

军营文化是以各兵种基层部队形成的以提高官兵文化素养、坚定理想信念、形成集体意识、丰富战士业余文化生活为目的的文化。

6. 机关文化

在社区中往往有各种各样的机关单位。机关的文化建设主要包括机关自身文化建设、机关参与社区文化建设和鼓励机关人员以个人身份参与社区文化建设等方面的内容。

3.3.4.3 社区文化建设存在的问题及解决对策

随着我国经济的发展和城市改革的推进,社区文化建设已经出现了良好的发展势头。但是,我们必须清楚地意识到,我国社区文化建设中仍然存在着一些亟待解决的问题:①社区居民参与缺乏主动性,大部分居民希望自己作为旁观者来参与社区文化活动,并没有意识到自己就是社区文化活动的主体;②社区文化建设缺乏经费,这也是目前制约社区文化建设的一个普遍存在的影响因素;③社区文化建设对政府依赖性大,社会化参与程度低,文化建设缺乏自主意识;④社区文化建设管理的制度化水平低,社区文化建设的综合能力有待进一步提高。如何解决目前制约社区发展的突出问题,这是社区文化建设的当务之急,也是影响我国社区文化发展和社区建设的关键所在。为此,我们应从以下几个方面入手。

(1)大力开展社区文化活动以社区基层文化站为龙头,以社区各街道、居委会、住宅小区以及企事业单位的文化活动场所为活动阵地,利用各种载体引导群众广泛参与,开展生动活泼、丰富多彩的社区文化活动。既要注重与重大节日的结合,组织开展大型有影响力的社区文化活动,使活动高潮迭起,异彩纷呈;又要热情扶持不同层次的居民业余文化组织活动,使不同文化修养及情趣爱好的群众都能各展其长,各得其乐,比如打拳练功、下棋、戏曲、跳舞等。

(2)搞好社区文化产业,促进文化与经济的结合。发展文化产业首先要制定其发展的战略原则:从满足人民群众日益增长的文化需求出发,以市场机制优化配置文化资源为助手,注重文化体制的不断创新,带动相关文化产业发展的新格局。这样一来,不但可以弥补社区文化建设经费不足问题,而且还能为社区其他各项事业的建设提供支持。

(3)发挥文化组织机构作用。加强社区文化建设,管理社区文化组织,无论是政府办还是非政府办,都要很好地发挥自己的职能,这也是国际大都市社区文化发展的一个标志。

(4)强化对社区文化的制度化管理。建设优美舒适的自然环境,促进社区文化建设的正常发展,需要健全的管理制度做保障。为此,在社区文化建设中,要结合社区特色,制定切实的社区文化发展规划,在进一步加大对学校、幼儿园、图书馆、报刊、俱乐部等文化学习和娱乐场所管理的同时,还要对开发中的商住房、物业、生活小区增加小区文化功能的管理。坚决扫除腐蚀、毒害社区群众身心健康的精神垃圾,确保社区文化向着积极、健康、活泼向上的方向发展。目前就是要加快社区文化的法制化、科学化的管理,真正做到社区文化管理有法可依,有章可循。

3.3.5 社区文化管理及其措施

随着社会转型,社区将承担前所未有的一些功能,社区文化也面临着巨大的发展机遇,社区文化建设将发挥越来越重要的作用。加强社区文化管理,推动社区建设已经成为非常重要和紧迫的任务。社区管理是党和国家各级组织运用各种手段,全面提高社区居民的文化素质,提升社区居民的文化品位,实现社会主义精神文明的发展。为了保障目标的实现,社区文化管理应从以下几个方面入手。

1. 制定社区文化建设长期发展目标

充分认识到社区文化管理工作的重要性,进一步加强对社区文化整体规划工作的领导,制定长期发展目标。面对社区文化新的发展机遇,必须在十六大精神的指导下充分认识到社区文化建设的重要性。根据全面协调发展的需要,制定符合时代发展需求、具有前瞻性的社区文化长期发展目标。

2. 进行文化网络建设,形成良性的社区文化发展机制

在“二级政府,三级管理,四级网络”的体制下,社区文化建设日益成为社会稳定和影响公共管理水平的重要因素。随着政府体制改革的深入,行政手段已很难凝聚公众。相反的,应依靠社区文化建设,提升精神文明程度。而文化网络是社区文化活动的运行机制和组织载体,是联系各种文化形式的桥梁和纽带,是组织和吸引广大人民群众参与社区文化活动的有效途径。文化网络的建设需要建立相应的文化机构,加强社区文化队伍的建设,提高社区居民的参与度等。

3. 采取综合措施,提高社区居民的文化生活质量

经济的增长为社区文化发展提供了坚实的物质基础。同时,加强社区文化建设又可进一步促进社区经济的发展,二者相辅相成。只有有了经济的发展,社区文化发展才有了后盾。一方面,要努力开展丰富多彩的社区文化活动;另一方面,要发展具有地域特色的社区文化,突出本地特色。

4. 理顺社区与街道、辖区单位、物业公司之间的关系

（1）理顺区、街（镇）与社区的关系。通过简政放权，重心下移，处理好政府行为与社区自治的关系。区政府向街道（镇）下放城管、卫生、文化等方面的部分职能。各街道、镇也应向居委会转移最低生活保障、计划生育等相关职能，形成“条块结合，以块为主”的管理体制。

（2）理顺社区组织与辖区单位的关系。注重调动辖区单位参与社区建设的积极性，挖掘、利用社区资源，共驻共建，资源共享。一方面要通过社区党建、社区服务等工作，把辖区单位组织起来；另一方面要鼓励辖区单位把服务设施向社区开放，并在财力、物力上支持社区。

（3）理顺社区居委会与物业公司的关系。社区居委会是社区居民利益的法定代表；物业管理公司以管物为主，属企业行为。一方面，社区居委会要依法行使对物业公司的监督和协调，物业公司的主要负责人要进入社区自治组织机构；另一方面，社区居委会要支持物业公司搞好管理和服务。

3.4 社区服务管理

3.4.1 社区服务的起源和发展

3.4.1.1 社区服务的发展历程

作为地域性生活共同体，社区的存在和发展离不开社区服务。社区服务在解决社区居民生活问题方面发挥着越来越重要的作用，是社区发展的主要依托之一，是社区建设和发展的基础性工作。社区服务的形成和发展都是在一定的政治、经济和文化背景下进行的，了解社区服务的发展，有助于加强我们对于社区服务的理解，更好地为社区居民提供社区服务。

1. 社区服务的起源

在19世纪的欧洲开始出现社区服务。随着工业革命的完成，欧洲和北美的许多国家开始由农业社会向工业社会转型，资本主义迅速发展，城市化进程加速。一方面，大量的农民涌入城市；另一方面，城市也出现了失业、贫困等问题。这些问题的出现要求政府和非政府采取相应的对策。正是在这种背景下，为解决贫困等问题的社会服务组织先后在西方社会产生。

2. 社区服务的发展

社区服务的发展不仅减轻了财政压力，也满足了社会福利和社会服务等方面的服务需要。因此，受到了各国的重视，并得到了迅速发展。第二次世界大战以后，国际环境相对稳定，全球经济得到了稳定快速的发展，社区服务也进入了成熟和发展时期。在经济稳定发展的同时，也产生了许多新的问题，如老年化等，给西方社会进步带来了很大的阻碍。为了解决这些矛盾和问题，国家开始把由国家承担的部分福利转移给社会，分散于社区，使社区服务进入了一个新的发展时期。

3.4.1.2 我国社区服务实践历程

我国的社区服务最初是在政府和民政部门的积极倡导下逐步发展起来的，社区服务从无到有，逐渐完善。

1. 传统体制下的社区服务

20 世纪中期，我国实行的是高度集中的计划经济体制。在这种体制下，一方面，各级政府和组织缺乏自主性，受到了很大的抑制，社区服务机构的价值被严重低估；另一方面，由于社会层面受到压制，社会各阶层对于社会服务的需求无从谈起。因此，十一届三中全会以前，我国社区服务水平低且发展缓慢，主要以居民自我服务为主。

2. 改革开放以来社区服务的发展

随着改革开放的进行，我国社区服务在政府的推动下，依托街道、居委会和社区各方面的力量共同参与，经历了起步、普及和提高三个阶段。

1）起步阶段（1983—1989 年）

随着城市经济体制改革的深入，传统的社会福利制度受到了强有力的冲击。为了适应改革的需要，1983 年起，国家民政部开始探讨城市社会福利工作的改革问题。1984 年召开的社会福利事业漳州会议和 1985 年召开的全国社会福利生产大连会议，把建立社会化的福利制度列为民政工作的重点。1987 年，民政部又在武汉主办了一次全国性的社区服务工作座谈会，明确了社区服务的内容和任务以及社区服务和民政工作的关系，这次会议对于开拓社区服务具有非常重要的作用。这次会议后，不少地方开始选择一些街道进行社区服务试点。在这种情况下，社区服务还是以纯福利服务为主，主要是向社会特殊群体提供福利服务，这实际上是原有民政部门主管的福利服务的拓展。

2）拓展阶段（1989—1993 年）

1989 年 9 月，民政部门在杭州召开了全国社区服务工作会议，总结和交流了武汉会议以来各地展开社区服务的经验，提出在 3 ~5 年内，全国 1/3 的大中城市要开展社区服务，强调社区服务要以社会效益为目的，经济效益为手段，走“服务养服务”的道路。此后，社区服务在我国全面展开。1993 年底，开展社区服务的街道占城市街道 80% 多。但是，随着改革的深入，社区服务的营利性与福利性发生了矛盾。所以，在社区服务的发展过程中，许多街道和居委会开始尝试有偿服务，逐渐降低福利服务的比重。

3）提高阶段（1993 年至今）

1993 年后，我国开始朝市场经济体制过渡。原有的由国家和单位统包一切的大福利已经越来越不适应经济发展需求，迫使国家和单位逐渐将它们承担的福利转移给社区。同时，随着人们需求的增多，人们对于社区服务的依赖性渐渐被强化。1993 年 8 月民政部 5 等 14 个部委联合下发《关于加快社区服务事业的意见》，对社区服务的性质、内容、目的等做出了明确的规定，社区服务被列为国民经济体系中的一个重要行业。至此,我国的社区服务开始走向规范化的发展。1994 年,民政部门又在上海召开了全国社区服务经验交流会,进一步澄清了一些模糊的认识,强调了社区服务的社会效益,强调了社区服务的重要性。1998 年,民政部命名了 46 个“全国社区服务示范城区”,更多的社区正向着示范城区发展。

总之,经过 20 多年的发展,我国的社区服务事业在各个方面都有了长足的进步。社区服务开始融入人们的日常生活,成为政府、社区和居民的共同事业。

3.4.2 社区服务的定义和内容

3.4.2.1 社区服务的定义

社区服务在促进社会经济协调发展、满足人们生活需要方面发挥着日益重要的作用。为了更好地开展社区服务,必须对社区服务的内涵进行明确的定义。事实上,对于社区服务的概念,不同的学者往往有着不同的理解。参照已有的研究成果,结合我国的实际状况,可将社区服务定义为:在政府的统一指导下,以社区为单位,以一定层次的社区组织为依托,通过运用社区资源和群众的自我互助服务,满足社区全体居民的物质和文化生活需要的福利性服务和产业化服务。从这一概念可以看出,社区服务至少包括以下几个因素。

1. 主导要素

政府是社区的主导。政府在社区服务中发挥着非常重要的推动作用,社区服务在很大程度上体现了政府的意志和主张的社会意识。政府在社区服务中的主体地位体现为行政动员、政策指导、组织参与和行政监督等。

2. 区域要素

社区是以地域性为基础的。相应地,社区服务的活动也必须在一定的区域内进行。由于每个社区都有自己的特点,在人口、文化等方面都存在着差异。所以,社区服务应立足区域。

3. 组织要素

从组织角度讲,社区服务是在政府的指导下,以一定层次的社区组织如街道、居委会等为依托,人们通过社区组织参与社区服务,依靠社区内部各方面的力量进行自我管理和自我服务,而社会服务则是在一定的经济组织经营下开展服务的。

4. 需求要素

社区服务的宗旨是要满足社区全体居民的基本要求。需求是社区服务的出发点和落实点,满足了人们的基本需要,才达到了社区服务的目的。在开展社区服务的过程中,要切实了解本社区居民的具体需要,并以此有针对性地开展服务工作,使人们多样化的需求得到满足。

5. 资源要素

社区服务的有效展开必须以社区内的各种资源的有效整和为基础。社区服务需要一支训练有素的专业人员来承担;社区服务的顺利开展需要一定的资金投入;社区服务的提供还需要一套完整的社区服务的设施。

以上五个要素相互影响、相互作用,构成了社区服务的有机整体。社区服务在本质上是一项社会福利事业,同时也是受到市场规律影响的产业化服务,是社会保障体系的重要内容。社区服务是我国市场经济体制改革的必然需要,是城市建设的重要环节,也是解决剩余劳动力的重要环节。加快社区服务的发展有助于整个时代发展的需求。

3.4.2.2 社区服务的内容

社区服务内容丰富,形式多样,涉及居民生活的方方面面,结合我国的实际情况,社区服务主要包括以下几方面的内容。

1. 社区老人服务

老年人服务是传统社区服务的重点内容。老年人服务主要针对老年人在衣食住行和医疗等方面的内容。具体项目涉及养老服务和日常照顾服务;老年人健康服务;老年权益保护服务;老年人精神文化服务等。

2. 社区残疾人服务

残疾人服务主要是指针对残疾人的康复服务。残疾人由于身体某种功能的丧失,导致了很难以正常人的方式进行生活。因此,做好残疾人的服务工作,解决他们生活中的实际生活,是社区服务的重要内容。对这一特殊群体的服务主要包括残疾人教育、残疾人职业培训、残疾人活动中心、残疾人医疗保健服务等。

3. 社区青少年服务

少年是社区的重要成员,为青少年提供服务是社区服务的重要内容。青少年社区服务是针对青少年生活、学习和心理等问题进行的服务活动。做好青少年服务,对于青少年成长、减轻家长的负担具有非常重要的实际价值,主要服务涉及幼儿园、小饭桌、青少年保健、营养、家教、学生课外活动、培训班以及各种活动。

4. 社区优抚和贫困救助服务

社区优抚和贫困救助服务主要是对社区内的军烈家属、军队离退休干部等优抚对象、社区贫困户进行的服务。

5. 社区便民服务

社区便民服务是针对社区居民日常生活提供的各种无偿和有偿服务。在过去,我国服务业不发达,致使社区存在着购物难、寻求劳务服务难等问题。便民服务的项目主要有中介服务、生活服务和其他服务,如绿化、环保等。便民服务以居民的实际需要为基础,以服务群众为最高宗旨。

6. 社区再就业服务

随着市场经济的发展,体制改革的深入,社区居民产生了一些新的需要。其中,再就业服务成为社会转型时期社区服务的重点。社区再就业服务的关键就是要拓展就业渠道,创造出新的就业机会。社区再就业服务主要包括职业介绍,提供就业信息;职业指导,帮助人们树立正确的职业观念,开展就业培训,为再就业者提供基本的技能培训,帮助用人单位获得符合岗位要求的劳动力;提供某些就业岗位如家政服务等。

7. 社区文化休闲服务

随着生活质量的提高,人们对文化娱乐的要求不断提升。但是,就社区而言,娱乐活动往往比较单一,社区文化发展远远满足不了社区居民的需要。因此,需要大力发展社区文化休闲活动。

8. 社区保障服务

建立全民社会保障体系的宏伟目标,要求大力发展社区保障,提供社会保障的社会化服务,只有这样,我国的社会保障体系才能落实到社会基层,实现良性的社会化运作。在现代社会,社区是家庭和社会的重要联系纽带,承担着多种社会职能,开展社区的社会保障服务已成为社区服务的重要内容。

3.5 社区精神文明建设和管理

3.5.1 社区精神文明建设的内涵

城市社区精神文明建设,是地域性的社会生活共同体建设。从本质上来讲,它是一种生活环境和生活方式建设,它既要以服务和满足居民的生活需求、提高居民的生活质量为中心来开展建设,也要以培养和提高居民的互助意识、自主意识,增强居民的社区归属感和社区参与度,形成文明健康的生活方式为中心来开展建设。城市社区精神文明建设的本质内涵,恰好体现了小康目标的主旨。

社区精神文明建设与管理贯穿在社区政治、经济、文化和社会生活的各个方面,既需要党和国家的高度重视,更需要社区人民的实践创造和努力。加强社区精神文明建设可以弘扬社会主义精神价值,满足人们的精神需要,促进和谐社区建设。社区不仅是一个地域性生活共同体,社区中的感情、风俗等更将人们联系成一个大家庭。随着社会流动的加强以及拜金主义盛行等原因,导致了人与人之间的情感变得越来越淡,孤独感加剧。因此从这个角度讲,加强社区精神文明建设将有助于强化社区居民之间的认同感,强化人们之间的联系纽带。

社区精神文明建设实际上就是把我国社会主义精神文明真正落实到实处——社区,把精神文明由长期的宣传认识、典型示范上升到社区建设这样一个实际操作阶段。加强社区精神文明的建设将有助于文明社区的形成和发展,为社区经济的可持续发展提供精神动力,有助于体现社会主义优越性。

3.5.2 社区精神文明建设在社区发展中的地位和作用

社区精神文明建设在社区发展中具有十分重要的地位和作用,它是在社会主义市场经济条件下广泛发动群众积极参与社区发展实践的一种新形式,是进一步深入开展群众性精神文明建设活动的有效载体和提高社会文明程度的有效途径,是把精神文明建设和城乡社会管理的各项工作真正落实到基层的一项重要措施。尤其在目前我国社区发展硬件投入普遍不足的情况下，加强社区的软环境建设，把社区发展和精神文明建设有机结合起来，对推动两个文明的发展具有极为重要的实践意义，其主要体现在以下几个方面。

1. 社区精神文明建设是增强社区发展功能的重要手段

社区发展的重要功能就是通过社区的全面建设来改善社区的政治、经济、社会、文化、环境等状况，以促进社区及其成员的全面发展。从社区发展的这一功能来看，社区精神文明建设的主要任务就在于增强它的功能，规范社区发展的方向，并为社区的进一步繁荣和发展提供强大的精神动力和思想保证。其中包括强化社区的服务和保障功能；强化社区教育功能；增强社区心理调适功能；强化社区的文化娱乐功能；强化社区监督功能；强化社区参与功能和社会整合功能。

2. 社区精神文明建设是社会主义精神文明建设的迫切要求

社区精神文明建设的状况，不仅关系到社区发展自身的成败，也是衡量整个社会发展水平与文明程度的重要标志。社区即地域性社会，是最基础层面的社会单元，我们只有抓住一个个具体的社区这个最佳切入点，并把精神文明建设与社区发展有机地结合起来，以社区为载体，以群众为主体，才能把社会主义精神文明建设真正落到实处，收到实效；才能使居民的文明素质在建设中不断得以提高，从而推动社会主义精神文明建设和整个社会文明程度再上一个台阶。

3. 社区精神文明建设是增强社区发展凝聚力和吸引力的客观需要

社区居民的思想意识、心理情感上所具有的共同的归属感和认同感，是社区发展的一个基本前提，是增强社区发展凝聚力与吸引力的基础。而社区精神文明建设的重要内容之一就是发展社区文化，满足广大居民群众精神生活的需要。由于社区文化生活较之专业文化生活更具有群众性、娱乐性、思想性和知识性集于一身的特色，因此，社区居民在社区精神文明建设过程中，通过自我创作、自我表演、自我娱乐和自我教育，不仅可以满足日益增长的物质文化生活的需要，巩固和发展社区新型的、和睦的人际关系，而且通过共同的社区参与增加了社区居民之间的归属感和认同感，从而也增强了社区发展的凝聚力和吸引力。

4. 社区精神文明建设是传授科学文化知识、丰富居民精神文化生活的有效途径

当前，社区已日益成为广大居民工作时间以外的最为主要的休闲场所。在社区精神文明建设过程中，通过演出、展览、评比、讲座、宣传画等多种群众喜闻乐见的形式以及广泛开展“小制作、小发明”，争创“五好家庭”、“文明楼组”，举办“文化夜市”、“艺术节”等活动，来传播科学文化知识，宣传党的方针政策，这不仅有利于提高社区生活质量，丰富社区居民的文化生活，维护和促进社区的安定团结，而且对提高社区居民科学文化素质，增强法制观念和现代意识，培养新的社会习俗风尚具有重要意义。

5. 社区精神文明建设是加强社区管理、推动社会基层政权建设工作有效开展的关键环节

社区发展离不开高效的社区管理及基层政权的建设，而社区精神文明建设的广泛开展，不仅有利于确定基层政权建设工作的方位，而且有利于发挥基层政权建设工作的职能，对进一步完善和加强我国社区管理工作具有重要意义。当前，我国城乡正在广泛开展创建"文明城市"、"文明乡镇"的竞赛活动，而社区精神文明建设则正是同强化社区管理、完善社区服务、发展社区文化有机地结合在一起的。

6. 社区精神文明建设在实现政府、企业职能转变中发挥着重要作用

随着我国改革开放的继续深化和社会主义市场经济建设的大力发展，过去由政府、企业承担的部分社区发展工作逐步向社会转移，其中主要是向基层社区转移。原来大批在计划经济体制下的"机关人"、"企业人"变成了"社会人"，致使社区管理者与居民之间的行政关系在不断减弱，法律、经济和人际关系得以增强。而社区精神文明建设在发挥社区对居民的行为调控、思想教育、组织管理等方面具有不可替代的重要作用。这不仅有利于扭转单位办社会、企业办社会的局面，而且在很大程度上减轻了企业不必要的负担，有利于政府从繁重的具体事务中解脱出来，把更多的时间和精力放在宏观调控和协调监督上，以实现政府职能的有效转变。

3.5.3 社区精神文明建设的战略核心目标

精神文明建设也就是人的精神世界的建设，社会主义精神文明建设的根本任务就是提高人的思想道德素质和科学文化素质，培养"四有"新人。社区精神文明建设的战略核心目标是提高社区居民的现代化素质。多年来，社区文明建设的基本经验是："以人为本，以社区文明建设为载体，以市民的素质提高和人的全面发展为目标。"这就要求城市社区居民要不断提高思想觉悟和增强现代化意识，不断提高居民的文明素质，提高科学文化素养等。

3.5.4 社区精神文明建设的主要内容

确定社区精神文明建设的内容不仅要充分考虑到社区居民切身利益的需要，而且还要考虑到社区发展本身的状况以及政府在辖区内开展工作的需要。根据我国当前社区发展的实际情况，我国社区精神文明建设的基本内容涉及社区软环境建设的各个方面，其中至少应包括宏观上的社区文化建设、社区教育建设、社区服务建设，中观上的社区道德建设，微观上的文明家庭建设和文明村组建设等方面。

1. 社区文化建设

社区文化是社区居民在特定区域内的长期活动过程中形成起来的，具有鲜明个性的群体意识、价值观念、风俗习惯、生活方式、历史传统、行为规范等文化现象的总和，它包括街道或村镇文化、家庭文化、校园文化、企业文化和商业文化等内容。良好的社区文化是社区精神文明建设的基础，也是社区居民生活中的重要组成部分。由于社区文化具有广泛的参与性、娱乐性、共生性和知识性，因此，它在提高社区居民文

化娱乐、审美情趣、思想意识方面，在转变社会风气、改善人际关系、发挥人的积极性、增强社区居民的归属感和向心力以及塑造良好的人文氛围等方面具有突出的作用，这也正是我们进行社区精神文明建设的主旨。

2. 社区教育建设

在科学技术已成为第一生产力的今天，社区教育日益成为社区居民最迫切、最基本、最广泛的需求之一。因此，依靠社会力量，利用社区资源，对社区居民施以各种形式的教育，提高社区居民的文明素质，是社区精神文明建设的重要任务。根据国内外社区教育建设的经验，当务之急是要按照“地区为主、政府协调、社会参与、双向服务、共建文明、同育新人”的要求，充分考虑社区教育的特殊性，从社区发展的实际情况和社区居民的具体需求出发，运用多种手段抓好社区居民的教育，努力提高社区居民的思想道德素质和文化技术素养。

3. 社区服务建设

社区服务是在政府倡导下，为满足社区居民多种需要而以街道、村镇和居委会的社区组织为依托的具有社会福利性的社会保障方式。其目的在于通过广泛开展的社会福利和公益服务，为社区居民提供最基本的生活保障和社会福利，以优化社区生活环境、提高社区居民生活质量、调节社区居民的人际关系、促进社区精神文明建设，从而在社区上下形成祥和便利、文明健康和稳定发展的新局面。我国社区服务自20世纪90年代以来，在服务系列、设施、网络队伍、管理等方面都取得了较大的成效，已成为社区精神文明建设的一项重要内容和基本手段。

4. 社区道德建设

道德建设主要是指以集体主义为基本原则的社会主义基本道德规范建设，它不但规定了精神文明的性质，而且也是精神文明的核心。在社区精神文明建设中，既要政府重视、社会共建，更应强调社区内广大居民群众的积极参与，强调广大群众的自我教育和自我管理。道德就是一种服务、一种献身、一种自我牺牲的精神，在社区精神文明建设活动中，只有从社区道德建设上、从提高人的根本素质上以及从为人民服务、为社区献身的人生观和价值观上加以引导，社区精神文明建设才能保持强大的生命力。就目前我国社区发展的实际情况来看，社区道德建设主要应从社区职业道德建设、社区公德建设、社区家庭伦理道德建设和社区环境卫生道德建设等四个方面入手。这将是一项长期而艰巨但又十分重要的任务，也是社区精神文明建设取得成效的关键所在。

5. 社区文明家庭和文明楼组建设

家庭是社区的细胞，楼组则是社区居民具体的生活场所。因此，社区文明家庭和文明楼组的建设是社区精神文明建设的基础性工程，是体现社区精神文明建设成效的标志性成果，也是把社区精神文明建设细化到每个居民具体生活环境的重要手段。在社区文明家庭和文明楼组的建设过程中，由于管理范围相对较少，且贴近人民群众的日常生活，十分便于开展各种针对性强、形式多样的、富有成效的群众性精神文明建设活动,其所创造出来的良好的人际关系和社会风尚无疑大大促进了社区发展,也在一定程度上丰富和推动了社区精神文明建设活动的开展,尤其对社区居民形成文明、健康、科学的生活方式具有十分重要的现实意义。

当前,我国社区精神文明建设的基本理念,可以概括为“人本、互助、自主”六个字。

“人本”体现了社会主义精神文明建设的核心理念和价值目标;“互助”体现了我国传统文化的伦理原则和中华民族的传统美德;“自主”体现了社区建设和社区发展实践的必然要求。社区精神文明建设坚持“人本”理念,就是要求社区精神文明建设的领导者和推进者在工作中时时处处以人为中心,把满足人的需要、增进人的情感、促进人的全面发展和社区的全面进步,作为社区精神文明建设的出发点和归属点。

“互助”,即人际间的相互关爱、合作与帮助。城市社区精神文明建设坚持“互助”理念,就是要大力倡导各个社区文明创建参与群体(包括社区单位、居民自治组织、邻里和居民家庭等)以互利互惠、奉献爱心为行为价值取向,把促进社区人际和谐和人际文明,形成“我为人人,人人为我”的良好社区氛围作为社区精神文明建设的重要内容。

“自主”,即人自觉意识到自己作为社会主体而存在的一种自我态度。坚持“自主”理念,是小康社会提出的健全基层民主、完善居民自治的必然要求。社区精神文明建设坚持“自主”理念,就是要努力创造条件,培养、支持和鼓励社区精神文明建设的参与个体,以宪法和法律赋予自己的各项民主权利为依据,积极参与社区生活、社区服务和社区管理,把是否有利于个体独立性、责任感、主体意识和自主精神的养成,作为衡量社区精神文明建设价值的重要标准。在社区精神文明建设中坚持“自主”理念,首先要对社区居民进行基于社会责任感基础之上的自主精神教育。

随着计划经济条件下“单位办社会”旧体制的逐步松动与解体,人们对单位的依附性大大减弱。在由“单位人”向“社会人”和“社区人”转变的过程中,人们作为“社会人”的合法权益和自主地位很快得到了确认,但人们作为“社区人”而应具备的主体意识、责任意识和自主精神却不能自发产生。因此,引导回归社区的“单位人”转变观念,形成对自己负责、对社区负责的“社区人”意识,依法行使民主权利,自主参与社区生活,便构成了当前社区精神文明建设的一项极为重要的工作。同时,要逐步建立与完善有利于城市社区居民自我决策、自我治理、自主发展的社区自治体制。

3.5.5 社区精神文明建设的基本途径

由于社区精神文明建设近几年来才在我国城乡中广泛开展起来,因此,许多基层社区在社区精神文明建设过程中普遍感到经验不足、无从入手。我们根据近几年来对上海、北京、天津、长沙等地社区精神文明建设状况的经验研究,并结合我国社区发展的实际情况,特对当前我国社区精神文明建设的一般途径提出了以下几个方面的建议。

1. 加强组织建设,形成社区精神文明建设的合力

社区精神文明建设不仅是政府基层组织,也是广大人民群众的迫切愿望和内在要求,但是要把人民群众的内在要求提升到建设高度,把广大群众蕴藏的能量释放出来,则必须要有强有力的组织建设。而当前大部分地区在社区精神文明建设过程中,体制不顺、认识不一、条块分割、缺乏统一的管理和协调机构的矛盾突出,严重制约了社区精神文明的建设。因此,建立一个合适的、有足够权威的社区精神文明建设综合协调的领导机构,以加强对社区精神文明建设的指导和管理,已成为社区精神文明建设中迫在眉睫的大事。如可在乡镇、街道一级成立由“五所一院”等单位组成的社区精神文明建设管理委员会,并下设办公室负责日常管理;在居委会一级建立小区精神文明建设管理小组,两级社区精神文明建设管理机构实行统一牵头、共同参与的原则,并按行业职能各司其职地开展工作。

2. 繁荣社区经济,增强社区精神文明建设的后劲

以服务社区居民为主旨发展社区经济,并通过社区经济的发展来支持社区的精神文明建设,从而达到两个文明建设的和谐统一,是社区精神文明建设的基本方式和重要途径。要开展高效的社区精神文明建设活动,必须要有属于自己的扎实的经济作基础,而决不能抱着等、要、靠的思想,指望上级部门拿钱或靠向群众收取各种摊派来发展,这不仅不符合社区发展的精神实质,也很难从根本上解决社区精神文明建设的资金筹措问题。各社区可根据自己的实际情况,以社区服务为手段,走福利服务与经营服务、社会效益与经济效益相结合的发展道路,大力开发那些直接为居民生产、生活、学习服务的第三产业,达到既方便服务群众,又壮大经济实力,增强社区精神文明建设后劲的目的。

3. 强化社区文化,创造丰富多样的社区精神文明建设形式

创造繁荣健康的社区文化是一个社区精神面貌和经济实力的综合体现。当前,进行社区文化建设就是要依靠社会力量办群众文化,开展多种形式的群众文体活动,尤其要大力发展特色文化,坚持以特色文化为龙头、以社区文化为依托、以家庭文化为细胞,通过举办集中、大型、多样的文化活动,如定时举行适合本社区的“老少同乐会”、“戏曲演唱会”、“文艺交流会”等一系列活动,创造出丰富多样的社区精神文明建设形式,使社区居民在高雅、健康、活泼的文化氛围中达到益知、娱乐、健身、竞技的目的。

4. 做好社区服务,把社区精神文明建设真正落到实处

为社区居民提供多层次、多功能、多形式的社区服务既是增强社区凝聚力、推动社区精神文明建设的重要举措,也是社区精神文明建设落到实处的具体表现。社区应不断完善服务设施,可在加强社区服务组织建设的基础上,设立社区服务基金,办好社区服务中心,积极拓宽服务项目,主动为居民排忧解难,把为社区群众办实事作为社区精神文明建设的一项重要工作来抓。尤其是与居民群众关系密切的诸如就医保健、车辆保管、水电维修、托幼养老、理发洗染等服务项目不能缺少,各社区可根据

自身的实际情况，开展一些诸如开发工程、扶助工程、再就业工程、温馨工程、阳光工程等重大社区服务工程活动，以促使社区服务走向系统化、社会化、规范化和制度化。

5. 注重社区教育，提高居民素质，掀起社区精神文明建设的新高潮

社区精神文明建设最根本的动力还是来源于人，来源于社区的居民。因此，要搞好社区精神文明的建设，提高社区居民的文明素质必须先行。从各个地方的社区精神文明建设的实践来看，提高社区居民的文明素质可从四个工程入手：①是思想建设工程，其目的就是要确立社会主义现代化的价值观念体系，培育有理想的居民；②是道德建设工程，其目的就是要确立社会主义现代化的道德体系，培育有道德的居民；③是文化科学建设工程，其目的就是要提高文化科学水平，培育有较高文化素养的居民；④是法制建设工程，其目的就是要提高居民的法制观念和权利义务意识，培养遵纪守法的居民。而这四个工程的顺利完成都离不开社区教育，社区组织可通过市民学校、家长学校，不定时地开展一些道德教育、法制教育、健康教育和职业技术教育，有条件的地方还可以成立社区教育学院（如上海市浦东新区潍坊新村街道就成立了专门的社区教育学院），开展以人人接受教育、人人参与教育为宗旨的社区公众终身教育，这既是改变传统的封闭式学校教育，实现教育社会化、社会教育化的有效形式，也是通过较好地实行“以学校教育为主体、以社区教育为依托、以家庭教育为基础”三结合教育网络，来提高社区居民文明素质和推动社区精神文明建设新高潮的有效途径。

6. 以创新机制、优化社区工作者队伍为依托

社区精神文明建设搞得好坏的直接因素取决于社区工作者队伍。社区建设的目的就是要实现城市居民自我管理、自我教育、自我服务、自我监督等自治职能。居民实现自治需要建立自治组织，需要建设一支专业化、高素质的社区工作者队伍。转变观念，创新机制，把社区精神文明建设放到国际大背景中去考察，把社区建设提高到社会主义现代化高度去认识，是社区工作者应具备的基本素质。不能因为社区只是城市建设中的一个小区域，就忽视一些政治问题，就看不起一些具体工作。

社区作为一个区域性的小社会，在这些人群积聚的地方，除了环境、秩序、生活方式、人际关系等因素外，感情、传统、风俗和人们之间的共同联系等自然纽带也将人们连接成为一个共同体。这个共同体追求的是较快地改善人们的生存条件，提高社区生活质量，培育和谐亲善的人际关系，构筑健康文明的精神家园。从这个意义上讲，社区又是一个大舞台，在这里社区工作者通过亲身的社会实践可以充分发挥聪明才智，施展自己的才华，促进个体从必然王国到自由王国的逐渐转变，从而实现人的全面发展。社区工作者在唱好精神文明建设这场戏中应发挥重要作用。

7. 以人为本，服务居民，建立“人本”型社区

社区居民是社区一切工作的出发点和立足点，是开展社区精神文明建设的主体，离开社区群众考虑社区建设的一切工作都是不现实的，也是没有必要的。社区建设的核心是为民服务，社区工作必须以人为本，要按照一切“以居民受益为目的，以居

民满意为目标“的宗旨来开展工作,要以尊重人、爱护人、关心人的原则,进行人性化、平等式的社区管理和服务。当前做好社区困难群众和老年人工作是社区精神文明建设的首要任务。总之,坚持以人为本,加强精神文明建设,不断满足人民群众日益增长的多层次精神文化需求,推动人的全面发展,建立“人本”型社区已经成为我国社区精神文明建设的一项重大而紧迫的任务。

参考文献

[1] 于显洋. 社区概论[M]. 北京:中国人民大学出版社,2006.
[2] 汪大海,魏娜,郇建立. 社区管理[M]. 北京:中国人民大学出版社,2005.
[3] 张超. 社区经济及其管理体制创新[J]. 学海,2004(2).
[4] 文军. 社区经济略论[J]. 社会,2000(6).
[5] 林泉. 社区精神文明建设探论[J]. 攀登,1999(6).
[6] 童颖骏,胡海岩. 社区文化建设的要义[J]. 社区,2005(9).
[7] 陈漭,许彬,王时浩. 社区经营与社区服务[M]. 北京:中国社会出版社,2005.
[8] 盖翊中. 试论社区经济[J]. 生产力研究,2003(5).

4

社区管理的组织结构

学习目标

1. 通过本章学习，使学生了解社区管理的主要组织机构，如街道委员会、居民委员会、业主委员会、居民自治性组织和物业管理公司等；

2. 了解并掌握上述几种组织机构的现状、性质、特点及结构等内容，为后面章节的学习打下坚实的基础。

内容提要

社区管理是一项复杂的社会工程，有着非常复杂的、各司其位的组织机构。社区管理的组织结构是有效加强社区管理的关键所在，组织结构是否健全、编制人员的配备状况如何、机构的运转机制是否得力等，都是直接影响社区管理根本目标实现的重要因素。从社区管理的长远目标来看，多方参与、共同管理是社区管理的发展趋势。本章就社区管理的主要组织机构，即街道委员会、居民委员会、业主委员会、居民自治性组织和物业管理公司的现状、性质、特点及结构等内容进行介绍。

4.1　街道委员会与居民委员会

4.1.1　街道办事处

根据我国《宪法》的规定，街道办事处是城市基层人民政府的一个派出机构，一个街道即居民居住区的办事机关。《城市街道办事处组织条例》规定：城市街道办事处是不设区的市或市辖区人民政府的派出机关。它的主要功能在于加强城市居民的工作,密切政府与居民的联系,及时向政府反映居民的意见和要求。可见,在城市管理机构体系中,街道办事处是最基层的管理机构,是与城市居民群众生活直接发生联系的管理机构①。

4.1.1.1 街道办事处的性质

关于街道办事处的性质,我们必须明确以下几点②。

(1)街道办事处作为政府的派出机构,它的主要职能是在街道居住区内贯彻执行政府有关决定、指示、命令。因此,它的职权是政府授予的,具有明显的强制性和约束性。

(2)街道办事处在街道区域内直接代表派出人民政府(市辖区政府或不设区政府的市政府),具体办理派出人民政府所委托的各项行政事务。因此,街道具有明显的派出代表性。但是,市及市辖区政府的各职能部门,非经市、市辖区政府的批准,都不能直接向街道办事处布置任务。

(3)在街道区域内,街道办事处的职能任务具有明显的综合性。它是各种条条块块的结合点,城市管理的各项任务只有经过街道办事处才能落实。但街道办事处并不是一级政府,它的职能权限在区域内并不具有普遍强制性和全面完善性,它只办理与街道居民有关的行政事务和公共事务。

4.1.1.2 街道办事处的特点

关于街道办事处的特点,是从其性质中衍生出来的,具体表现在行政权力的有限性、行政事务的繁杂性、管理服务的直接性、管理工作的被动性和管理工作的综合性③。

1. 行使权力的有限性

街道办事处既然是一级人民政府的派出机关,其行政权力的行使不可能是直接的。首先,其行政权力的大小或多少,全由派出人民政府决定,派出人民政府赋予什么责权,街道办事处才能行使什么责权;其次,街道办事处在行使权力的过程中,往往需要其派出人民政府的有关部门配合;再次,街道办事处对重大事务的处理必须向其派出人民政府汇报、请示。

2. 行政事务的繁杂性

街道办事处是城市管理中基层行政管理机构,而且又是派出机关,因此,它的人员编制和机构设置都不可能很大,但经办的事务却十分庞杂,可以说,政府各职能部门任务范围之内的工作都可以交给街道办事处去做,城市管理的各方面工作最后都要由街道办事处具体贯彻执行。街道办事处所承担的一般都是具体的、细小的事务,

---

① 胡忠明:《现代城市街道管理》,18 页,广州,广东人民出版社,2001。
② 汪大海,等:《社区管理》,38 页,北京,中国人民大学出版社,2005。
③ 胡忠明:《现代城市街道管理》,20 ~ 21 页,广州,广东人民出版社,2001。

诸如小孩入托、邻里纠纷、婆媳不和等。这些小事尽管琐碎，却牵涉到社会生活的方方面面。所以有人说，街道办事处“上管天（环保），下管地（环境卫生），既管老（老龄工作），又管小（托幼），管生（计划生育）、管死（殡葬改革）、管救济，还管教育和安置”。

3. 管理服务的直接性

街道办事处是城市的最低管理层次，街道管理不仅具有服务性，而且是直接为辖区内的单位和居民群众服务。正所谓“串百家门，听百家言，忙百家事”。可见，街道管理者需要用大量的时间和精力同居民群众直接打交道，做他们的勤务员。

4. 管理工作的被动性

街道办事处在辖区内要承担来自上下左右的越来越重要的事务性工作，常常是应接不暇，而且很多事情是事先难以预料到的，因此，街道管理工作带有很大的被动性，以至形成“上面千条线，下面滚成蛋，哪边拽的紧，就跟哪边转”的被动局面。

5. 管理工作的综合性

街道办事处虽然是派出机构，其规模较小，但它却是一个完整的机构，因为不论什么部门、单位、个人都在街道辖区内，街道是他们的生活场所。所以，城市管理工作最终要落实到街道，宣传教育、市容卫生、社会治安、计划生育、绿化美化、民政管理、民事调解等等，都在街道管理的范围之内。同时，每一项街道管理工作又都同政府和辖区内的机关、学校、企业发生联系，因此，作为派出机构，每项工作即使没有专门机构或专人负责，也要有人专管，否则便不能完成上级交给的任务。街道管理工作必须取得区域内各单位的支持和配合才能做好，可见，街道办事处的管理工作具有很强的区域综合性。

4.1.1.3 街道办事处的作用

街道办事处作为城市管理中基层行政管理机构，在城市管理中有着非常重要的地位，起着非常重要的作用①。

（1）街道办事处的有效管理是保证党和国家的方针、政策、法令在街道贯彻落实的重要手段。由于街道办事处是城市各项工作的基础执行层，党和国家的方针、政策、法令在城市的贯彻落实，大都通过街道办事处。街道办事处如果工作不力，不能实行坚强有效的行政管理，党和国家的方针、政策、法令的贯彻落实就没有可靠的保证。

（2）街道办事处的有效管理是街道社会环境安定团结的基本保证。街道是城市居民聚居的地方，人口密度大，居住着不同的民族，而且来自五湖四海，从事各种不同的职业工作。各个阶层、各个民族、各个省市的人居住在一起，矛盾摩擦不可避免。特别在市场经济的条件下，每个人都可以是经济活动的当事人，再加上城市是个开放系统，外地流动人口多，文化素质大不一样，各种社会矛盾的出现也不可避免。在这

---

① 胡忠明：《现代城市街道管理》，22～23页，广州，广东人民出版社，2001。

种环境下,如果街道办事处缺少强有力的管理,就很难保证社会的安定团结。

(3)街道办事处的有效管理是对街道各项建设事业进行宏观调控的前提条件之一。党的十一届三中全会以来,城市街道现代化建设事业发展很快。特别是街道的第三产业方兴未艾,在这种情况下,尤其有必要加强对街道各项经济建设的宏观调控,对街道经济和各项建设事业进行规划、组织、协调和控制,使其健康发展。在这方面,街道办事处有不容推卸的责任。

(4)街道办事处的有效管理是街道能够实行综合服务的基础。要使城市居民真正能够安居乐业,街道地区范围内就要兴办和搞好各种社会公共福利事业以及文化建设事业,使居民能够“老有所养,壮有所用,青有所学,幼有所管,婴有所托,残有所助”。街道办好这些事业,就为居民消除一天的疲劳、陶冶情操创造了良好的环境。而要搞好这方面的综合服务,就需要街道办事处运用行政管理手段,为其进行规划安排,筹措资金,调配人力以及创造其他方面的条件。

(5)街道办事处的有效管理是对街道居民开展宣传教育、进行社会主义精神文明建设的必要条件。在街道居民中,贯彻落实党和国家的方针、政策,开展各项工作,离不开宣传教育,而要有效地实施各种宣传教育,又取决于一定的组织领导和行政管理,街道办事处今后在这方面的作用无疑会进一步加强。

4.1.2 居民委员会

我国《宪法》第一百一十一条规定:“城市和农村按居民居住地区设立的居民委员会和村民委员会是基层群众性自治组织。”《城市居民委员会组织法》第二条规定:“居民委员会是居民自我管理、自我教育、自我服务的基层群众性自治组织。”由此看出,居民委员会是具有中国特色的基层群众性自治组织。

4.1.2.1 居民委员会的任务

居民委员会的任务经历了一个不断变化的过程。1989 年通过的《城市居民委员会组织法》第三条规定的居民委员会的六项任务如下。

(1)宣传宪法、法律、法规和国家的政策,维护居民的合法权益,教育居民履行依法应尽的义务、爱护公共财产,开展多种形式的社会主义精神文明建设活动。

(2)办理本居住地区的公共事务和公益事业。居民委员会的立足点是:根据本地区的情况,为居民办好事、办实事,如解决失业居民的就业困难,关照残疾人、老人和孤儿等弱势群体,绿化美化社区环境,修建社区文化活动设施,管理大街小巷的公共卫生,协助兴办社区服务事业等。居民委员会是广大居民“自我服务”的群众组织,办理本居住地区居民的公共事务和公共事业就成为居民委员会义不容辞的责任。特别是随着城市的发展,人民生活水平的提高,这项职责的内容会越来越多,责任会越来越重。

(3)调解民间纠纷。邻里之间、家庭成员之间的矛盾摩擦乃至矛盾激化,如得不到及时解决,不仅影响家庭和睦、邻里安定,甚至还会危害社会。因此,调解民间纠纷,防止矛盾激化,协调居民关系,增强社区凝聚力,就成为居民委员会的重要任务。

(4)协助维护社会治安。居民委员会可以在社区中宣传法律知识,帮助安置失足青年和劳教释放人员,组织治安巡逻,抓好治安防范与社会治安综合治理,落实群防群治措施,配合司法部门严厉打击各种刑事犯罪活动,维护社会安定。

(5)协助街道办事处做好与居民生活利益有关的公共卫生、计划生育、优抚救济、青少年教育、安全防火等各项工作,把政府的行政与社区管理工作落实到居民群众之中。

(6)向街道办事处反映居民的意见、要求和建议。居民委员会作为党和政府联系群众的纽带,其存在不仅有利于促进政府改进工作作风、克服官僚主义、提高办事效率,搞好廉政建设,也有利于提高居民群众的参政议政意识,促进社会整体管理水平的提高。

4.1.2.2 居民委员会任务的特征

从上述居民委员会的任务,可以得出其特征如下。

1. 基层性

居民委员会是设立在城镇基层政权组织下的社会组织,是直接由广大居民构成的组织。居民委员会直接面对的是社会最基本的细胞——家庭,居民委员会直接服务的对象是社会最基本的成员——居民。居民委员会所承担的工作大都与社区管理和居民群众生活相关的社会工作,如治安巡逻、治理卫生、调教管教、兴办各种便民利民服务等。

2. 地域性

居民委员会是地域性的组织,是根据居民居住状况、人口多少,按照便于群众自治的原则设立的。从实际情况来看,居民委员会一般以里巷、居民小区为单位,同一居民委员会的成员之间一般具有邻里、街坊关系。城市人口中的每一个人,均为城市居民。城市居民无论从事何种职业,都在城市中居住,这必然与居住地的居民委员会有着直接的联系。

3. 群众性

居民委员会不是一级政权组织,也不是基层政府的派出机构,它是一种群众性组织,具有最广泛、最坚定的群众基础。因此,居住在某一地区的居民都有权利和义务参加居民委员会组织,不分民族、种族、性别、职业、家庭出身、宗教信仰、教育程度、财产状况和居住期限。居民委员会主任、副主任和委员,应由居民直接选举产生,不能由上级政府任命。

4. 自治性

党和国家的方针、政策、法律、法令,行政机关的各项决定,需要通过居民委员会的工作转化为城市居民群众的自觉行动。要实现"人民城市人民管",除了通过人民代表大会这个决策渠道以外,居民委员会作为群众自治组织也是一支重要的途径。居民委员会在国家法律规定的范围内,在基层党组织的领导下和基层人民政府及其派出机关的指导下,拥有一定的自主权和自决权,实行自我管理、自我教育和自我服务,依法服务和决定本地区的公共事务和公益事业。

5. 多元性

居民委员会担负的工作是多方面的,其中既有物质文明的建设,又有精神文明的建设;既有居民群众要求办理的事情,又有政府交办的有关工作;既有社区管理,又有社区服务,特别是要切实为孤老、残疾人、军烈属等提供服务。而且随着社会发展、居民需求的变化和增长,居民委员会需要及时地改革服务内容,增加服务项目,提高服务质量和管理水平,以满足不同层次居民的不同需求。

6. 双向性

居民委员会一方面要办理群众所需求的有关事项,对本辖区居民负责,为居民搞好服务;另一方面又要办理街道办事处所交办的各项工作任务;既要及时地把党的方针政策、国家的法律法规及时传达给居民,又要把居民群众的意见要求和建议及时向上级反映,做好党、政府与人民群众的桥梁纽带。

上述居民委员会的六个特征是相互联系的,构成了完整的统一体,决定和体现了居民委员会的性质,使之与其他社会组织有所区别。

4.1.2.3 居民委员会的地位

居民委员会在我国城市管理中具有重要地位,具体内容如下。

1. 居民委员会是实现人民民主的重要组织形式

根据宪法规定,我国广大人民群众拥有“依照法律规定,通过各种途径和形式,管理国家事务,管理经济和文化事业,管理社会事务”的权利。居民委员会是发展基层社会主义民主的重要形式。在这个组织中,除了个别人被依法剥夺政治权利外,广大成年居民都有权享受选举和被选举,都有权参与讨论决定本居住地区的公共事务和公共事业。广大居民群众可以通过居民委员会参与管理本居住地区的大事,来实实在在地行使自己的民主权利。

2. 居民委员会是城市基层政权的重要依靠力量

在面向广大人民群众,密切党群关系、政群关系的责任,发动广大人民群众参与国家管理,完成一系列行政工作和社会事务管理工作的过程中,居民委员会作为基层群众性自治组织,具有广泛的群众基础。所以,许多社会事务性的工作交由居民委员会去组织、去发动、去管理、去完成,会更加合适而且有效。长期以来,居民委员会积极宣传与贯彻执行党和国家以及各级政府的方针、政策、法令与决定,积极协调市、区政府及街道办事处做好与居民利益密切相关的公共卫生、计划生育、优抚救济、青少年教育、社会治安、安全防火等各项社会事务管理工作,并根据本社区的实际与居民特点采取多种形式的活动,来完成各项具体的社会事务工作。实践证明,如果没有居民委员会协作地方政府开展工作,那么,城市社区管理就难以顺利进行。

3. 居民委员会是党和政府联系群众的桥梁和纽带

密切党群政群关系,是我党和政府的优良传统作风,是建设中国特色社会主义的本质要求。居民委员会通过接受当地政府及街道办事处的指导,通过协调政府开展工作,起着联系沟通党和政府与广大群众的作用。居民委员会既可以把党和政府各时期的路线方针政策及时传达给广大人民群众,又通过街道办事处及时向上级党委及人民政府反映社会的各类情况及群众的意见要求,使党和政府能及时了解群众意愿,及时发现社会管理存在的问题缺陷并及时进行调整改进,从而使党和政府的各项决定更能切合实际,更能符合人民群众的利益要求。同时,居民群众也可以通过居民委员会对各级人民政府,特别是基层人民政府工作人员实行监督,帮助政府人员改进工作作风和工作方法,提高办事效率,促进廉政建设。

总之,居民委员会是实现人民民主的重要组织形式,是城市基层政权重要的依靠力量,是党和政府联系群众的纽带。它对于社会稳定,加强精神文明和物质文明的建设有着非常重要的作用,在城市管理中处于不可取代的重要地位。

4.2 业主委员会

4.2.1 业主委员会的性质和地位

"业主"和"业主委员会"是我国城市住宅分配制度变革后出现的新概念。业主是指物业的所有者。业主委员会是在物业管理区域内代表全体业主实现自治管理的组织。《中华人民共和国民事诉讼法》指出:"公民、法人和其他组织可以作为民事诉讼当事人。"业主委员会是经业主大会或业主代表选举产生,经政府房管部门核准登记成立,其合法性受到国家法律的保护。它虽不具有法人资格,但作为合法的组织,它完全可以行使民事权利,承担民事责任。

业主委员会的宗旨是代表业主们的合法权益,实行业主自治与专业化管理相结合的管理体制,保障物业的合理与安全使用,维护本区域的公共秩序,创造整洁、优美、安全、舒适、文明的社区环境。在现实生活中,实行业主自治与专业管理相结合就要不断协调人与人、人与物之间的关系,解决出现的问题,调节相互间的矛盾。在产权多元化的今天,只有在法律的保障下,靠业主委员会这个自治手段来实现协调。

业主委员会不仅是业主参与民主管理的组织形式,从根本上说,它也是实现民主管理的组织形式,从社会发展、社会进步的角度看,通过业主委员会而实现业主自治是人民群众自我教育、自我服务、自我管理的实践形式和实践活动,是人民群众参与社区管理和建设的有效途径,是社会民主管理的基础。只有全民深入地认识业主委员会的地位,才能更好地研究和加强业主委员会的建设,促进物业管理的发展和社区管理与建设水平的提高。

4.2.2 业主委员会的产生和组织

一般来说,一个物业管理区域只设一个业主委员会,物业管理区域的范围,由区、县房地产管理部门按照住宅与公共设施的相关情况划定。首届业主委员会由物业管理行政主管部门会同开发建设单位或物业管理企业、业主代表组成筹委会,由筹委会推荐本会候选人名单,提交第一次业主大会或业主代表大会选举产生,一个物业管理区域内,有下列情况之一的,所在地的区、县房地产管理部门应当会同住宅出售单位组织召开第一届业主大会或业主代表大会,选举产生业主委员会:①共有住宅出售建筑面积达到30%以上;②新建商品住宅出售建筑面积达到50%以上;③住宅出售已满2年。

业主委员会应当自选举产生之日起15日内,持下列文件向所在地的区、县房地产管理部门办理登记:①成立业主委员会登记申请书;②业主委员会委员名单;③业主委员会章程。区、县房地产管理部门应自受理登记申请之日起15日内,完成登记工作,对不符合有关条例规定成立的业主委员会不予登记,并书面通知申请人。业主委员会自区、县房管局核准登记之日成立。

业主委员会从业主中选举产生,每届任期2年,由业主大会或业主代表大会进行换届选举,可连选连任。在任期内,委员的撤换、增减,由业主委员会会议通过后,提交业主大会或业主代表大会确认。业主委员会委员名额的分配权取决于业主在该物业中所拥有的业权份额的多少。具有较多业权份额的业主,在业主委员会中应占较多的委员名额。但分散业主也要占有相应比例的委员名额,非业主不得成为业主委员会的委员。业主委员会委员应由道德品质好、热心公益事业、责任心强及遵守物业管理法规、规章、规范性文件和业主公约、业主委员会章程且具有完全民事行为能力、有一定组织能力和必要工作时间的成年人担任。

业主委员会的组织设置,一般根据物业规模的大小,业主委员会设委员5~15名,其中主任1名,副主任2名,主任、副主任在业主委员中推选产生。业主委员会主任通常由主要业主代表担任。住宅小区可选热心公众事业、对物业管理较为了解、有较高威信和较强工作能力的人员担任。业主委员会聘任执行秘书(或秘书长)1名,负责处理本会日常事务,执行秘书可以是也可不是本会委员。业主委员会主任、副主任、执行秘书为兼职或专职,他们经过业主委员会同意的其他人员均可根据承担的工作情况获得适当的津贴。

4.2.3 业主委员会的权利和义务

业主委员会是业主大会或业主代表大会的常设机构,是业主行使自治管理权利的机构。业主委员会代表着该物业的全体业主,其权利基础是其对物业的所有权。根据业主公约和业主委员会章程的有关条例,业主委员会最基本的权利是对该物业有关的一切重大事务拥有决定权。

4.2.3.1 业主委员会的权利①

(1)召集和主持业主大会。除首次“业主大会”外,以后每年召开的年度大会均由业主委员会负责召集并主持。遇有特殊情况,业主委员会有权召集和主持召开

---

① 何云峰,等:《社区管理概论》,79~80页,上海,上海出版社,2000。

“业主大会特别会议”。

(2)修订业主公约、业主委员会章程。业主委员会有权根据本物业管理中的实际情况对这两个文件进行修改、补充。修改后的条款应经业主大会或业主代表大会通过,并报物业管理行政主管部门备案。

(3)决定聘请物业管理企业。业主委员会有权采用招标或其他方式,选聘、续聘或解聘物业管理企业,与物业管理企业签订变更或者解除物业管理委托合同。

(4)审议物业管理服务费收取标准及使用办法。物业管理服务费通常由业主委员会提出物业管理服务内容和标准后,物业管理企业据此提出测算依据和收费标准,经双方协商后签订物业管理委托合同予以确定。

(5)审议年度工作计划、年度费用概预算。物业管理企业每年应制定年度工作计划和年度费用概预算,上报业主委员会审议。根据业主的意见和建议提出修改意见,物业管理企业修改后,业主委员会批准实施。

(6)检查、监督物业管理企业的物业管理工作。业主委员会根据物业管理委托合同和上一年度工作计划,听取和反映广大业主及使用人的意见,检查、监督物业管理工作落实情况,审计物业管理企业所做的年度财务决算报告。

(7)监督公共建筑、公共设施的合理使用,负责物业维修基金的筹集、使用和管理。

(8)业主大会或业主代表大会赋予的其他职责。

4.2.3.2 业主委员会的义务

当然,享受权利就必须履行义务,业主委员会应尽如下义务①。

(1)筹备并向业主大会或业主代表大会报告工作。

(2)执行业主大会通过的各项决议,接受广大业主的监督。

(3)贯彻执行并督促业主遵守物业管理及其他有关法律、政策规定,协助物业管理企业并落实各项工作,对住户开展各种形式的宣传教育活动。

(4)严格履行物业管理委托合同,保障物业各项管理目标的实现。

(5)接受政府行政管理机构的监督指导,执行政府部门对物业管理事项提出的指令和要求。

(6)业主委员会作出的决定不得违反和抵触法律、法规政策,不得违反业主大会或业主代表大会的决定,不得损害业主公共利益。

4.2.4 业主委员会会议

业主委员会为行使自己的权利和履行自己的义务,应建立正常的会议制度。业主委员会会议包括例会和特别会议两种。例会就是常规会议,一般3个月举行一次。当有三分之一以上的委员提议或正、副主任认为有必要时,可以召开特别会议。业主

① 何云峰,等:《社区管理概论》,80页,上海,上海出版社,2000。

委员会会议的召开应由召集人提前7天将会议通知及有关材料送达每位委员。委员因故不能参加,可以一次性书面委托代理人参加,包括会议日期、地点和议题,并代其行使表决权。业主委员会召开会议时,可邀请物业管理行政主观部门及政府有关部门(街道办事处、派出所等)、物业管理企业人员和非业主使用人代表参加会议,但上述人员无表决权。当物业有三分之一以上为出租时,必须聘请相当于委员三分之一以上人数的承租人代表为聘请委员,并通知其列席会议。

会议决定问题应采取少数服从多数的原则,会议进行表决时,每个委员有一票表决权。若表决权中出现赞成票与反对票票数相等时,由主任或会议主持人在自己已投过的票之外,再投一票,决定赞成还是反对,但此规定不适用于与其本人或直系亲属有利害关系的事项。执行秘书应做好每次会议记录,并由会议主持人签署后存档;涉及物业管理的重大问题应由与会的全体委员签署。

4.2.5 业主委员会与物业管理公司的关系

业主委员会与物业管理公司是物业管理关系中互相依存、互相补充、缺一不可的两个方面,是具有工作目标一致性、各自职责差异性、双方地位平等性的两个部门,不能简单地定高低、比上下。物业管理公司要自觉纳入监督机制之下,诚信自律,为业主服务;业主委员会要正确运用监督机制,而不是单一行使"至高无上"的监督权、否决权。这样才能够避免双方互相敌视、互相设防的紧张对抗局面。因此,业主委员会定位是否准确,是关系到业主能否参与民主自治的先决条件和重要保障。

(1)业主委员会根据业主大会的决议和物业的情况,有权选择不同的物业管理公司来提供服务性管理。业主委员会的委托和物业管理公司的受托是一种合同关系,是一种市场的双向选择,双方在地位上是平等的。在法律上,业主委员会有委托或不委托某个物业管理公司进行管理的自由,物业管理公司也有不接受委托的自由。在组织关系上,不存在领导与被领导、管理与被管理之间的关系。

(2)物业管理公司和业主委员会都是独立运作、互不干扰的,双方可以因发展变化的需要,在协商一致的条件下续签、修改或解除合同,但都无权干预对方的内部活动。

(3)工作上的合作关系。由于工作原因,业主委员会时常要同物业管理公司打交道。一般来说,委托合同中都规定了物业管理公司和业主委员会的权利和义务,如物业管理公司有权要求业主委员会协助管理,有义务把重大管理措施提交业主委员会审议,业主委员会有权审议物业管理公司制定的年度管理计划和管理服务的重大措施,有义务协助物业管理公司落实各项管理工作,等等。

4.2.6 业主委员会的自身建设

4.2.6.1 业主委员会存在的问题

在实际工作中,业主委员会运作中存在以下问题。

(1)业主参与决策的积极性不高。如果没有真正关系到个人的切身利益,大部分业主对参加业主大会缺乏关注度,态度漠然。正是这种态度,导致选举产生的业主委员会成员不少是退休的老人,缺乏广泛的群众基础。业主委员会几乎成为一个"空中阁楼"式的组织,不能发挥其应有的作用。从北京市现有的成立业主委员会的小区来看,有效促进物业管理、使物业保值增值的小区屈指可数。

(2)业主委员会这个组织是由小区的业主组成,委员的自身素质、组织能力、社会公信力等十分有限,让这样一个看似整体、实际相对分散的组织承担着复杂的决议工作,有些强人所难。还有,业主委员会委员对工作难度估计不足。绝大多数业主委员会委员都是兼职,他们对物业管理的法律法规以及自身的权利和义务不是很清楚,对业主委员会的正常运作也不清楚。所以,业主委员会做出某些重大决定时,常受到物业公司甚至业主的质疑。"外行管内行"的现象让业主委员会的处境十分尴尬。

(3)业主委员会的身份还有待明确。业主委员会既不是法人组织又不是社团组织,它究竟能够承担怎样的责任,能否作为诉讼主体?一旦形成授权范围内的工作失误,造成业主、物业管理企业利益受损,根据我国现有的相关法律法规,很难让当事人承担相应的法律责任。

(4)业主委员会换届改选困难。由于现阶段各种利益交织在一起,真正能够热心公益事业的业主屈指可数,业主本身并不积极参与,使得业主委员会无法按照相关条例要求顺利延续下去。

(5)业主委员会印章难以控制。由于业主委员会掌管着印章,无形中使部分业主委员会成员自身存在的权利意识逐渐膨胀,受利益的驱使,逐渐把执行机构放在脑后,随意使用印章的情况时有发生。

(6)经费缺乏是业主委员会的"死穴"。目前,多数业主委员会委员都是兼职,义务为业主服务。但是作为一个组织,活动总会产生费用,"没有办公场所、没有经费来源、没有活动章程"的"三无"业主委员会不在少数。业主委员会的运行需要经费的支持,没有经费来源是业主委员会难以生存的另一个主要原因。

4.2.6.2 业主委员会应加强自身的建设

为了让业主委员会既能行使权利,又能承担相应的责任和义务,同时还能享受到合法的报酬,力争实现业主委员会责、权、利的协调,业主委员会应加强自身的建设。

(1)应清楚、正确、合理、科学地给业主委员会做出法律定位。在物业管理活动中,业主、业主委员会以及物业管理公司构成了物业管理法律关系的最主要的民事主体。根据我国《民法通则》第126条规定,建筑物致害责任主体所规定的管理人是指依照法律、法规或行政命令对特定建筑物或其他设施享有固定的带有永久性的经营管理权的人。因此,应通过物业管理法律、法规的立法,直接赋予业主委员会区分所有权建筑物管理人的法律地位,赋予它一定的权利和权威,并规定其应承担的义务以及应为自身行为所承担的法律和社会责任。为保证业主委员会主任工作的公平性、专业性、及时性,应该建立业主委员会主任的公开选举制。只要能正确及时地行使业主委员会的权利、履行业主委员会的义务、承担业主委员会应尽的责任,具备一定专业知识的业主,就可以竞聘为业主委员会主任。业主委员会主任应与业主代表大会签订聘用协议。

(2)为切实保障业主委员会的正常运作和发挥积极的作用,还必须建立激励机制和约束机制。如果业主委员会工作突出,就应该给予奖励,否则就要给予处罚。另外,还要注意约束业主委员会的行为,保证业主委员会工作的公平性和及时性。

(3)针对上述“病因”,有关方面(政府主管部门、物业管理协会等)可以就物业管理、业主委员会、公共物业与公共权利等各个方面,多层次、多渠道、多角度、多方式对业主进行广泛的宣传教育,让业主逐渐成为“成熟”的消费者,自觉参与小区的物业管理。

(4)政府相关主管部门要在业主委员会选举的宣传、业主代表名额的分配与确定、业主委员会成员的资格和条件等方面发挥政府的权威作用,真正帮助物业区域(小区)组建一支高素质、有权威、有信誉、能正确发挥作用的业主委员会队伍。物业管理协会要加强对业主委员会成员,尤其是主要负责人的培训工作,提高他们的思想、政治素质和专业水平,促进行业健康发展。

最后,业主们要充分发挥自身的能动性。业主们的支持是业主委员会存在的基础。业主们除了要积极参与业主委员会组织的活动外,还要根据“谁受益、谁出资”的原则出钱出力,支持业主委员会的发展壮大。并且,业主委员会可以广开门路多渠道自主创收,业主委员会可根据小区的情况,利用小区现有的条件,开展一些创收项目,从而保障业主委员会收支的平衡。

4.3 居民自治性组织

4.3.1 社区成员作为社区管理和建设主体的基础作用

社区是经济、社会、文化协调发展的基本单位。社区发展是经济发展和文明发达程度的重要标志。社区发展体现“以人为本”的宗旨,其目的是以人的全面发展和提高人的素质为中心,充分开发社区资源,有效利用各种援助,提高社区综合管理和发展水平;健全和发展社区的自治组织,培养社区成员的民主意识,提倡互助合作精神,增强自治、互助能力,鼓励社区成员参与社区管理的意识和水平;提倡有助于社会进步的伦理、道德,发展科学、教育、文化、体育、卫生事业;建立社区内部良好的人际关系和社区结构,推动社区发展和社会全面进步。社区管理与社区建设的水平,取决于政府法人、企事业法人、社团法人以及全体社区成员的共同参与。居民自治性组织便是民间群众性组织参与社区管理的重要力量和资源,对社区治安管理、社区文化建设、社区服务及社区精神文明建设发挥基础性作用。

要发挥社区管理和建设主体中政府法人即市、区两级政府和街道办事处的主导作用,企事业法人即社区内的企业、事业单位的支持作用,社团法人即各类社会服务团体的中介作用以及社区成员的基础作用。社区管理和建设,归根结底,要靠广大社区成员，群众的参与是社区建设的基础。因此，要引导社区成员以社区建设和管理主体的姿态，创造文明社区，提高社区管理水平和生活质量。

社区成员是社区建设之本，然而社区成员参与社区建设和管理不是一开始就是自发的，要有一个渐进的过程，需要逐步来形成参与和自治意识。所以要让社区成员意识到，加强社区管理，创建文明社区是提高居民个人及家庭生活质量的需要。这样，社区成员才会把自身的积极性、主动性发挥出来，为社区发展服务。

社区成员具体应做到以下几个方面。

1. 社区成员个体参与社区管理是有选择和侧重点的

社区管理和文明创建具有多方面、多层次的全面性特点，它包括创建协调稳定的社区环境、团结和谐的人际关系、整洁优美的社区系统、丰富高雅的社区文化、形成网络的社区教育、便利高质的社区服务、体系完善的公共安全等。所有这些方面目标的创建，综合形成文明社区，需要全体社区成员的积极支持和共同参与，形成共同参与、热心工作的良好格局，但是就社区成员个体来讲，鉴于不同的要求、主客观因素及自身的专长等的制约，参与社区管理又是有选择和侧重点的，这样也才能更加真正有效地发挥社区成员参与管理和建设的作用。

2. 坚持居民会议制度，定期召开居民会议，是社区居民参与社区管理的制度保证

居民会议讨论研究的事项包括：宣传、贯彻党的路线、方针和政策，参与制定和实施社区发展规划，检查监督社区建设计划的实行，开展社会主义精神文明建设，维护社区的秩序和安全，帮助居民解决各种生活困难，提供各种便民服务，维护青少年、妇女、儿童和老年人的合法权益，帮助孤寡老人和残疾人克服困难，组织社区群众文娱体育活动以及宣传计划生育、爱国卫生等。居民会议和自治组织活动的开展是办理社区公共事务、公益事业和加强社区管理行之有效的途径和形式。

3. 充分发挥社区里党员的先锋模范作用

在社区成员中有一批共产党员，他们是社区管理和建设、创建文明社区的一支特别重要的队伍。要动员他们充分发扬“三个代表”的精神，为社区的两个文明建设、为社区的和谐环境建设无私奉献，献策献力。要把离退休党员组织起来，要求他们在社区工作中严格要求自己，争做表率，发挥共产党员的先锋模范作用，在创建社区、温馨家庭、和谐邻里、服务他人、廉洁自律、文明建设中，身先士卒，增强他们作为共产党员的责任感和对社区的归属感，为社区管理和建设发光发热。

4.3.2 引导和培育街道社区中的居民自治

社区自治是基层群众的自治性组织形式，在我国体现为居委会和村委会等组织形式，宪法和《城市居民委员会组织法》《农村村民委员会组织法》是其活动的法律依据。居民自治组织所赖以建立的基础，既不限于直接的政治权利，也不限于直接的经济利益，而是居民的共同意向和生活习惯。我国现在处于转型时期，居民自治组织在社会体系中的地位越来越重要，这源于居民自治组织的建设和发展被不同的主体赋予不同的意义。

1. 自治组织对居民的意义

从社会这个意义来讲,所谓“居民”是指因居住地域关系而形成的人群的集合。在传统社会中,人们不仅重视血缘关系,而且重视地缘关系。在现代城市社会内部,人群高度异质性,邻居的概念越来越淡,都市人习惯于关起门来过日子,住同一栋楼或同一个单元的居民互相不认识的情况还比较普遍。在中国社会中,由于受“单位制”的影响,居民的生活重心不在所居住的地区,而是在工作单位。单位可以满足人的需要,城市居民与单位存在着强依赖关系。但是随着市场体制对各领域的侵入,企事业单位越来越专注基本目标的实现,并改变对职工生活大包揽的状况,例如一些单位把家属委员会完全交给政府管理,企事业单位逐步退出职工的生活领域,等等。这些都促使“单位人”开始向“社区人”的转变,也促使城市居民社会生活的重心由单位到居住地区的转移,这些原本由单位承担的功能被剥离掉,急需一个相应的载体来承接,以免造成整合困境,因此加强社区建设势在必行。而且在新的形势下,企事业单位不再福利分房,购房主体日益个人化和家庭化,促使居民选择适合自己的社区居住,个人的主动性在选择居住地点上越来越明显。

居民可以选择自己的生活方式,可以根据自己的情况选择一个社区居住,但与居住地结成什么样的关系却不是个人所能选择的。因为居住的关系,不可避免地要与其他居民发生联系,如对公共设施的共同使用,对居住环境的共同拥有,对治安状况的共同应对,等等。在这个地域中生活的居民,会因为拥有相同的生活环境而密切相互间的关系,尽管这种关系并不是由个人的人格关系所结成的。居民在应付居住地的外在环境的时候,在争取政府或外界增加对社区公益事业的投入时,一个代表社区内居民利益的组织总比居民单枪匹马好。

2. 自治组织对政府的意义

政府作为我国城市社区建设的主要推动者,目的是解决城市经济体制改革后单位功能弱化所留下的空间,由此来加强对城市社会人口的管理。面对城市改革过程中所出现的种种社会问题,也使政府逐步调整自己在国家与社会关系中所扮演的角色。政府本身不是万能的,许多事单靠政府解决既不现实,也没有必要。适当地放权,调动民间力量进行自我管理,不仅有利于发挥民间的潜在力量,而且也可以减少因政府做得不好所招致的民间积怨。改革开放以后,政府机构与其他各类社会组织的关系发生了很大变化。随着改革进程的逐步深入,无论是政府机构,还是政府的管理职能和管理方式,都处在调整和变化之中。

社区建设是城市经济体制改革中引人注目的重要举措。1991 年民政部提出了“社区建设”的概念,目的是加强城市基层组织的凝聚力和战斗力,社区组织建设是社区建设的核心内容,在这种背景下,居委会作为基层自治组织的地位也逐渐被重视,社会各界开始关注居委会的建设和发展。

为了解决城市管理中的各种问题,城市管理体制改革也被提上议程,“两级政府,三级管理”的管理模式成为大城市改革的目标。在这个过程中,居委会作为居民自治组织,是这项改革最为基本的工作,政府要退出不该管的、也管不好的居民生活领域,让居民自己管理自己的事情,从而为整个城市体制改革创造一个良好的居民舆论环境。所以在新形势下加强居民自治组织的建设,对政府来说就显得很有必要。

自治性是社区民间组织的一个本质特征,本身没有或者缺乏自治性的社区民间组织,当然也不可能或者难以担当自治型社区的载体的重任。但从目前的情况来看,我国的社区民间组织更多地体现为对基层政府的"代理人"——社区居委会的依附和依赖。要回归社区民间组织的自治性,理顺其与社区居委会的关系,至少需要从四个方面入手。

(1)提高社区居民的民主意识和自治意识。社区是人们从事社会生活的第一场所,人们参与社会生活首先从社区开始,而参与区域性公共事务正是参与国家事务的前提。社区参与是一种公共的参与,意味着社会居民对社区责任的分担和成果的共享,它使每一个居民都有机会为谋取社会共同利益而施展和贡献自己的才能。要使社区工作从政府的直接管理逐渐演化为广大社区居民的自我整体素质的提高,其中最为重要的是提高社区居民的民主意识和自治意识。居民素质的提高可以转化为良好的人际氛围和有效的人力资源,形成社区管理的良好的人文环境。

(2)转变观念。长期以来,我国政府一直存在"民间组织恐惧症",认为独立民间组织的存在就是对政府权力的威胁,从这一观念出发,民间组织的生存和发展长期被抑制就顺理成章了。其实,繁荣的社团和密集的民间组织网络对于经济繁荣、政治民主、社会进步具有重要的作用。因此,政府及社区居委会应切实转变观念,将社区民间组织看成现代社会组织体系中必不可少的结构性要素,是社区治理中的合作"伙伴",而非时刻觊觎社区主体组织权威的竞争"对手",从而主动为社区民间组织提供良好的发展空间。

(3)完善法规。"不依规矩,不成方圆。"目前,我国关于社区民间组织的法律法规尚不完善,这势必影响其可持续发展。因此,制定一部有关社区民间组织的单行法规和操作性强的相关实施细则,也是最终理顺二者关系内在而迫切的要求。

(4)提升社区自治组织的能力。当前社区民间组织自治性的缺失与其自身能力的缺乏也有直接关联。社区民间组织要真正在社区组织体系中占有一席之地,在积极争取外部发展环境的同时,必须切实加强自身的能力建设,否则政府与社区居委会不会放心地让出空间。退一步讲,即便是拥有了空间也无法承接。社区民间组织自身建设至少要包括:①要改变社区民间组织"精英主导"的局面,增强组织的民主性;②要加强自身制度建设,以制度规范成员的行为,培养成员服从自己制定的规则的习惯;③要加强人才建设,这对服务类社区民间组织尤其重要;④要通过尽可能多地参加组织之外的公益活动等方式,提高社会对社区民间组织的认知度和公信度。

4.3.3 居民自治性组织

群众性社团分布在各行各业,涉及经济、科技、文化、教育、法律、体育等各个领域,在学术研究、课题攻关、社会治安、社区服务、社区文化、技术协作、信息传递、人才培训、咨询服务、行业协调、对外交往等方面作出了巨大的贡献。如果政府能够有意识地把一些操作性、群众性的事务委托给一些工作基础好、群众威信高的居民自治性组织去做,所产生的效果可能更好。一些主要的自治组织如果能够真正立足于群众,克服行政化倾向,增强其社会性和群众性,积极支持、密切配合政府运用居民自治性组织的特点和手段开展工作,社会的自治水平和群众的自主管理能力就会进一步增强。

一般根据居民自治性组织团体工作的目标可以把其分成以下几种类型。

(1)休闲类组织。团体活动纯粹是为了享受休闲的乐趣,一般不需有固定的领导人。通常由某一机构提供场所与设备,让组织成员自己使用。如社区活动中心、俱乐部等。

(2)休闲技艺类组织。组织成员不只是为了享受休闲活动而来,还想通过活动、游戏等方式,提高文艺、体育、娱乐等运动水平。如拳操队、文艺表演队、戏剧爱好者联谊会及舞蹈、花艺、烹调兴趣小组等。此类组织活动较为定期,且考虑成员的文化、兴趣、教育与时间等因素。

(3)教育类组织。这种组织为居民提供接受各种教育与再教育的机会,组织的维持需有长期的计划、领导力量、财力支援等条件,如培训组织、读书组织等。

(4)自助类组织。通过社会工作者的推动而自行组成的,靠团体内部的力量而维持,有特定的组织目标,如酗酒家属团体、家长会、病人家属团体等。

(5)社会化团体组织。这种组织的目标是为了达到行为改变与社会学习,如青年会、儿童朋辈团体等。社会工作者要做的是通过提供安全的环境、领导成员做有目的的讨论以及开发资源来满足社会化的需求。

(6)治疗团体组织。这类组织需要专家的指导、专门的治疗技巧并执行治疗过程,包括治疗吸毒、心理疾病等团体组织。

(7)病人自治团体组织。心理卫生诊所或医疗卫生机构,有时采用治疗性群体的方式来治疗病人,让病人组成自治团体来解决一些自身共同的问题。这种组织大多有社会工作者从旁协助,并作为机构、社区与病人间的桥梁。

(8)行动团体组织。为达到某种社会的、政治的、经济的、文化的目标而设立的居民自治性组织。这些团体往往通过集体力量、施加压力、示范效应等方式达到改变人们的行为、社会观念与制度、社会建设等目标。如治安联防队、夜巡队、护绿队、环保队、社区事务协调委员会、社区党员联席会议代表团等团体组织。

以上各组织类型或自发形成或自愿产生,为社区管理的自治产生了不可替代的作用,在社区管理、社区治安、社区卫生、社区教育、社区经济、社区服务及社区环境方面,发挥了群众自我管理、自我教育、自我服务的功能,体现了群众自治与民主管理的优越性,是“两级政府,三级管理”的管理模式的有效补充力量。

4.4 物业管理公司

4.4.1 物业管理与社区管理的关系

4.4.1.1 物业管理与社区管理的关系

所谓物业管理，是指由专门的机构和人员，依照合同和契约，对已投入使用的各类房屋及与之相配套的设备、设施和场地以经营的方式进行管理，同时对房屋周围区域的环境、清洁卫生、安全保卫、公共绿地、道路养护实施专业化管理，并向业主提供多方面的综合性服务的过程。物业管理的对象是物业，服务对象是物业产权人和物业使用人，是集管理、经营、服务于一体的有偿劳动，实行社会化、专业化、企业化经营之路，其最终目标是实现社会、经济、环境效益的同步增长①。物业管理和社区管理的关系体现在以下几点。

(1)虽然两者的性质不同，但有交融性。社区管理是综合的系统的管理，街道党委、办事处对辖区内的社区管理、社区服务、社区治安、综合治理、精神文明建设、街道经济发展实行组织领导、综合协调、执法检查监督等行政管理职能。而物业管理是以各类房屋、公建配套设施、周围场地的使用、维修、保养为核心的专业管理。社区管理包括物业管理。社区管理是母系统，物业管理是子系统。

(2)从管理区域来看，虽然物业管理可以跨地区经营，但是从实际情况来看，其管辖范围基本与街道对口，即处于一定的街道管辖的社区范围内。

(3)从两者管理的目标来看，都是体现了“以人为本”的宗旨。社区管理是在街道指导下，社区由各单位团体和居民共同参与的管理，是围绕人的生活所实施的管理，以实现居民安定放心，环境优美舒心，生活方便称心，文化娱乐丰富的居住小区、街道小区的目标；物业管理是围绕人的居住，从外部入手，主要从物质文明的角度管理服务，达到为社区创造整洁优美、舒适方便、文明安全的居住环境目标，虽然两者着手角度不同，但都是以人为本，为提高居民生活质量、改善居住环境、促进社区发展进行管理。

4.4.1.2 物业管理对和谐社会的作用

党的十七大提出了“构建和谐社会”的目标，社会的和谐要求社会机制的科学合理、社会政治经济的均衡发展以及人们生活环境的不断优化，而作为人们生存环境基本内容的居住环境——社区的和谐，理所当然地占有重要位置。物业管理公司作为社区管理服务的直接提供者，在这一过程中，当仁不让地承担着重要的作用。物业管理企业有责任从建设和谐社区做起，肩负构建和谐社会的一份历史使命。

1. 物业管理企业在促进和谐社会的创建进程中的作用

作为朝阳产业的物业管理，在建设和谐社会的过程中不仅贡献了直接的经济力

---

① 汪大海，等：《社区管理》，63页，北京：中国人民大学出版社，2005。

量，而且在改善人们居住、工作环境以及提升人们生活素质方面也发挥着巨大作用。一个城市必须要有品位，这样才能吸引人流、物流，没有品位的城市再富有也没有魅力，更谈不上和谐。当然，城市的品位不仅仅说城市要有高楼大厦、众多的人造景观，它还要有舒适、安全的生活和工作环境，有序、高效的办公环境，以及较高的文明程度和文化品位，只有这些城市的灵魂存在，才能提高城市生活的档次，提高城市的生活品质。

物业管理恰恰是将住宅小区、大厦这些遍布城市各个地方的、建筑面积和规模较大的区域规范地管理起来，有效地杜绝以上的混乱局面，使城市内各个区域规范运作，从而极大地提升城市品位、减轻政府的管理难度。物业管理企业通过建立与市场经济相适应的物业管理体制和模式，使企业成为该区域管理的主体，让业主与企业、政府共同承担物业和建设的责任，将城市管理中分散的管理职能集中起来，由物业管理企业实行统一有效的管理，提高了城市管理社会化和专业化的程度。

当然，随着和谐社会发展步伐的加快，物业管理会受到经济制度及经济体系变革带来的冲击，以及面临社会生活方式改变、高科技管理手段发展、劳动力市场变化、消费权益及业主参与意识的觉醒和市场竞争对手等带来的挑战。但是挑战与机遇并存，物业管理应该着重在建设和谐社会的进程中强调自我角色意识，坚持以客为尊的经营策略，推行品质管理，重视成本效益，承担应有的社会责任，倡导管理创新，这样定会起到应有的作用。

总之，和谐社会的进程催生了物业管理，物业管理又使社会向着有序、健康、完善方向发展。在这一变化过程中，物业管理成为一个不可或缺的支点，它对于促进和提高和谐社会的几大指标，特别是在诸多软性指标方面有着不可或缺的意义和作用，是落实科学发展观的重要载体，从而具有不可替代的地位。

2. 良好的物业管理是构建和谐社会的重要保障

物业管理在我国已经走过了20多年的发展道路，它在改善人民群众的生活和工作环境、提高社区建设和城市管理水平、维护社会稳定等方面体现出了积极的社会意义。

物业管理公司通过服务于每个业主、服务于每个家庭的基本生存环境，成为社区建设的重要组成部分。小社区构成大社会，业主的居住质量改善了，生活环境安定了，各种需求得到满足了，社区才能建设好，这是社区得以和谐发展的必要保障。面对人民群众呈现出的日趋多样的需求，物业管理企业逐渐将新的管理理念融入到自己的管理和服务过程中，以关注业主和生活质量、关注小区环境的温馨与和谐、关注社区的整体氛围为特征，用文化塑造文明社区，体现物业管理特色，为建设管理有序、服务完善、环境优美、治安良好、生活便利、人际关系和谐的现代化社区提供了保障的平台。

3. 物业管理企业在化解社会矛盾、促进和谐社会进程中的作用

社区是社会的细胞，是具体化的社会，是社会的窗口和缩影。我国的物业管理是

住宅商品化、社会化的产物，人们对房屋、土地、房屋附属及配套设施的权利主张日益强烈。物业管理工作是房地产业在消费领域的延续，物业管理企业充分利用行业优势，积极帮助业主与建设单位协调工程遗留问题，耐心向业主解释、疏导，努力化解矛盾，无疑对维护社会的安定团结具有积极的现实意义。

4. 物业管理行业为建设和谐社会提供了广阔的就业空间

就业是民生之本，我国正处于城镇化高速发展时期，农村劳动力向非农产业的转移、农村人口向城镇的转移是我国历史上最大规模的就业和人口转移；与经济结构调整相适应的就业结构也处于调整之中，大量的下岗、失业问题与农村劳动力转移问题交织在一起，就业需求十分强烈，就业形势极为严峻和复杂。作为劳动密集型行业的物业管理行业，有着巨大的就业容量，定能在此方面提供广阔的就业空间。目前物业管理的就业人数已超过了 250 万人，其中 80% 以上的从业人员是来自城市的下岗职工、复员退伍军人和农村的剩余劳动力。不难看出，物业管理行业在促进劳动力就业方面有着得天独厚的优势，对于促进我国产业结构的调整，缓解就业压力，增加就业极为有利，为构建和谐社会提供了安定的社会基础。

4.4.2 物业管理的性质和基本内容

4.4.2.1 物业管理的特点

物业管理根据社区发展的内涵和本质，表现出如下几个方面的特点。

1. 社会性

指物业管理既抓社区的公益事业，又管居民的实事；既有琐碎的日常服务，又有较高层次的管理。因此，物业管理首先应具有稳定的队伍，要得到居民的认可、信任，要熟悉每个住户，从而更好地满足居民的各种要求。

2. 专业性

指所管理服务的内容专业性较强，要求管理人员业务要精通，各种专业人员要齐备，能迅速、正确地解决各种问题，真正为居民排忧解难，服务周到。良好的信誉是物业管理赖以生存的基础。

3. 目的性

物业管理是一种有组织的、有计划的、有目的的活动。通过实施近期目标、远期目标、直接目标、间接目标，引导和利用社区各方面力量改善社区生活质量，促使社区进步，加强社区居民的归属感和认同感，使物业管理获得良好的社会效益和经济效益。

4. 艰巨性

物业管理的良好发展需要众多的外部条件。第一，要引导全社会和更多的人能全面、正确地认识它、利用它。第二，要理顺各种关系，使职能、职责、分工明确，减少管理层次，以利物业管理的健康发展。第三，尽快建立物业管理的有关法规及收费、纳税办法，使物业管理有章可循、有法可依，从而使物业管理走上规范化、法制化的轨道。

4.4.2.2 物业管理的内容

物业管理涉及的领域广泛,其基本内容按服务的性质和提供的方式可分为常规性的公共服务、针对性的专项服务和委托性的特约服务三大类。

1. 常规性的公共服务

这是物业管理中的基本内容,是物业管理公司提供的最基本的管理与服务,其目的是确保物业的完好与正常的使用,保证正常的工作生活秩序和环境的美化。具体有8项:房屋建筑主体的管理、房屋设备及设施的管理、环境卫生的管理、绿化管理、治安管理、消防管理、车辆道路管理、公众代办性质的服务等。

2. 针对性的专项服务

这是物业管理公司为改善和提高住户的工作生活条件,面向广大住户,为满足其中一部分住户、群体和单位一些需要而提供的各项服务工作。物业管理公司需事先设立服务项目,并将服务内容与质量、收费标准公布,供住户自行选择。具体有:与人衣食住行相关的家政服务等日常生活类、商业服务类、文体教卫类、金融服务类、经济代理中介服务及社会福利类等。

3. 委托性的特约服务

这是为满足物业产权人、使用人的个别需要受其委托而提供的服务。特约服务是专项服务的补充和完善。当较多人需要这种服务时,就应将其纳入专项服务之中。物业管理公司应尽可能地满足居民的要求,提供特约服务。

4.4.3 物业管理的机构设置

根据发展和管理的需要,物业管理公司一般可以设置以下机构。

1. 总经理室

物业管理公司实行的是总经理负责制,一般设总经理一名,副总经理若干名。总经理室是物业管理公司最高一级的指挥决策机构,对公司一切重大问题做出最后的决策。总经理对公司全面负责,副总经理是总经理的助手,在总经理的领导下分管工作,及时报告所分管的工作,提出重大问题的处理意见,完成总经理或总经理办公会议安排的其他工作。

2. 公司的主要职能部门

(1)办公室。办公室是总经理领导下的综合管理部门,负责协调和监督检查公司各部门的工作,处理日常行政事务,管理公司的后勤,负责公司的人事劳资以及档案文件管理和各种文字工作。

(2)财务部。主要负责制定公司财务计划和管理费的预算方案,监控资金运用;负责各项收费及收费业务的管理,做好公司财务报表及费用分析报告,接受公商、税务部门及业主的监督检查。财务部一般设会计、出纳、收款员、票据管理员等职位。

(3)公共关系部。主要负责建立并管理业主和租户的档案;加强同业主和租户的联系;处理业主和组织的投诉与纠纷;加强同社会相关部门、企业的联系;负责公司的对外宣传和各种对外活动;搞好公司内部的员工关系;协调部门的工作。

(4)工程部。工程部是重要的技术部门，主要负责物业及其设备的管理、维护、维修，保证物业的正常使用和其他设施设备的良好运行，对业主入住后进行的装修、改造，工程部都要按照有关规定进行监督检查。

(5)管理部。主要负责公司管辖区内的环境卫生、园林绿化、治安保卫、消防安全、车辆管理等工作。

(6)服务部。主要是向住户提供全方位的生活、办公服务，它以保本微利为住户提供方便为目的。其主要的工作方式是根据住户的实际需要设置各类综合代办服务。

3. 管理处与公司下属企业

管理处是指公司管辖下的某一分区或不同物业对象的管理机构，如某大厦管理处实施对所辖楼宇的管理，为大厦内的业主和租户提供服务。

公司下属企业是指物业管理公司围绕着社区管理或社区服务而积极开办的新企业。下属企业在为业主和租户提供服务的同时，广开财源，增加公司收入。

4.4.4 物业管理参与社区管理和建设的举措

2003 年，国家统计局、全国物业管理企业抽样调查各地区汇总数据资料表明，全国物业管理企业共有 27 628 家，从业人员 233.68 万人，主营业务收入 745.49 亿元，应缴税金 63.28 亿元。数据表明，全国物业管理企业平均规模小而且扩展缓慢，行业的发展滞后于国民经济整体发展水平，平均创利能力低下。以每家企业每年利润 10 万元计算，处于赢利状况的企业只有 340 家，占全国 27 628 家物业管理企业的 1.23%。也就是说 98.77% 的企业处于不赢利或亏损的状况①。

物业管理在中国尚属新生事物，虽经近十几年的发展，物业管理市场已初步形成，但仍面临一系列困难，主要表现在：管理体制上，尚处于新旧体制转轨过程，社会化、专业化、市场化的物业管理新体制还没有普遍确立和完善；运行机制上，市场竞争机制尚未全面形成，垄断经营、不规范竞争还相当严重；市场主体与物权关系上，还没有建立业主委员会的主体地位，物业管理法律、法规有待进一步完善；物业管理企业与政府有关职能部门的关系有待进一步理顺；城市旧区环境整治与物业管理问题比较突出，等等。

为了解决上述问题，在市场经济条件下，物业管理公司必须有良好的运行机制。具体表现在以下方面②。

1. 健全管理制度，提高员工素质

“没有规矩不成方圆”，健全的管理制度是实施物业管理的前提。物业管理部门可以在有关部门的指导下，遵照城市有关法规，建立小区的各项体系，在服务、经营、管理等方面制定出具有亲和力的、便于操作的规章制度，使物业管理有章可循、有法

---

① 马辉：《物业管理的现状和发展出路》，载《中共银川市委党校学报》，2007(4)。

② 韩宁：小区物业管理散议，载《辽宁工学院学报》，2002(3)。

可依。物业管理是“人对人”的工作,在管理、服务过程中会因性别、年龄、兴趣、文化水准、教养程度、环境、情绪等的不同,表现出态度、能力、效率等方面的不同。因此要加强对物业管理人员的培训,要求物业管理人员不仅了解财务、法律、公关、政治、维修知识甚至建筑物条例及消防安全条例的知识,还要在语言、行为等各方面不断提升自己的服务水平。

2. 拓宽物业管理的服务范围

建立社区服务体系,为居民解决生活中的热点和难点问题,努力为他们办实事、办好事,使他们无后顾之忧,全身心地投入到工作中去,从而取得他们的信任和支持。除了正常的房产管理、维修、保养,辖区环境卫生、环境美化及管理,辖区道路养护,通讯、供水、供电等市政设施的管理,辖区的消防、治安体系的建立及管理以外,还可以为居民提供各种信息服务、上门服务、夜间服务、节假日服务、特殊服务等,从而拓宽物业管理的服务范围。

3. 建立全方位的教育体系

通过社区教育体系,向广大居民宣传党的路线、方针、政策,进行爱国主义、集体主义、社会主义教育,进行“爱岗、敬业、守法”的思想教育,进行社会公德、职业道德、家庭美德教育。通过社区文化体系,开展丰富多彩、健康科学的文体、娱乐、科普活动,努力丰富思想政治工作的内涵,增强他们的认同感和归属感。通过创建“文明社区”,实施诸如“文明居民”等评比活动,使思想政治工作与社区管理相互融合,相得益彰。借助社区建设和社区管理化解矛盾、平衡利益、理顺情绪,建立和谐的人际关系和井然有序的社会环境,不但弥补了单位思想政治工作的盲点,增强了思想政治工作的可操作性,而且也为单位思想政治工作的开展增添了新的途径。

4. 确立先进的物业管理理念

在经营观念上,确立“以住户为中心、优质服务、低价收费”的经营方针,通过搞活多种经营,拓宽有偿服务项目,让居民受益,让社会满意。在环保观念上,物业管理肩负着环境管理和环境保护的重任,要把所辖区域内的环境管理和环境保护放在城市环保建设的整盘棋中予以考虑和研究。一方面要培育业主的环境意识;另一方面又要加强社区内环保的综合治理和环保的投入,实现环境效益,走可持续发展的道路。在法制观念上,物业管理在整个社会系统中行使着较为复杂的职能,要克服强调服务、忽视管理的“管家关系”和强调管理忽视服务的“霸主关系”。

5. 提高物业管理的现代化水平

科技是第一生产力,是企业降低管理成本、提高管理效率的关键和原动力。物业管理部门要引进物业管理新技术,研究物业管理未来的发展趋势,通过提高日常物业管理工作中的科技含量,实现管理自治化、安全自动化和通讯自动化,促进当前管理方式、管理手段的现代化,使物业管理能够适应现代科技和现代建筑技术的发展潮流,保持物业管理的高水平。

具体做到以下几个方面①。

(1)考虑适度管理成本。对中低档商品住宅和保障性住宅区,应该尽量避免建设高养护成本的景观和种植养护成本高的植物和草皮;路灯、垃圾清运等要一次性交付路灯管理处、环卫处等城市管理部门,减少业主的后期使用成本。

(2)实行一价制。开发建设单位、经销商应将诸如水表、电表、煤气设施、封闭阳台、太阳能等各种配套建设项目打进成本,实行一价制,不得价外有价,不要在交付房屋时再收取各种名目的费用。

(3)科学设计收费环节。要尽量避免或减少收费项目,采取科学的收费方法,提供制约欠费的手段。高层物业项目在设计中要解决好二次供水、电梯运行、供热项目的水费和电费向最终用户收费问题,避免物业管理中因代收、分摊费用产生矛盾。物业管理费与其他各项设施使用费用的收取,尽量采取"一卡通"的做法。

(4)严格验收。化解房屋质量矛盾的关键是严格竣工验收,落实售后服务。严格工程竣工综合验收工作,加强对房屋质量、配套设施设备、绿化以及环境的验收,并落实好售后服务,属于全体业主产权的物业管理用房、非经营性配套用房等要由产权部门验收确认,并监督交付。由于商品房开发的阶段性比较强,大多数物业只是项目工程,房屋销售后,开发商品可能会离开项目所在地,因此必须依靠建立质量保证金制度来进行制约。保证金应当由开发建设单位交于房地产协会统一保管,以便处理房屋质量遗留问题,如有结余,则待保质期满后予以退还。

(5)规范销售行为。商品房销售宣传广告应当执行《中华人民共和国广告法》《房地产广告发布暂行规定》等规定,涉及规划设计、配套设施、施工质量、物业管理等的广告内容必须真实、合法、准确,不得扩大或虚假,不得就物业管理费用的减免以及其他物业管理行为进行不恰当的许诺,开发建设单位与购房人的销售合同中,对车库、会馆、商业用房等配套用房要进行统一的合同约定,并标注明确没有进行约定的归全体业主所有。

(6)前期物业管理与销售同步介入。许多购房人可以承受一次性的高房价,却无法承受长期的高物业服务费,许多购房人到物业交付的时候才对物业管理费用的收取提出质疑,并表示抗议。因此,为了让所有住房消费者在购房前对物业管理进行深入了解,明明白白消费,在开发建设单位与购房人签订《商品房销售(预售)合同》的同时签订《前期物业服务合同》《业主公约》,明确双方物业管理责任,让业主在购买房屋时充分考虑后期居住成本。

① 孟开进,沙红:《刍议房产物业管理的发展》,载《江海纵横》,2007(2)。

参 考 文 献

[1] 马辉.物业管理的现状和发展出路[J].中共银川市委党校学报,2007(4).
[2] 韩宁.小区物业管理散议[J].辽宁工学院学报,2002(3).
[3] 何云峰,等.社区管理概论[M].上海:上海三联书店,2000.
[4] 胡忠明.现代城市街道管理[M].广州:广东人民出版社,2001.
[5] 孟开进;沙红.刍议房产物业管理的发展[J].江海纵横,2007(2).
[6] 汪大海,等.社区管理[M].北京:中国人民大学出版社,2005.

5

社区的管理模式

学习目标

1. 弄清社区管理模式的内涵和外延，理解社区管理的边界；弄清社区管理模式一般分类，理解各种模式的区别和联系；掌握“二级政府、三级管理”城市社区的管理新体制。

2. 比较中外社区管理模式；理解国外经验对我国社区管理的借鉴意义。

3. 了解并掌握沈阳模式、上海模式和青岛模式。

内容提要

社区的发展在西方国家已有100多年的历史了，尤其在美国这种发达国家，其水平之高，使我们只能是望洋兴叹。社区工作已经成为城市和乡镇管理中一个不可或缺的部分，其在城市和乡镇建设、管理中发挥着至关重要的作用。原民政部部长崔乃夫同志曾于1991年5月31日，在听取了基层政权建设司汇报工作后就指出过，“基层组织建设应着重抓紧社区建设”。同年7月5日，在中国社会工作者协会成立大会致词中，在讲到协会今后任务时，崔乃夫再次强调“重视社区建设”。自此，我国很多大城市都掀起了社区建设的高潮。但是，由于理论上的不成熟，实践上也缺乏经验，所以社区建设中不可避免地出现了一些问题和矛盾。如何建设中国特色的社区，社区管理模式又如何构建？这是我们社区管理研究者需要思考和探索的问题。

5.1 社区管理模式分类

5.1.1 社区管理模式的概述

社区,如前所述,一般指聚集在一定地域范围内的社会群体,是通过大家公认的规范和制度连接起来的人们的实体,是一定地域社会生活的共同体。正如社区一词它原有的出处,由费孝通先生于20世纪30年代翻译的德国社会学家滕尼斯的一本著作"Community and Society"时,从英文"Community"翻译而来,而在英文中其含义就有共同体和亲密的伙伴关系。

社区管理,它的任务是促进社区建设和发展,其秉承的管理思想方法主要有以下几点。

(1)实事求是的思想。这就要求社区管理者在从事管理活动时,要能够坚持一切从实际出发的原则,尊重一个社区本来的客观存在,而非从什么条条、框框出发,教条主义;要能使自己的管理行为顺应、服从客观规律;要能坚持实践是检验真理的唯一标准,在管理实践中,将一个社区的管理方案放到实践中去检验并及时根据实践的结果修正、完善。

(2)辩证的思想。这其中主要是说作为社区的管理者,应善于从社区的联系之网中把握其本质;社区发生的事情,要从各个方面去观察,既要看到正面,也要看到反面,既要看到过去,又要看到它的现在并且预测它的未来趋势;坚持"重点论"和"两点论"的统一,社区管理者在遇到社区中存在的问题时,要善于找出问题的主要矛盾,集中精力解决好,同时,也不能忽视次要矛盾,防止因小失大。

(3)"优化"思想。要以管理中的"美"学来开展社区管理活动,一方面要注意社区居民日常交往的"美",语言、行为要文明,心灵也要美;另一方面要给社区创造美的环境,比如用一些明快的色彩,如绿色、天蓝等,还有优美、轻松、格调高雅的音乐,这些都可以提高人的情趣,使他们能够精力充沛地投入工作。①

在管理中,还需要明确管理的界限。社区管理也是如此,而且这是由社区自身的边界范围决定的。在这里,社区管理边界在界定上需要特别强调如下观点。

(1)社区具有地理差异特性。由人们聚居形成的社区,是一个微观的地域性社会,加之其特定的自然地理条件和人文地理条件而使得社区与社区之间是相互区别的。

(2)现代社区,尤其在发达地区,是个内容丰富、完整的微观地域性社会。之所以这样说,是因为在现代社区中有较健全的公共服务设施和服务机构、较完善的整合人际关系的社会组织体系,包括公共图书馆、学校、文化活动中心、体育活动中心、卫

---

① 韦克难:《社区管理》,140~144页,成都,四川人民出版社,2003。

生保健中心、通畅的马路以及从政府到民间的各种社会组织。

(3)现代社区应该立足于有利于国家、各类专业化组织和各类自治组织进行活动与管理。对社区自己而言,应该具有相对充裕的有利于各类自治组织活动的人文地理空间和人力资源。对各类社会组织,包括专业化的和自治性的,能够有派出其分支机构在社区常驻并提高专业化服务和专业化管理的条件。而国家,则能够有效地行使其行政和司法的管理权责。

社区管理,其概念的提出在于,管理是使人类群聚活动得以有序进行的手段和方法的集合,而不同的历史环境、经济文化条件会形成不同的管理手段和方法,典型性的便形成了管理模式。

管理模式,最初多见于企业管理相关的文章中,是在管理人性假设的基础上设计出的一整套具体的管理理念、管理内容、管理工具、管理程序、管理制度和管理方法论体系,并且将其反复运用于企业,使企业在运行过程中变为自觉。

模式是某种事物的标准性形式或固定格式,而管理模式就是从特定的管理理念出发,在管理过程中固化下来的一套操作系统。可用公式表示为:管理模式 = 管理理念 + 系统结构 + 操作方法。

那么,社区管理模式则可定义为在一定历史环境下产生并随着经济、政治、文化条件的发展而变化的,由社区各相关管理机构及其特定职能组成的运作方式,以期有利于社区管理活动有效开展。管理模式有好有坏,好的管理模式应具有极强的适应性,这样,这种管理模式才能真正成为一个组织持续发展的保障。社区管理模式也是如此,只有具有根据场态进行场变的环境适应特性,才能有利于社区活动的有效开展。

对社区发展而言,科学的社区管理模式是必不可少的,其影响是多方面的,具体说来有以下几方面:①科学的社区管理模式有利于提高社区管理效率并能够及时、快速、有效地解决社区运行中的问题;②科学的社区管理模式会影响社区管理运作的成本,不仅仅是有效率地解决问题,而且可以从人、财、物上节约资源和时间成本;③由以上两点直接影响的,科学的社区管理模式有利于增进社区居民的身心健康和提高生活质量,有利于促进社区居民自身的发展和素质的提高,从而有利于社区的长治久安,保证社区的健康发展。

5.1.2 社区管理模式的分类

前面论述到,"社区管理"是为了促进社区的建设与发展,并且通过各种手段、体制、方式等要素来实现管理的目的,而在管理过程中固定下来的工作方式就形成了社区管理模式。

与企业管理不同,社区管理实践中始终存在两个主要的管理主体,实施着具体的管理行为,即政府和社区自治组织。以二者作为分析不同社区管理模式的维度,则可将社区管理模式分为三种:政府主导型,社区自治型,混合型。见表 5.1。

表5.1 社区管理模式

分类	职能
政府主导型	(1)组织社区活动,倡导特定的价值观 (2)为社区建设提供财政支持 (3)对社区组织主要成员的任命和培训 (4)负责规划社区公共服务设施
社区自治型	(1)指定各项法律法规来规范社区内不同的集团、组织、个人和家庭活动,协调各方利益,并且切实保障社区成员民主参与社区管理的权利 (2)提供必要的财政支持 (3)负责社区的发展规划
混合型	政府职能:规划、指导并提供经费支持

1. 政府主导型

政府主导的管理模式中,由政府在社区设立各种派出机构,对社区事务进行较为直接的行政指令性的干预。这种社区管理模式的管理主体主要是在市辖区人民政府下派的街道办事处,加上居委会、中介组织、社会团体等的共同参与配合下,对社区的人口、治安、司法、公共事务、社会事务、社会福利等社会事务进行管理。

其中,街道办事处在社区建设中的职责和任务通常是:①构建社区服务网络,提供社区服务,满足社区居民物质上和精神上的需求,提高居民的生活质量;②开展健康向上的文化、教育、体育和娱乐活动,主要以丰富居民的精神文化生活为主,普及诸如法律、科普、卫生等知识,提高居民的文明素质;③建设小区绿化环境,维护社区的整洁,创造舒适的人居环境,提高生活质量;④健全治安防范网络,创建和谐安定的社会秩序;⑤对社区组织主要成员的任命和培训;⑥为社区建设提供财政支持。

政府主导型的社区管理模式的优点,主要是社区建设工作由政府发挥主导作用,这也就保证了开展社区工作有坚实的权力作后盾,社区管理更具有权威性和统一性。政府联合社区各方,包括环卫、公安、税务、城管、企事业单位等,形成“条块结合、以块为主、各司其职”的管理网络,政府还要努力协调好环卫、公安、税务、城管及企事业单位之间的利害关系。

从前面论述看来,政府主导型的社区管理模式性质上仍然是传统意义上的政府办社会的模式,政府承接了很多社会性事务,负担比较重,精力被分散,不利于政府效能的提高,这显然与政府机构现行提倡的“小政府、大社会”的改革意识相矛盾,政府目前对社区管理这块的改革,还是遵循“精简”原则,有调查显示,街道工作已由单一民政型转为综合管理型和综合服务型,由主要做民政工作转向了统筹性、协调性、地区性的工作。

2. 社区自治型

这种模式是以社区居委会为核心,联合社区内其他各种主体(非政府组织、新经济组织、企事业单位和个人)一起,共同参与社区事务的管理,实行真正的民主自治管理的一种模式。

社区自治型的管理模式中,社区具有独立实体的地位,通过民主自治管理来处理社区内的具体事务,享有与政府行为相分离的管理职责。1989 年的《中华人民共和国城市居民委员会组织法》中规定:"居民委员会是居民的自我管理、自我教育、自我服务的基层群众性自治组织。"在社区,居委会是核心,承担社区的管理工作,挖掘社区中的各项潜在的资源,共同建设社区,为社区民众服务。社区内的各项社区事务和公共性事务由社区居委会及其他成员按照社区组织的规则办理,社区的管理经费原则上由社区组织通过各种渠道自助筹集,必要时,会得到当地政府的财力支持。

政府的作用是间接的,而非不发挥任何作用,其职能表现为:①指定各项法律法规来规范社区内不同的集团、组织、个人和家庭活动,协调各方利益,并且切实保障社区成员的民主参与社区管理的权利;②提供必要的财政支持;③负责社区的发展规划。所以,社区自治型的管理模式可以看成是自上而下与自下而上的结合。

社区自治性的管理模式的优点可以简单归纳如下:①社区内的各方主体,由社区居民、社区组织的管理者、上级主管部门,社区经济组织等构成,广泛参与社区事务,形成"众志成城"、"我为人人、人人为我"的良好局面,社区建设倡导居民的社区认同感、归属感,而众主体的积极参与,有助于这种良好意识的形成;②为社区居民参与本社区的事务或活动提供了机会和平台,有助于调动社区基层参与社会实践的积极性,发扬社会主义民主,使社区居民真正成为社区的主人;③有利于政府转型,社区自治的管理模式,是自我管理、自我服务,政府不再是社区建设的领导力量,减轻了政府在社区建设方面的压力和负担,有利于"小政府、大社会",从繁复的社会事务中解放出来,引导政府向新的管理体制转型;④社区居民的积极参与,更能将社区建设引向居民需要的轨道上来,有利于丰富居民的物质文化生活和精神文化生活。

3. 混合型

顾名思义,混合型的管理模式介于政府主导型和社区自治型,是官方色彩和自治特征的交集。社区中的组织与政府建立起合作关系,双方派出代表。此外还有居民代表,共同组成社区治理机构。政府在这种管理模式的职能主要是规划、指导并提供经费支持。混合型管理模式的典型代表是日本,在日本的城市社区管理体制中,政府与社区工作是部分分开的,政府主要负责指导、监督社区的建设工作,并且提供必要的社区建设所需的资金。资金的使用是有明确的使用要求的,支出要求严格按照预算与规定条例的标准执行。

在社区基层,日本设立了地域中心体制管理社区居民的工作,这是为了适应东京特大城市发展的需要而产生的。该机构的主要职责是负责收集社区居民对地域管理的意见,对市民活动和民间工艺团体活动给予支持和援助等。而区域居民如果对社区建设和管理存在意见,可以向机构提出申请,然后,机构的工作人员会在集会场所组织社区居民来讨论解决问题的办法。需要说明的是,地域中心的最高负责人在某些范围内可以代表区长对居民的问题和意见当场解释，就地解决，政府在此的职责主要是定期对地域中心工作人员进行考核。

通过以上的介绍可以看出：不同类型的社区管理模式因为管理主体的不同而有各自的优点和缺点，究竟该选择哪种社区管理模式，那种管理模式更适合自己，是需要仔细思考的问题。要本着“一切从实际出发”的原则，根据各地的实际情况，因地制宜，吸收每种管理模式的优点，对于不合时宜的地方要有调整，加以综合，最终形成适合本地区的社区管理模式。

现代社区管理模式发展的基本原则是，在政府的领导下，“政企分开、政社分开、政事分开”，让社会的力量参与到社区管理中来，形成政府主体与社会主体两者的有机结合，发挥各种主体的最优作用，使得政府行为主体、社会行为主体能够在社区管理工作中分工合作，以最优的组合形式来管理和建设社区。

5.1.3 “两级政府、三级管理”的城市社区管理新体制

在我国原有体制下，整个社会是由国家根据同一计划、集中管理的原则组织起来的，各行各业的组织机构普遍按行政级别划分等级，并且分别承担国家分配的任务，组织的管理人员也是由国家自上而下指任的，相对的，中国社会的自主空间被挤压，人们被约束于“单位”组织中。

随着改革开放，原有的计划经济体制逐渐瓦解，社会组织功能不断分化，出现越来越多的功能化、专业化的社会组织，企业也随着时代的步伐逐步转变为以市场为导向的资产经营单一功能的经济组织，原先由企业“大包大揽”的社会职能从企业“肩上”卸下。单位体制的分解有利于将不断分化的社会阶层间或社会阶层内部过去发生的横向联系障碍扫除掉。一方面，过去囿于单位制封闭式的社交圈中的人们，其社会关系将不再局限于熟人或单位同事，而是扩展至更广阔的社会天地中；另一方面，随着人们社会角色的多样化，他们将在职业以外所形成的社会联系中寻求更多的社会角色，从而实现个人价值。

如上所述，社会组织的发育和功能化、专业化格局的形成，直接促成了社区的发育，另一方面人们由“单位人”向“社会人”的转变过程，需要社区担当起将不同利益、不同职业、不同角色的“社会人”整合起来的载体。

我国的社区管理机构一直以来以街道办事处为代表，其职能也越发不能满足社区人们日益多样化的需要，诸如社区环境、社区治安、社区服务等责任也落在街道办事处的身上。旧的社区管理在解决社区事务上已显得力不从心，矛盾不断，具体说来表现在以下几个方面：①政府“垄断”社区事务，即社区大大小小事务基本是由政府的各个部门推动实施的，往往是各唱各的戏，相互间没有多少合作，缺乏统一性和必要的配合；②权力集中，但不是集中在区政府和街道、居委会，使得处于基层的管理组织工作“缩手缩脚”，看得见的管不着，而拥有管理权限的部门因力量有限而管不到“底”；③责权不对称，“上面千条线，下面一根针”，街道的管理者往往承担着社区大大小小的事务，需要承担责任的却得不到实际的行政权力，事情多、难于解决，形成了

低效率的解决问题局面，遇到事情找上面，街道向区长叫苦，区长向市长叫苦；④部门之间的职能存在交叉，条块之间权责不清，经常出现有利益则争权争利，出问题就“踢皮球”互相推诿，严重影响政府内部的团结和政府在公众中的威信；⑤政府部门机构膨胀，多是借“解决问题”而分权设置部门，但实际仍然有很多事情解决不了；⑥街道办事处和居委会存在编制少、素质低的问题，街道干部都是身兼数职，居委会的成员多是50岁以上的老太太。

解决上述问题的途径就是需要改革原有的社区管理体制，扩大街道办事处的职能，“放开手脚”，行使过去只有政府才享有的对本辖区事务的组织、领导、综合协调、监督、监察等行政管理职能，同时与社区的“条”的职能单位相互协调，互相配合，形成“条块”结合的新型管理体制。

除此之外，再来看我国的城区管理体制。城市，由于它的复杂性，使得城市管理的效应很大程度上取决于管理体制是否合理。现以特大城市为例（特大城市在我国一般是指常住人口在100万人以上的城市）阐述如下。

建国以来，我国特大城市一直实行市、区两级制，这种制度是在市政府下设市辖区一级政府。市、区两级政府间的权力与功能的划分在我国有变化发展的历史。20世纪50年代前期，这两级政府权力和功能的划分是比较合理的。比如在上海，当时市政府的经济管理大量通过区政府来实施。但是随着计划经济体制的推行，以条为主的管理体制日益占据主导地位，也由于片面强调城区管理的集中性、整体性、统一性，城区的管理权力大都集中在市政府及其各职能部门。相比之下，区政府很少拥有实际的事权、人权、财权，因而无法充分发挥作为城区基层政府的功能。在名义上，区政府为一级政府，但是没有实际的权力。条块分割、权责不符的矛盾一直制约着城市的发展。

进入改革开放之后，城市管理体制有了改革的新方向：合理配置城区管理权限。在维护城区管理集中性、整体性、统一性的前提下，不少政府从教育卫生、人民生活、财政收支到计划、外资、商业、劳动、人事、环保等方面向区政府放权，扩大了区政府的行政管理权限，建立了区一级财政，强调充分发挥区政府在城区管理中的功能。市向区放权，名副其实地实现“两级政府”体制，从此，市、区两级之间的条块分割、权责不符的状况有了明显的改变。

但是改革没有止步，随着社会的迅速发展，越来越多的企事业单位将原来就该属于社会管理的一部分职能分解到社会，加上外来人员的涌动，退休、下岗人员的增多，再就业工程的启动，环卫环保任务的加重，空前繁多、空前复杂的社会事务“堆”在了城区管理者面前。光靠市、区两级政府已难以应对。现实需要处于城区基层的行政组织——街道办事处在市政管理、社区建设、社区服务、精神文明、社会治安等方面承担起更多的职责。

按照1954年12月31日第一届全国人大常委会第四次会议通过的《城市街道办事处组织条例》（以下简称《条例》）所述，当时建立街道办事处的主旨是“为了加强城市的居民工作,密切政府和居民的联系”,而不是为了让街道办事处直接从事更多的城区管理事务。为此,该《条例》规定街道办事处的任务有三项:①办理市、市辖区的人民委员会(即政府——引者注)有关居民工作的交办事项;②指导居民委员会的工作;③反映居民的意见和要求。街道办事处不拥有一级政府所应有的相对独立的一整套行政权力,只能代表派出它的区政府或者根据区政府的委托,行使区政府的部分职权。

这样,一方面是大量的社会事务需要街道办事处去管理,以致一些街道干部的职责已达到了百项之多;另一方面,虽是作为法定派出机关却缺乏相应的行政权力,从而造成在这一层次上的新的权责不符。一方面是有权的条线(市、区政府职能部门)因力量不足、鞭长莫及而管不到底;另一方面是处在第一线的街道办事处却因权能不足而管不到边,从而造成在这一意义上的新的条块矛盾。

“两级政府”即市、区两级政府,“三级管理”是形成市、区、街道办事处三级的纵向管理体制。具体说来,这种管理体制就是在市、区两级政府的基础上形成市、区、街道办事处三级纵向管理体制,目的是扩大街道办事处的管理权限,充分发挥其管理职能——组织、领导、综合协调、监督、监察,让街道办事处担当起社区领导者的角色;而市政府的管理重点则落在制定战略规划、政策法规、监督检查和引导、调控等宏观层面;区政府的管理体现在直接管理上,行使环保、交通、市容、卫生、城管、文化、教育等具体管理职能。

贯彻“两级政府、三级管理”体制的基本要求是:①“政企分开”,社区管理部门主要受区政府的委托,协调、监督、规范企业行为,而把市政建设管理方面,比如环卫、绿化、养护、房屋维修、物业管理等的经营职能转让给企业;②政社分开,让社区内各个单位和组织、居民在办事处的指导下,自我管理那些公益性、公众性、福利性的非行政性事务,并开展社区互助服务,提高社区自我管理、自我服务的能力;③“条”“块”结合,街道办事处是“块”,社区内的各个单位和组织是“条”,二者有机结合,更好地管理社区的事务,为社区的服务提供保障①。

“两级政府、三级管理”的管理体制说明了城市管理体制最终的落脚点在社区建设上,即理顺条块关系,合理放权,加强街道、居委会的建设,实现政府职能转变,实现“小政府大社会”②。

---

① 何云峰:《社区管理概论》,上海,上海三联书店,2002。

② 浦兴祖:《特大城市城区管理体制的改革走向——兼谈两级政府、三级管理之提法》,载《政治学研究》,2001(3)。

5.2 中外社区管理模式比较

5.2.1 中国社区管理模式

在提及中国的社区管理模式，我们不得不先回顾一下自新中国成立到改革开放之前，我国城市社区的状态，有学者冠以“亚社区管理”。形成这一格局的原因乃是我国之前一直奉行高度集权的计划经济体制，与之相配套的是高度集权的政治管理体制和社会管理体制。国家是全国及经济、政治和社会生活的指挥家，其中，自然包括是社区管理的唯一主体，而各类企业、事业单位和社会团体只是严格遵照国家计划和意志的“附属单位”。对于个人，活动局限于各自所属单位，即单位不仅是他们工作谋生的基本场所，也是获取社会支持和社会保护的基本场所，个人有的只是对本工作单位的依赖感和认同感，而根本没有社区认同感和社区意识之说，一般人们会称这时的人是“单位人”。

那么此时本属于社区管理内容的事务是如何管理和解决的呢？据资料，一方面，基层地方组织提供基本的社会救助、社会保障等社会支持，对象是没有工作的城镇非失业、丧失劳动能力的残疾人，无子女赡养的孤寡老人及军烈属；一方面是有像街道办事处、居民委员会等实质已经行政化和官方化的居民组织，进行计划性和控制性极强的社区管理，内容有户籍登记与户籍管理、社会治安管理、计划生育管理、环境卫生管理、刑释与劳教解除人员管理，对象从就业人员、非在业人员到在校学生。

处于像街道办事处这样属于政府派出机构管理下的社区，其社区内部整合的纽带不是社区组织相互依存和相互促进的共生关系，而是行政隶属关系，这是我国在改革开放前城市社区管理体制的突出特点——行政力量整合社会的权威性，社区的社会性组织没有发展的空间，在有的社区，社区的管理职能还被内化于具有各种行政隶属管理的“单位”之中，所以，街道和企业负担过重，街道不能很好地履行其行政职能，企业也难以轻装上阵，迎接市场的挑战。

总地说来，改革开放以前由于国家的管理权力的高度集中，社区的社会功能萎缩、社会机制不发育、社会角色不清、居民参与度低，全社会没有形成社区意识和现代社区管理能力。

改革开放后，特别是进入 20 世纪 90 年代以来，大量原来由单位承担的社会服务、社会管理职能被剥离出来，使其回归社会和社区。加之城市社区需求多样化、利益主体多元化、功能社会化，使得新的社区管理模式的产生成为应时之需。

1999 年，国家民政部拟定了《关于建立“全国社区建设实验区”的实施意见》，并且在北京、上海、沈阳、杭州、青岛、南京等 10 个城市中确定了 11 个城区为“社区建设实验区”，其中形成了三种主要的社区管理模式。

1. 政府主导型

这种模式是政府设立专门的社区管理机构，社区规划和社区管理体现的是政府的意志，政府会给予社区物质支持和行为引导。

哈尔滨的南岗区就是这种模式的代表。其社区管理体制纵向分为区、街道、居委会三级。在区一级成立了南岗区社区建设指导委员会，作为社区建设的领导机构，职能有：统筹规划、统一部署、综合协调和督促检查。委员会下分别设“社区建设办公室”和“社区建设指导中心”，分别负责集协调和服务、监督、中介为一体的日常工作，“社区建设指导中心”与相关的委、办、局组成了7个工作指导部，分管服务、治安、环境、教育、文体、再就业、医疗卫生等。以上机构的业务工作、人员编制和工作经费分别由相关部门负责。

2. 自治型

该模式管理核心是社区的居民委员会，它联合社区内其他各种主体，包括非政府组织、新经济组织、企业、个人，共同参与社区事务的管理，是一种民主自治的新社区管理模式。沈阳市社区管理就是该模式的典范，可以从以下几个方面来认识它。

首先，沈阳市将社区重新划分为4种类型：按居民居住地和单位自然划分的板块性社区；以封闭型社区为单位的小型社区；以职工家属聚居区为单位的社区；按功能划分的功能型社区。这样的划分，遵循了因地制宜的原则，便于政府合理规划，发展各社区优势。

其次，社区的定位是介于街道和居委会。有数据显示，全市按照居民实际居住地重新调整了社区规模，小的1 000多户，大的2 000户~3 000户。市内5个区有2 011个居委会，共组建了832个新社区，比原来减少58.6%。

第三，管理体系包括决策层、执行层、议事层和领导层。决策层是社区的权力机构，由社区居民和单位代表组成；执行层是社区管理委员会，负责日常工作，包括教育、服务、管理、监督，组成人员有居民委员会成员、户籍民警、物业管理公司负责人；议事层主要的是对社区事务有协商、监督的职能，由社区内人大代表、政协委员、知名人士、居民代表组成协商议事委员会；领导层，即党在社区建立基层组织，有党总支和党支部。

不难看出，沈阳的社区管理模式很好地体现了“小政府、大社会”的管理理念，社会组织被赋予更多的权力，从而有利于其在社区管理和建设中发挥主动性和创造性；民众参与有利于社情民意的迅速和有效传递；而政府则充当起保护这一模式顺利运行的规则、法律的制定者

3. 半政府主导半自治型

如名字所示，该模式介于政府主导型和自治型，是一种“条块结合”的管理模式。“条”指的是进行专业管理的各职能部门，“块”指进行综合管理的地域性机构，条块之间互相协调，形成责权利统一、条块结合、以块为主的管理模式。上海市社区管理即是该模式的代表。

上海市在“两级政府、三级管理”的社区管理新体制中，形成三个层面的组织管理系统，如表5.2所示。

表 5.2 上海的社区管理模式

	构成单位	职能
领导层	街道办事处及城区管理委员会	街道办事处对社区事务进行领导、协调、监督等；管理委员会对社区事务进行商量、协调、督察等的行政协调职能
执行层	市政管理委员会、社区发展委员会、社区治安综合治理委员会、财政经济委员会	负责市政市容工作、社区福利、劳动就业、治安工作、扶持及引导街道经济
支持层	社区内企事业单位、人民团体、居民群众自治组织	对社区事务进行商议、协调、指导、监督和咨询；配合社区行政并促使其社会化

上海在 1996 年之所以能够建立“两级政府、三级管理”这种社区管理新体制，得益于上海本身具备了以下客观条件。

（1）“八五”的经济成就为社区新体制的实施提供了良好的条件。“八五”期间，上海浦东开发和对内对外开放取得显著成绩，经济体制改革有了重大进展，各项社会事业蓬勃发展。这些成就，加之多年来城市管理经验的积累，为加强社区建设与管理提供了巨大动力。

（2）对强化街道的管理职能形成了三点共识：①是着眼于改革城市管理体制，建立与社会主义市场经济相适应的新的社区管理体制，不能再基于简单放权上找出路；②是需要从强化街道一级行政管理的功能定位上突破，条块共同实现以块为管理中心的现代化管理模式；③是要发挥基层民主的作用，从加强居委会的作用入手，使居委会成为不仅是社会治安综合治理的载体，也是社会主义精神文明建设的载体和人民安居乐业的基地。

（3）上海地区，街道已经相对成为一个政治、经济、社会实体。①从政治结构看，街道实行的是居民代表大会制度，街道办事处每年都要向居民代表汇报工作。这种制度和乡镇人民代表大会性质不同，它不具有法律地位，但是社区的事务是需要它发挥作用的。另外，市、区人民代表大会都按单位所在地划分小组进行工作，也在一定程度上给予了其参政议政的力量。②从经济能力看，目前街道日常行政经费大部分已由街道经济独立承担。③从当地居民的意识看，大部分居民普遍认同，社区是在街道党政组织的管理和指导下，由区域内的单位和居民群众共同参与的社会共同体。所以，在今后的社区建设和管理工作中，街道是有着良好的群众基础的。

（4）改革已经在不同层面与领域展开。市一级，房管、环卫、工商等部门政事、政企分开的改革已经起步，这些有利于重新配置管理力量、提高行政效能；区一级，已经有部分区划为机构改革的试点，初步完成了市政管理方面的机构撤并，在实际运作中引进了市场竞争机制，运行情况良好；街道这一级，从 1995 年上半年起，大部分区已经在一至两个街道进行改革试点，有的已取得突破性进展。随后，上海地区制定了与其国民经济和社会发展“九五”计划相配套的社区建设与管理的总体思路，改革就可以由点到面、全面展开了。

从上海社区管理模式可以得出，半政府主导半社会自治的社区管理模式，是国家由“集权”到“放权”，职能随之转变的过渡模式，是让政府推动公民参与社区事务、社区服务与社区管理，以行政力量培育公民社区归属感和社区自治意识的模式。

在我国，社区管理工作至今还处于探索、发展阶段，回顾我国社区工作的历史，从重视到建设不过近20年的时间，社区管理模式仍然不成熟、不完善。总结一下我国社区管理模式，主要有以下特点。

(1)中国的社区管理是在中国共产党的领导下统一进行的。中国共产党是中国社会主义事业的领导核心，党对社区工作的领导是中国社区管理模式的一大特色和优势。中国的社区管理需要党的领导，一是有了党的政治上的领导，才能保障社区管理工作沿着中国特色社会主义方向前进；二是党的方针、政策要落实到社区工作中，就需要党的组织领导，即向社区组织推荐领导干部，对社区管理者进行培养、考核、监督；第三，党的领导还包括思想领导，以利加强社区精神文化建设，提高居民的文化素质。

(2)指导社区管理的思想还需要进一步解放。尽管我国改革开放几十年了，但是社区的管理者多半还是带有传统计划经济时代的思想，即“计划、统一、权威”，权力集中于手不愿下放，这是与新时期的管理思想相悖的。为了建设新型的社区管理模式，除了引进新型的社区管理人才，更要让原来的管理者更新观念，与时俱进。

(3)社区管理主体趋向多样化。过去，社区的事务主要由政府相关的各职能部门或是作为政府派出机构，如街道办事处来管理。随着社会的开放与自由，各种市场主体，比如物业管理公司、服务性的中介组织、公益性组织、各种文化团体、妇联、共青团等，也广泛加入到社区事务的管理中来。居民也通过居委会参与到社区管理当中。主体的多样化，最终有利于形成政府、市场、社会三方共同参与管理社区事务的良好局面。

(4)我国社区管理中，社区组织力量薄弱。表现在机构设置、人员配备、经费来源、基本设施与所承担的职责任务不相适应。街道办事处是社区管理的主体，法律上它是政府派出机构，为本社区的居民提供服务与便利。但是实际情况是，街道的权力往往有名无实，在城市管理、经济建设、社会保障等方面不能实行责、权、利相统一，在实际工作中，会出现政出多头的尴尬局面，各职能部门配合不够，整体工作成效不高。

(5)社区管理中，缺乏对社区管理权力的监督与制约机制。现实情形会出现社区管理的行政主体，如街道办事处等，只对自己的上级负责，而不对本应服务的社区居民负责。社区管理权力不能真正发挥为社区居民服务的作用，甚至还成为个别人以权谋私的工具。一个健全的社区机构，不仅要有来自上级主管部门的要求和监督，还要主动和群众打成一片，接受来自社区主体的监督。

总而言之，我国的社区建设与管理应朝着社会化的方向发展，加强法制建设，使社区的社会化发展有法可依，合理界定社区组织的功能与职责，着力培养和发展社区非营利性组织，逐步实现社区管理的自治性，并以提高居民生活质量为宗旨，最终有利于我国城市社会经济整体的顺利发展。

5.2.2 国外社区管理模式

社区发展计划,实质上概括起来就是“小政府、大社会”,以社区建设为重心的城市管理模式。目前,全世界已经有70多个国家推行了此项计划,通过社区建设、社区发展来解决工业化和城市化带来的问题,已成为许多发达国家的成功经验。国外城市社区主要特点有以下几种。

(1)发达国家的社区组织体系完整。通常包括以下几个层次:第一层次主要负责社区管理的指导性工作,结合社区实际并参考专家的意见作出本社区建设的方针原则;第二层次负责社区的建设工作,并设立相应的机构;第三层次是与第二层次紧密联系的,第二层次中已经为社区的建设设立了若干机构,比如各种教育机构、医疗设施、环保设施等,到了第三层次就是在第二层次的基础上再下设各个具体的分支机构,分管各项专门工作,比如青少年的教育工作,居民的医疗保健,社区的环卫工作等。

(2)社区经费来源渠道丰富。在国外,根据各国实际不同,社区工作所需要的经费来源主要有以下几种:一是政府的财政拨款,这笔款项通常用于社区内公共设施的日常支出;二是社会上的捐助,有个人和组织名义上的;三是来源于社区组织的自筹经费。这种情况多发生于欧洲国家,完全自治性的社区组织的领导者基本上是志愿者,其他工作人员的工作是兼职或是义务性的,如果组织某项活动,经费就需要组织成员自筹。

(3)西方社区管理的法制性较强。当社区中各单位、各利益团体、各家庭在城市中发生各种关系或者这种关系有矛盾和冲突时,西方国家的做法都是以法律为准绳,调整各自的利益关系。每个社区居民的行为都会有法律的保护和约束,所以他们的城市管理都是比较成功的。

(4)社区设施比较完备。国外较为成功的社区中,各种基础设施和生活设施配套齐全。社区中有幼儿园,有从小学至高中的学校设施,有为老年人专设的活动娱乐场所。医疗保健设施齐全,一般常见的小病和各种防疫工作可以足不出社区就能得到良好的解决。社区中的水、电、煤以及暖气的供应充足,通讯设施便利,各种生活垃圾有专门的物业人员及时清理处理。社区居民在此生活得安逸、舒适。

由于各个国家的基本国情、历史背景不同,国外社区管理模式也大不相同,他们也都在自己国家发展的实践中探索更适合本国国情、更为完善的社区管理模式。以下列几个国家为例。

1. 新加坡模式

新加坡模式属于政府主导型治理模式,由政府设立专门的社区治理管理部门,因而社区管理受到政府行政力量的影响和控制较强。

在新加坡,社区治理管理部门称作国家住宅发展局,负责社区工作的指导和管理。其主要职能有:①规划,主要是住宅小区、邻里中心、社区中心及其中的公共服务设施的规划;②中介,充当政府与社区的联系渠道,并且为居委会提供办公场所和所需设施;③社区组织领导人的培训,包括社区领袖和居民顾问委员会、社区中心管理委员会、居民委员会的培训;④财政支持,为社区管理提供资金;⑤宣传,通过开展特定主题的活动,倡导有益的价值观。

总结一下,新加坡社区管理模式的特点如下。

(1)政府主导社区行为。政府通过其管理部门国家住宅发展局对社区的干预较为直接和具体,为了便于管理,政府在社区设有各种形式的派出机构。

(2)社区组织机构自上而下形成完善的体系。由于政府主导,社区组织机构职能分明、结构严密,对社区管理有条不紊。在新加坡,社区组织主要有三个,即社区中心管理委员会、居民顾问委员会、居民委员会。社区中心管理委员会又有下设机关,分别是妇女委员会、青年组等,这些组织都对社区居民无条件免费开放。居民顾问委员会主要的职能是负责整修社区内的公共福利,协调社区中心委员会和居民委员会及其他社区内的事务,它在整个社区中的地位最高。居民委员会主要承担治安、环卫以及组织本小区内的活动等事务,它在社区中属于第三层次的组织。

(3)社区居民参与率低下。这是由新加坡的历史文化传统、政治经济背景决定的。新加坡的市场体制和法律的历史不够长,各项工作主要由政府主导,社区组织行政化。社区居民对社区发起的活动参与热情不高,社区民主观念淡薄。

2. 美国模式

美国的社区管理模式属于典型的社区自治模式,其主要特点如下。

(1)美国社区发展的主要依靠力量是非营利性组织。非营利性组织在联邦、州和城市社区等各个层次间都建立了组织网络,并开展了形式多样的社区服务和社区发展项目。但是在20世纪30年代罗斯福执政以来,一直主导美国社区服务的力量是公共机构,到了1960年以后,美国发起了“向贫困开战”,当时政府又面临财政紧缩的问题,所以联邦政府开始重视非营利组织在社区服务和社区发展中的作用。目前,美国的非营利组织的数目达到137万个,他们组织严密、机构健全、运作规范、责任感强烈,因而,非营利组织在美国民众中的形象非常好。

(2)民主观念强,主要依托社团组织。在美国,社团组织比较发达,主要依靠社区居民自由组合、民主选举产生。这些组织以服务社区民众为宗旨,以寻求和发现新的社区需求为动力。社团组织的内部结构一般分为三个层次:第一层次是董事会,成员由出资人、社区居民代表、政治领袖和社会工作者组成,主要职责是制定方案、确立目标和招聘成员等;第二层次是执行总裁,受到董事会的制约,其主要职责是执行董事会制定的方案,管理组织资源,开发服务项目,争取社会募捐,考核和评估工作人员;第三层次是带薪工作的职员,其主要职责是协助总裁开展日常工作,进行人员培训等。美国的社团组织在财税政策方面都可获得来自政府部门的大力支持。

(3)注重社区规划。美国的社区特别注重人与环境的协调。因而在社区规划中对是否满足社区内居民需求、保证居民生活质量的部分考虑得细致入微,然后再从整体上把小区的规划设计融合到城市总体规划之中。可以说,美国的社区规划是严格合理的,与相应的文化背景相协调,文化特征较为明显。

(4)注重法律,强调依法管理社区。众所周知,美国是个崇尚法律的国家,社区作为国家最为微观的组成部分,自然也必须依法行事。1960 年以来,美国联邦政府就城市社区发展颁布了诸多法律和法规,比如《住宅和社区发展法》《社区再投资法》《国家和社区服务合作条例》等。相应的,各个州、市政府和立法机构也制定了与联邦政府法律相配套的法律和法规。通过这些,足见美国的社区管理是多么强调法制的功能。

3. 以色列模式

和日本城市社区管理体制类似,以色列模式属于典型的混合治理模式,而混合式社区管理模式的特点或者是由政府行政人员与地方及其他社会团体代表共同组成社区治理机构,或者是政府部门只负责社区工作的规划、指导,并给予财政上的支持,而以社区自治和管理为主,这里政府的力量或是干预,相对比较宽松、非直接的。

具体来说,在以色列,全国性的社区组织称为"以色列社区中心协会",该协会实行董事会负责制,董事会组成人员来自政府代表、地方代表及其他社会机构代表,并由居民选举产生。协会的职能是对全国各地的社区中心负有指导、协商、培训、监督的职能,政府对协会负有指导、支持的职能,并通过文化部和教育部进行。

各地设有社区中心,其功能相当于一个负有限责任的行会或赢利性机构,享有独立组织个体的地位。社区中心实行管理委员会负责制。管理委员会的成员由地方政府代表、居民代表、教育部和文化部的代表、犹太代办处以及社区中心协会的代表组成。社区中心通过管理委员会负责本中心的预算、组织和计划等。

为了协调相邻社区间的关系,各社区会组成不同区域,每个区域都设有一名主管,职能是指导各社区的工作,并同地方当局和各种社会组织保持联系,为社区中心创造良好的外部环境。

以上三种城市社区管理模式分别代表了三类典型的管理模式。这是由其他各自国家不同的文化传统和政治经济背景决定的。在不同的社区管理模式中,政府与社区的关系不同,有的以政府为主导,有的以社团等非营利性组织为核心,还有的政府和社区组织管理兼而有之,在此基础上,产生了不同的运行机制和结果。对这三种社区管理模式,有人这样评价:"如果说这三种社区管理模式分别反映了不同的民主和自治制度,并体现不同的发展水平,那么他们会依次交替。社区自治模式是先进的社区管理模式,是另外两种模式的发展方向,其原因在于:民主是产生最合理、最公平现象的社会机制,民主和自治是人类历史发展的潮流。①"

国外社区管理模式的成功经验无疑是值得我们借鉴和参考的。从而使我们从我国的实际出发,走有中国特色的社区管理新路。具体应包括以下几方面内容。

---

① 谢守红,等:《国外城市社区管理模式的比较和借鉴》,载《社会科学家》,2004。

(1)着力培育和发展社区非营利性组织。在我国,应将非营利性组织发展为不仅承接大部分社会管理和服务的工作,还要能够吸收大量劳动力、创造就业机会的组织。建立一个精通于市场分析的社区管理队伍,增强他们发展社区经济、改善居民生活水平的服务能力,积极为本社区各类单位、组织和居民提供信息和可能的社会支持。非营利组织要成为沟通政府与居民的桥梁,发挥缓解社会矛盾、化解危机的润滑剂作用。

(2)加强社区法制建设,使社区事务开展有法可依。国外经验告诉我们,一个社区管理的成功离不开健全法制的支持。但我国目前的状况是,社区管理法制很不健全,没有相应配套的地方性法规。而法制建设是实施社会化管理的前提,所以加紧建立和完善社区管理的法律法规,以明文规定各社区组织的职能关系,使社区管理有法可依,步入法治化、规范化的轨道。

(3)要科学规划社区建设。社区规划是社区建设的发展蓝图和指导社区工作的纲领。必须遵循"以人为本"、"可持续发展"、"人与自然和谐相处"的原则,制定符合本社区实际情况的长、中、短期规划。社区规划制定要有社区居民的参与,体现他们的需求与愿望。要注意与周围的环境及所在城市的文化氛围相适应,力图建设有地方特色的文明社区。

(4)引导城市社区由行政体制向自治体制转化。政社分离,是社区组织发展的方向。这一发展方向的目的,就是让社区组织不要成为政府机关的附属物。为此,社区组织首先要做的是合理确定社区组织的功能,明确各层机构的职责。还要吸引社区居民加入到社区管理当中,提高社区居民自觉参与社区管理事务的意识。社区成员代表大会、社区事务协商制度及选举社区领导就是不错的提高全民自主管理社区事务的活动。通过这些活动,不仅有利于提高社区的自治能力,还能完善社区组织的管理体系。

5.3 具体模式

5.3.1 沈阳模式

1998年,沈阳市在和平、沈河两区试点的基础上,全面开展了新社区改革。该模式根据有利于发挥社区功能、有利于资源共享、有利于社区自治和社区管理的原则,将几个居委会统一为一个社区,社区居民、单位和组织、个体私营者均为社区成员,并借鉴了农村村委会建设的一些经验和做法,如引入竞争机制,实行差额直接选举,推行公开办事和服务承诺制度等,逐步建立起以居住地为特征,以居民的认同感和归属感为纽带,以提高居民生活质量、综合素质和文明程度为目的,以社区成员的自我教育、自我服务、自我约束为手段,有党的领导、社会各方参与、群众自治管理的区域性文明小社会,是一种实行社区自治、社区内资源共享、部分政府职能交由社区承担的模式。

5.3.1.1 沈阳新社区改革的基本内容

沈阳模式实际上是一种社会化自治管理的运行机制，形成共居一地、共同管理、共促繁荣、共保平安、共建文明、共求发展的局面。

具体说来，沈阳模式的基本内容主要有以下五个方面。

1. 社区定位

目前，全国社区定位的做法有三种：①定位在居委会，即以现有居委会辖区为社区；②定位在街道办事处，以其所辖区域为社区；③定位于前两者之间。前两种做法的弊端在于：定位居委会，使得社区规模小，资源被分割，造成资源的浪费；定位街道办事处，易使社区成为政府的"附属机构"，不利于社区民主化。而第三种做法一方面保证了社区居民"当家作主"的权利，居民自我管理，自我教育，充分发挥自己建设自己家园的积极性；另一方面，由于社区建设初期是需要政府的指导、支持和帮助，所以需要政府一定程度的介入，形成既超脱于社区之外，又融入社区建设当中的局面。沈阳模式即是第三种的社区定位，全市按照居民实际居住地重新调整了社区规模，小的1 000多户，大的2 000~3 000户。市内5个区有2 011个居委会，共组建了832个新社区，比原来减少58.6%。

2. 合理划分社区

沈阳市首先确定的划分原则是有利于社区管理、自治、资源利用，有利于提高工作效能，有利于居民行使民主权利和优化资源配置，再按照社区基本要素即居民居住的地缘关系、心理认同感等，将社区划分为四种类型：①"板块型社区"，依据居民居住和单位自然地域；②"小区型社区"，以封闭的小区为单位；③"单位型社区"，以职工家属居住区为单位；④"功能型社区"，依据不同功能特点，以高科技开发区、金融商贸开发区、文化街、商业街为单位。这种划分被实践证明是科学的，有助于社区组织因地制宜开展社区工作，使资源得以有效利用。

3. 建立新型社区组织体系

这个组织体系包括：①决策层，由社区居民和单位代表组成社区成员代表大会，定期开会讨论决定社区内的重大事项，这是社区内的权力机构；②执行层，由居委会成员、户籍民警、物业管理公司负责人等组成社区管理委员会，其职能主要是教育、服务、管理、监督，对社区成员代表大会负责并报告工作；③议事层，由社区内人大代表、政协委员、知名人士、居民代表、单位代表组成的协商议事委员会，其职能是在社区代表大会闭会期间行使对社区事务的协商、议事职能，有权对社区管理委员会的工作进行监督；④领导层，即社区党组织，按照党章规定，设立党委、总支和支部。社区组织体系如图5.3.1。

4. 明确社区职能

(1)管理职能。组织群防队伍，维护本社区的治安；加强对流动人口和刑教人员的控制；调解民间纠纷，防止矛盾激化，促进家庭邻里和睦；协助搞好"净化、绿化、美化、安全"为内容的安全文明小区创建活动；协助搞好居民的交通车辆管理；协助做

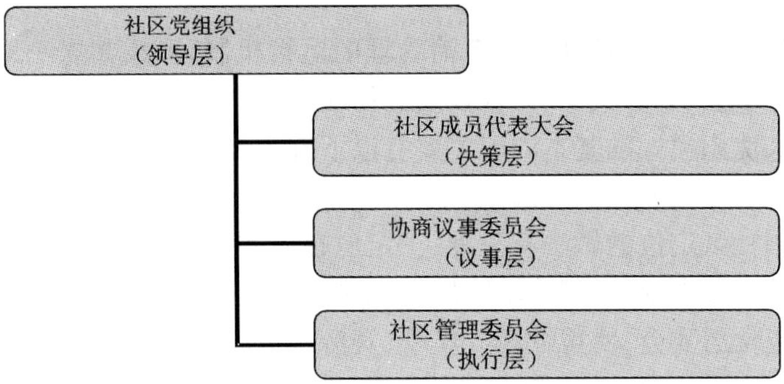

图 5.3.1

好计划生育工作及其他政府行政工作。

(2)服务职能。组织居民开展便民利民的社区服务活动，形成为老年人、残疾人和优抚对象、普通居民生活提供服务的多层次服务网络；开辟多种渠道，帮助下岗职工和无业人员就业；成立社区志愿者服务队伍，实现群众互助互济。

(3)教育职能。开展多种形式的精神文明建设活动，提倡科学，反对封建迷信，树立文明新风尚；宣传党的方针、政策和国家的法律、法规，教育居民履行依法应尽的义务；开展主题宣传活动，提倡科学文化，反对封建迷信，树立家庭和谐的道德新风尚；增强居民的社区意识、参与意识，形成良好社区氛围。

(4)监督职能。监督政府有关人员的执法情况和公共事业，如环卫、供电、供水、供暖的服务情况，及时向有关部门反映“社情民意”，维护居民合法权益。

5. 成立社区志愿者队伍

社区志愿者队伍是社区居民在政府指导和支持下开展的各种福利服务和便民服务，满足了人们的物质生活，同样也丰富了精神生活。沈阳模式中，在社区管理委员会的指导下，大力发展了社区志愿者队伍，不仅提升了居民日常的生活质量，更重要的是通过这种形式，让居民参与到社区建设当中，增强了归属感和主人翁的自信心。这就充分利用了本社区的资源，形成了“我为人人，人人为我”的良好社区氛围。

5.3.1.2 沈阳模式的评析

进入市场经济以来，我国城市社会闲散人员明显增多，社会职能逐渐从单位中分离出来，人们的生活需求也呈现出多元化和多层次化，不同利益的碰撞与摩擦时有发生。那么，如何将城市闲散居民组织起来，如何提供更多高质量的服务以满足不同层次人们的生活需求，如何化解人与人之间的利益冲突，成为当下城市社区建设面临的共同问题。而沈阳模式的出现就是对这一问题的初步尝试。有人把沈阳市比喻成城市的“小岗村”，“沈阳的模式必将推动基层政治体制的改革”，“沈阳模式回答了城市社区工作面临的共同性问题”①。总之,作为典型的“沈阳模式”,是全国城市社区管理模式建设的有益参照对象。

实践中,沈阳模式在以下几个方面还需努力:①社区居民主动参与社区建设的积极性不高。有数据显示,目前社区志愿者人数还不足社区成年居民总数的10%,且以老年人为主,初中以下文化的居多;②政府财力上支持不够,在发达国家政府社区投资一般在50%以上,我国目前最多的也只有30%,而沈阳的情况更是低于此水平;③社区组织运行机制不完善,因为社区组织存在党、政府、社区居民和企业等多个主体,一方面要实现社区的自治,另一方面又要坚持党和政府的领导,还要避免完全的市场行为,如何处理各方之间的利益关系是个难点;④没有建立起社区服务的产业化、社会化运行机制。这要求社区除了继续重视为各类弱势群体和优抚对象提供免费的福利服务外,还应努力开拓为广大居民服务的项目,其中可以扩大有偿服务的比重,实现无偿服务和有偿服务相结合的社区服务格局。

5.3.2 上海模式

上海的社区,可以称之为“街道社区”,它往往是由数条马路和几个弄堂或胡同组成,也就是说,上海模式中的社区基本定位于街道一级。街道既是政府行政管理的区域,也是人们生活的基本聚居地。

上海模式中,社区管理是以街道管理体制为主体的,政府在其中发挥主导作用,因此具有行政性和社区性的双重属性。

1.“两级政府、三级管理”

1996年,上海市委、市政府召开了城区工作会议,提出了在上海社区建立“两级政府、三级管理”的新管理体制。

“两级政府、三级管理”的具体内容:在市区两级政府的基础上,形成市、区、街道办事处三级纵向管理体制,扩大街道办事处的管理权限,充分发挥其管理职能,使其充当起街道社区领导者的角色。街道办事处的行政管理职能扩充到对辖区内的事物有组织、领导、综合协调、监督、检查等权力,以块为主协调条块关系,二者相互配合形成“条”“块”结合的新型管理体制,力图改变过去的“条管不到底,块管不到边”的弊端。

2.实施“两级政府、三级管理”的必然性

从“两级政府、三级管理”的内容可以看出,这项体制的着眼点在于基层政权的权威和效能,这对于我国城市管理现代化和社区发展的进程来说,是一项有利举措。

(1)社会情况的日趋复杂,尤其是城市管理对象的复杂化,要求强化街道办事处这一基层组织在城市管理中的社会地位与其管理职能。改革开放以来,经济、社会和城市建设的快速发展,伴随的是城市管理中不断涌现的新问题,比如流动人口的剧

---

① 何云峰:《社区管理概论》,上海,上海三联书店,2002。

增、用人制度改革而造成的失业人群、人们社会交往的不断扩大和社会生活的日益多样化等等，所有这些，如果单靠市、区两级政府来承担，便显得“力不从心”，也管不好。所以，社区街道一级不可避免地需要承担起自己辖区内的管理任务。同时，政事、政企的分开，意味着政府、企事业单位的角色、功能的重新定位，原本由企事业单位承担的社会管理和社会服务职能“回归”到社会，有利于街道的“社区化”进程。

(2)“两级政府、三级管理”的推行有利于推动社区良性发展。“社区发展”是一个地区从规划到文明建设的一系列项目工程，具体说来包括社区规划、社区基础设施建设、社区文化和精神文明建设、社区中介机构和专业社区人员、各类社区服务和社区管理体制等。特别是在上海这座国际化的都市，居民文明素质的提高，生活环境和生活质量的改善，子女的入托、就学、就业与再就业状况，文化体育活动，社会安全感的维系以及对社会服务的各种需求等，已越来越依赖于社区，居民同社区的互动交往也不断增强。另外，市、区两级政府负责的城市管理工作、精神文明建设、社会保障体系的建立、社会治安与社会稳定等任务，都必须通过街道这一基层社区加以贯彻和落实。市、区两级政府应分别承担宏观和中观的规划、建设和协调职能，并且对街道工作进行监督和指导。而街道办事处担负的是本社区内部的微观层次的管理事务，比如大力培育各类专业化的社会服务中介机构，切实规范这些机构的服务行为，使之能为居民提供有效、实在、便利的生活服务。

(3)构建“街道—社区”一级的管理体制，加强了基层政权建设和社区管理。虽然街道办事处和区级政府职能部门的派驻机构不是一级政府，也不是一级政权，但是它们是基层政权的重要组成部分，是社区里的政府“代言人”。这一点已经得到社区居民的一致认同。我们需要进一步改革旧的管理体制，理顺区政府各职能部门在街道的派驻机构与街道办事处之间的条块关系，积极构建以街道办事处这个“块”为主，条块结合、职责明确、统一协调、高效廉洁的城市管理新体制。此外，街道办事处应通过居委会和各类社会中介机构的培育、指导和监督，使之真正成为基层政权的基础，为社区居民提供优质的中介服务。

3. 上海模式中的四大结构要素

结合上海市社区结构的特点，社区建设基本上形成四块工作系统，而正是这四个工作系统建构出了“上海模式”。

(1)党的群众工作系统。①上海确立了党在社区管理中的核心地位，成立街道党工委，全面发挥党的政治领导功能；②建立社区党建联席会议、社区党校等这些构成社区党建的新的组织体系，有利于动员在职党员参与社区建设，增强党在社区建设中的活力；③建立党员社区志愿者队伍、社区党风廉政监督站等组织，通过切实解决社区群众的物质生活困难，满足群众的精神文化需要，来加强党与群众的联系，巩固党的群众基础。

(2)社区生活服务系统。随着社会生活水平的提高，群众的生活需要越发多层次、多样化，从这一实际出发，上海努力构建以地域为依托，形成市场、政府、社区、居民各方共同参与治理的丰富多彩的生活服务系统。具体做法:①培育各类服务组织,如建立社区文化活动中心、社区医疗卫生中心、社区生活服务中心等组织和机构,发挥便民利民的服务功能,并且推进社区服务的产业化和社会化;②引入市场机制,即探索物业管理市场化、环卫保洁市场化,通过竞争机制来提高社区服务的经营管理水平和社会效益;③倡导居民自发形成互助友爱的公益性组织,形成良好社区氛围。

(3)城市基层的行政管理系统,即前文提到的“两级政府、三级管理”的管理模式。这种模式的目的在于进一步理顺政府行政体系中的条块关系,理顺综合服务和专业管理的职责划分,促进行政资源的合理分工和有效整合,形成“合力”加强社区的行政管理。实践中,有以下措施:①放权,通过授权、委托等方式下放部分监督处罚权,如私房建筑管理、建筑工地文明施工管理、市容环境管理、居民住宅验收、绿化环保初审、物业公司的监督管理等;②成立城区管理委员会,这是作为规划、协调、指导地区性城市管理事务的临时机构,因而加强了街道的协调统筹能力;③“政社分离”和“政事分离”,如将行政事务受理中心、社会保障事务所、社区服务中心等事务性机构从行政机构中“剥离”和分化出来,使行政职能和社会职能分离,这是政府转变其职能的有效表现;④成立综合执法队伍,由治安警、巡警、市容监察、工商、环保、卫生防疫、土地规划等多部门人员组成,接受城管会的领导。

(4)居民的社区自治参与系统。现代社会,公民权之一即是拥有对其所在社区的事务的自主权和自决权。而社区居民行使权力的组织是居委会。我国宪法第111条规定:“城市和农村按居民居住地区设立的居民委员会或村民委员会是基层群众性自治组织。”历史上,由于传统行政体制运作的惯性,居委会多是承担了行政组织指派的行政事务,实质上成为了街道行政机构的下属办事机构。这显然已经不符合如今的社会环境。在“上海模式”中,居民的社区自治参与系统实际操作有:①设立居民区的议事机构,如“居民区议事会”或“居民代表小组”,人员可由居委会聘任或是居民推举,主要职责概括为“参谋、桥梁、宣传、监督”;②推行居务公开制度,作为推动民主监督体系形成与发展的途径;③形成居民代表会议及其常任制、居委会工作制度、社区工作者专职队伍等,探索建立基层民主参与的组织架构和运行机制;④进行居委会民主选举的改革试点,目的在于并且实践证明,增强了居民的社区认同感、归属感和社区民主参与意识。

上海模式的社区建设,改善了上海地区的人文环境,各类服务设施的建造和使用,文明小区氛围的营造,街道建设和领导政绩的结合,使得上海社区中涌现出大量文明社区、示范街道、示范居委会,其提供的实践经验成为其他城市推行新型管理模式的典范。

5.3.3 青岛模式

青岛模式是区、街道、居委会三级组织机构的、寓社区管理于社区服务之中的模式。区成立社区建设指导委员会,街道成立社区建设协调委员会,居委会成立社区建设管理委员会,并相应建立了区、街道、居委会三级社区服务中心,形成便民利民、为老年人服务、为残疾人服务等九大服务系列。

1987 年,青岛市市南区的社区服务项目启动,其工作的重点是社区服务。1996 年,市南区被评为“全国社区服务示范区”,此后,市南区在原有基础上实施了大规模的居委会调整,数据显示:市内四区居委会由 786 个减少至 562 个,并从下岗职工中选聘 562 名为社区工作助理。青岛市市委、市政府出台了《关于加强社区建设的指导意见》,全市 51 个街道办事处全部建立起社区服务中心。

青岛市的社区建设主要可以概括为五个方面,即“五位一体”。

(1)社区服务。成立社区服务中心,并组建了社区服务专职队伍和社区服务志愿者队伍,其中,全市专职社区服务人员有 11 000 多人,社区服务志愿者组织 700 多个,人数超过 32 000 人;同时,完善市、区、街、居四级的服务网络,建立了社区服务管理体系、服务救助体系、设施服务体系,形成既相互独立又相互联动的网络。

(2)社区治安。成立治安巡逻防范队伍,人员由民警、社区保安人员、看楼护院人员组成,建立社区警务,推进基层治安防范网络。

(3)社区保障。青岛市建立了社区救助工作队伍,主要是对最低生活保障线、特困群体实物帮困等的属地管理,将社区服务和再就业紧密结合起来,积极发展社区养老。

(4)社区管理。在青岛,社区管理的范围包括:提高社区环境品质,整治社区卫生,提高市政、园林、环卫设施等的维护等级标准,并探索专业管理与社区居民自我管理相结合的途径。

(5)社区文化。“学习型社区”的活动在青岛市蓬勃展开,其中,创办了 200 多所市民学校、社区教育中心,增强了社区的文化教育功能。

社区就是一个“小社会”。社区建设的内容应有“大社会”的广泛内涵。因此,就要求各职能部门的紧密配合。“五位一体”工作方案的提出,使得市容、卫生、计生、环卫等部门率先面向社区转变职能。比如,市容、环卫部门联动,在各社区设立卫生站,定人定时负责全天候的保洁工作;在卫生部门的全力支持下,全区初步形成“横向到边广覆盖、纵向到底进家庭”的社区卫生服务网络。

“五位一体”的实施打破了政府各职能部门条块分割,解决了“有权的看不见,看见的无权管”的现象,形成了一种常态的部门联动社区工作机制,体现了社区共建共驻原则。最为重要的是,这种体制的实施,大大减轻了社区居委会的工作量,使之更好地为社区居民服务。

1999 年以后,青岛模式在原有基础上,形成了“五位一体” + “四配套”的工作格局。“五位一体”如前所述。“四配套”主要是:①配套搞好基层组织建设;②配套加强干部作风建设;③配套开展社区自治;④配套财力建设。

最后,在青岛模式中,它最大的特点就是其转换了原有城市管理的“套路”,将社区服务作为工作重点,通过全面深层次的服务来满足基层居民的需要,通过提升社区功能来发展社区。与青岛模式以社区服务为龙头推动社区建设和管理做法类似的城市还有南京、天津等地。

上述三类具有代表性的社区管理模式内容归纳如表5.3所示。

表5.3 沈阳、上海、青岛模式一览表

	沈阳模式	上海模式	青岛模式
社区划分	重新划分居委会范围,2 700多的居委会重组为1 277个新型社区,形成板块型、小区型、单位型、功能型社区形态	社区定位街道一级,通过街道组织居委会、中介组织、社会团体	1 176个居委会调整为521个社区,小于街道大于原居委会
组织体系	社区党组织,社区成员代表大会,社区协商议事委员会,社区管理委员会	二级政府、三级管理	市、区、街、居四级社区服务体系,包括社区服务、社区治安、社区保障、社区管理、社区文化五方面
资源运行		培育社会组织,引进市场机制	政府主导,促进社区服务产业化
推进方式	政府推进和民主自治	政府推进	政府和社会共同治理
核心特征	通过组织建设,促进社区民主自治体制	以街道为单位,依靠行政力量	以社区服务为工作重点,提升社区功能,推进社区发展

社区建设与管理模式因每个地区、城市自身特点和具体情况的不同,而表现出模式与模式之间的差异。在表5.3中主要比较了沈阳模式、上海模式、青岛模式在社区划分、组织体系、资源运行、推进方式和核心特征这几个方面的区别,而实践中,有些模式是比较成熟的,有些模式还在不断完善中。社区建设和管理实践的丰富性,使得要判定当前阶段城市社区发展的组织体系和运行格局是困难的。不同社区建设和管理模式有其值得借鉴和推广的优势,所以应该鼓励各地根据各自的具体情况,探索出适合自身地理、经济、文化等区位环境特色的社区发展模式,同时相互借鉴和融合,推动城市社区发展的不断深化。

中国社会独特的历史和人文生态环境培育出了具有中国特色的社区发展模式,表现在具体方式、发展道路和实施特点上,这些都与西方的社区发展存在着明显的区别。尽管到目前为止,我国城市社区建设和管理还缺乏系统成熟的统一规范,但是各地区通过相互学习,共同创新,边探索实践、边系统总结,充分展现了社区发展因地制宜、由下到上的实践性。中国城市社区建设正逐步理性地将社区从传统行政一体化的政府概念中剥离出来。社区自治能力的不断发展、壮大,社区公共资源的组织和利用不断增强,社区运行机制之间的完善,将会一步一步推动城市基层治理格局的形成。

参考文献

[1] 林流. 新时期社区建设与管理[M]. 上海:上海人民出版社,1996.

[2] 刘娴静. 城市社区治理模式的比较及中国的选择[J]. 社会主义研究,2006(2).

[3] 刘一环. 两级政府、三级管理体制改革是社区建设的先导[OL]. http://www.sino-v.com/Fzlt/fuwu/0008.html,2007-12-8.

[4] 浦兴祖. 特大城市城区管理体制的改革走向——兼谈“两级政府、三级管理”之提法[J]. 政治学研究,1998(3).

[5] 何云峰. 社区管理概论[M]. 上海:上海三联书店,2002.

[6] 谢守红,等. 国外城市社区管理模式的比较和借鉴[J]. 社会科学家,2004(1).

[7] 任远,章志刚. 中国城市社区发展典型实践模式的比较与分析[J]. 社会科学研究,2003(6).

[8] 何晓玲. 社区建设模式与个案[M]. 北京:中国社会出版社,2003.

[9] 毛明华. 社区管理模式之选择[J]. 社会,2001(3).

[10] 徐中振,徐珂. 走向社区治理[J]. 上海行政学院院报,2004(1).

[11] 马学理,张秀兰. 中国社区建设发展之路[M]. 北京:红旗出版社,2001.

[12] 多吉才让. 城市社区建设读本[M]. 北京:中国社会出版社,2001.

[13] 韦克难. 社区管理[M]. 成都:四川人民出版社,2003.

6

社区管理主体的多元化

学习目标

1. 通过本章的学习，使读者对社区管理的主体有所了解，诸如：政府、市场、民间组织等在现代社区管理中分别扮演的重要角色和发挥的重要作用等，这是读者理解本章的重点。

2. 随着社区自治在中国的发展，要了解社区自治的历史和形式，重点理解社区自治在我国的发展历程及今后的发展道路。

内容提要

社会公共事务的治理是一个多元的、多向度的互动过程，它由政府、市场、企业、社会、社会中介组织以及公民等多个主体来共同分担，并由此形成一个以合作、协商和伙伴关系为特征的纵横交错、多向互动的治理网络体系。随着市场经济的发展以及社会分工与职能的不断分化，社会资源的主体逐渐具有复杂化、多样化和多元化的特点。现代社区自治组织要建立社区居委会议事层与执行层分离的工作体制。

正如前面第一章中已提及过的那样，在不同的历史时期和发展阶段，在不同的国家和地区，在不同的文化背景下，社区总是多元化且不断发展变化着的。没有一个单一模式的社区，也没有一成不变的社区。诚然，社区管理的主体也和社区一样，不可能只有一个单一的主体，而必然是多元化的主体。

6.1 社区管理主体的职责和作用

从20世纪80年代开始，“福利多元主义”（welfare pluralism）的思潮开始兴起，90年代，许多福利国家做了进一步的调适，提出了许多新的策略与方案：政府不应该是福利的唯一提供者；福利的责任应该由公共部门、营利部门、非营利部门和家庭社区等四个部门共同负担。主张政府与民间合作，共同提供社会福利的各项服务。各国政府逐渐转变自身在社会福利中扮演唯一提供者的角色，出现了福利市场化、志愿化、地方分权化及福利社区化的趋势。所以，社区管理的主体也不该是政府一方面，应该包括社区组织、民间组织、家庭等各主体，呈多元化趋势发展。社区管理的目标就是通过多元权力对社区治理的参与，在多元权力格局职责分明而又相互依赖的基础上促进社区的良治，最终达到发扬民主、整合资源、促进社区建设的目的。这既是政治体制改革的过程，也是发扬民主的过程，同时也是社区建设和提高居民生活质量的过程。

社会公共事务的治理是一个多元的、多向度的互动过程，它由政府、市场、企业、市民社会、社会中介组织以及公民等多个主体来共同分担，并由此形成一个以合作、协商和伙伴关系为特征的纵横交错、多向互动的治理网络体系。因此，治理意味着政治国家与公民社会的持续互动合作过程，是政府组织与居民自治性组织或非政府组织的持续互动合作过程，是公共机构与私人机构的持续互动合作过程，是强制与自愿的持续互动合作过程。这些合作过程有分有合，有长期有短暂，有聚集有分散；但是基本上都是起码要有二者的共同利益目标，并且有着合作的诚意而进行的合作，只有这样的合作方才能成功，同时也会给整个社会带来福利。我们不妨称此为利益共同体，以图6.1来表示它们彼此之间的网络式的结构形态图。

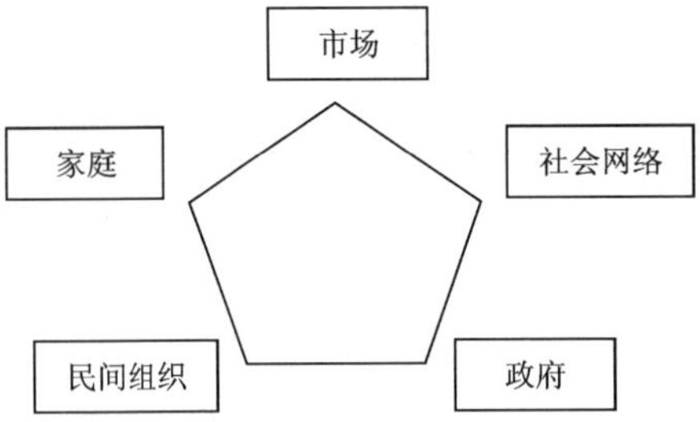

图6.1 网络式的结构形态图

6.1.1 政府组织在社区管理中的职责和作用

政府组织是指为执行国家权力，进行政治统治并管理社会公共事务的机关。根据我国《街道办事处组织条例》，街道是市或市辖区的派出机构，是我国城市中的最基层的行政组织。因此，政府组织在社区管理中的职责和作用是特指街道及街道以上的政府机构在社区管理过程中的职能和角色。它是政府对社区管理实施指导、调控和监督的各种具体的行为和过程，与政府在社区管理中的整体职能有着必不可分的联系。

在我国社区的形成过程中，政府力量一直起着积极的推动作用。在改革开放的背景下，社会主义市场经济成分和经济利益多样化，市场经济体制的建立和社会转型，引发社区自身无法解决的新的城市问题，社会生活方式和社会组织形式多元化，就业岗位和就业方式的多渠道发展，大量劳动者已从过去的“单位人”向“社会人”转变，社区上升为人们日常生活中联系最为紧密的重要活动场所，由此产生了大量的公共事务需要进行有组织和高效率的管理。因此，社区建设和管理还得靠政府的推动，政府仍然肩负着不可推卸的责任。而当前我国社区管理刚步入轨道，各方面的措施、制度还不健全、不成熟，与社区管理相关的法律法规尚不完善，社区管理机构发育不成熟，推动社区建设与发展的民间组织十分缺乏，社区服务的产业化发展滞后，社会资金注入有限，缺乏专业人员实质性地参与和推动社区管理的发展。从现阶段的社区管理实践看，完全依靠市场化的方式或半官方的社区组织甚至由社区成员自发形成的民间组织来实施社区管理，并不能满足社区成员的多方面需要。社区公共事务需要政府的直接支持与有效控制，需要政府的间接干预和保障平台。政府能不能履行好自己在社区管理中的责任，直接关系到现阶段我国社区管理能否有序健康地发展。

政府组织在社区管理中扮演着组织者和推动者的角色。政府是首要的管理主体，具有法律赋予的管理职责，同时掌握着社区发展的主要政治、经济和社会资源，所以相对于社区内其他组织来说，无论法律资格还是能力优势，政府都应主导社区的建设和管理工作。我国政府尤其是与社区建设直接联系的地方基层政府，是社区管理的组织者和推动者。政府的政策和态度往往被认为是社区管理的第一决定要素。发挥政府组织在社区治理中的作用必须要坚持党的领导。党的领导是社区治理的重要原则。社区党组织是本社区的领导核心，它对上级街道党工委负责，对社区的重大问题负有直接责任。社区居委会在法律上是居民自治组织，但在实际上却是科层组织，经费、工资待遇、工作安排、工作评定不依赖于居民，而是来自于街道。它们的权力来源不是来自居民的认可和对其权威的认同，而是来自上级政府。

从职能发挥看，街道、社区党组织决定本区域范围内群众性、社会性、公益性的重大问题，对特色社区的建设、政府机构改革和职能转变进行制度设计和工作安排，通过党组织的政治工作优势和组织工作优势，为社区建设任务的完成提供切实保证。从职能定位上说，在社区权力秩序重构和社区治理中，坚持党的领导具有实证的基础。但在社区治理中，党的领导主要体现在对社区内各类组织的协调上，体现在发挥党员的先锋模范作用、积极参与社区志愿服务活动并通过这种活动带动社区其他居民参与社区建设上，而不是“我说你做”的行政权力领导上。在我国社区治理中，从共产党的理论优势、组织优势、政治优势和人才优势上看，还没有任何组织可以像党组织那样对社区组织起组织协调作用。政府以其优势地位站在全局的高度，从整体和长远的角度来制定社区发展战略，统筹考虑，合理安排，整合社区资源，由社区行政机构对社区经济文化的有序运行和社区资源的合理开发配置进行宏观和科学规划，有效地发挥社区资源的整体效益，指导社区制定实现目标的措施和方法，发挥社会功能。

借鉴国外社区管理的经验，结合我国社区工作的实践，政府组织在社区管理中的职责和作用主要表现在以下几个方面。

1. 规范引导职能

在社区管理中，政府是最具权威性的组织，社区管理的决策权、计划权、组织权和控制权都集中于政府。社区管理人员的任命和指派，社区管理的经费和资源的提供，社区管理的指令和任务下达，社区管理绩效的检查和考核，都需要政府的积极参与。立法是政府着力于推动社区管理、落实其政治责任的重要手段。政府通过建立必要的法律保障体系，保障和规范社区居民自治活动，对社区中的各种组织行为和个体行为进行规范引导，实现有序的政治参与，使社区管理和建设有序稳定地向前发展。目前我国现行法律法规有关社区管理的规定一般都过于原则，缺乏必要的可操作性；对现有社区管理机构所应承担的公共管理责任，缺乏必要的描述性说明和明确界定；对这些机构的经费来源、基础设施建设、运行方式、考核目标和控制手段没有明文规定，具有很大的不稳定性。因此，政府应加强立法工作，建立健全社区管理的行之有效的相关法律法规，建立政府发挥作用的工作机制，加大对社区机构的扶持。

2. 信息沟通职能

我国城市中的许多新建社区，其管理机构的建立、公共设施（如医疗机构、学校等）的建设等，在时效性、适用性上都存在滞后性和不适应性，许多社区的公共服务出现了缺位，一些必要的社区基础设施建设，要么是不及时，要么是规范不适应，多数社区机构对小区流动人员和居民的构成、思想状况等信息缺乏有意识的完整统计和管理，传统意义上从事这方面管理的部门（如公安派出所），其入区、入院的责任、程度、时间等也没有法律规定。由于法律没有明确规定信息传递的责任、途径，社区管理机构与这些部门之间，在管理过程中的责任转移必然发生障碍，社区机构在落实过程中“等、靠、要、拖”的情况十分普遍，因此政府直接干预和协调不可避免。政府在社区机构与政府有关部门之间建立一套完备且必需的信息传递系统，提高横向和纵向的沟通效率，明确社区机构的责任和义务，通过对各业务机构的管理，指导各业务机构全面参与，促进社区建设。

3. 财力支撑职能

作为国家公共资源的主要拥有者和调配者，政府对社区建设和发展在物质和资金方面进行大力支持。一方面，由政府主导社区发展，社区建设和发展的大部分经费都来自国家的财政拨款。近年来，国家对加大社区物力和资金上的投入，在政策上都做出了相关的规定和措施。运用国家财政资金投入社区建设，可以不断提高社区硬件建设水平，改善社区环境，促进社区的稳定发展。另一方面，政府对社区管理的经济效益导向进行适当引导，强化经济核算和成本控制，树立有偿服务的理念。社区组织对所承担的服务和管理工作，既要看政治上是否需要，技术上是否允许，更要看经济上是否合算。因为社区组织不同于政府的行政管理，也不同于商业组织，提供一项具体的社区服务，社区组织可以不盈利，但也不能亏本，它提供的管理和服务应该是有偿的。如果社区组织为落实一项工作所支付的成本过高，在经济上成本远大于收益，政府有责任从经济的角度对此做出调整和安排，如对该计划提出否决建议或运用适当的补贴政策，等等。政府在其中的责任更加带有决定性。政府在出台有关社区管理的政策、法律和法规时，应该首先考虑社区组织的经济责任，对某项具体服务的提供方案，一定要以“最经济”为原则，要努力实现边际成本等于边际收益，使财政投入的社会效用最大化。

4. 动员参与职能

社区管理是一项复杂的社会系统工程，牵动着政府、社会各个环节的利益关系。在社区管理中，政府动员社区居民、经济组织、非政府机构等参与社区事务管理方面，也起着重要的引导和推动作用。首先，作为社区主人翁的居民，他们的参与热情是社区建设和良性发展的根本动力。社区参与是一种公共的参与，意味着社区居民对社区责任的分担和成果的共享，使每一个居民都有机会为谋取社区共同利益而施展和贡献自己的才能。因此，我国政府加大对社区居民自治性组织的培育力度，完善各种居民参与渠道，以提高居民对社区管理的参与意识和参与率。其次，对进驻社区的经济组织如物业管理公司，政府在城市社区中推广物业管理模式的同时，也应努力规范市场环境。不少小区居民自主选择物业管理公司的权力难以落实，物业管理市场缺乏公平性，社区管理人员素质不高导致的社区管理中的纠纷和矛盾频繁，这些突出的矛盾已经显现出来，我国社会整体处在转型过程中，不规范的市场行为一定意义上是难以完全避免的。因此，在充分尊重市场规律的同时，政府有责任维护一个良好规范的市场环境。如科学把握政治尺度，制定相关法律，在全社会倡导良好的契约精神，明确界定物业公司的职责，实现社区管理的契约化、服务化，建立社区管理从业人员的准入机制，对从事社区管理的组织和个人，建立必要的资质认证制度，为有效的社区管理提供技术可能。

5. 社区合作职能

政府在社区管理合作中的角色表现为政府是合作的引导者、协调者和监督者。政府要理顺社区管理活动中上下左右、方方面面的关系，使之成为合力，更好地为公众服务。伴随着政府权力下放，尚不能完全通过行政方式来协调，而是要通过政策、制度与机制的创新、工作的指导与支持等方式来协调。政府在对居民自治性组织或非政府组织进行必要的制度约束外，还应同时对其进行有益的激励和引导，为合作创造良好的发展环境。由于公共服务具有公益性和价格机制不灵活等特点，因此，政府在价格、税收、信贷等方面应给予优惠和补助，同时在公共事业的市场准入等方面给予公平机会，吸引和鼓励居民自治性组织或非政府组织的广泛竞争和参与。政府应通过各种途经向公众宣传公共服务和由各类非政府组织提供的知识和信息，鼓励公众通过价格听证、信息咨询、服务质量投诉等方式参与双方合作的决策。政府应当从维护公共利益的角度出发，对居民自治性组织或非政府组织提供的服务进行有效的监督。在居民自治性组织或非政府组织提供服务过程中,政府和私人部门的广泛接触,容易为权力腐败提供机会,使寻租行为发生的机会增大,因此,政府应当从完善相应的法规入手,对居民自治性组织或非政府组织的行为进行必要的约束和监督。

政府在社区管理中要以构建"和谐社区"为指导理念,摒弃传统的行政垄断的作风,准确把握自身在社区管理中的角色定位,与居民一起共同构筑"人、自然、社区"和谐发展的社区。所谓"和谐社区",是指基于法律框架和道德约束,以人为中心的人、自然与社区的协调统一。树立和谐社区理念,为创新我国社区管理中政府行为的运行模式提供了目标决策框架。基于和谐社区的理念,我们应当构造"以人为本、以可持续发展为中心、以服务为手段、以制度为保障、以道德为支撑"的政府行为运行模式。建设和谐社区要做到如下几点。

(1)和谐社区以人为中心,因为人既是社区发展的核心动力,也是社区发展的终极目的,在实现社区经济、社区政治、社区文化和人的全面发展的逻辑关系中,社区经济、政治和文化发展是手段,而人的发展是目的。所以,政府必须从过去重经济的硬件管理而忽视以人为中心的软件管理移到以人为本的管理上来,把人的全面发展置于首位,着力推进人的发展的社会化、个性化和现代化。

(2)和谐社区是人和自然的和谐,它主要是指尊重自然规律,爱护、保护居民赖以生存的环境,以及居民最大限度地合理利用社区资源,而不能过度地掠夺、破坏社区资源,这就要求政府改变过去以社区经济发展为中心的战略思维,坚持社区经济、社区资源、社区环境和社区人口的可持续发展,保护居民的生存空间,使居民能在有限的资源下推进自身的全面发展。

(3)和谐社区是利益协调的社区,构建和谐社区应当倡导和促进利益关系的一致性,这就决定着政府与社区关系应当是一种服务与合作的信任关系,而不再是传统意义上的命令与服从的对抗关系,即强调政府行使职权的目的不再仅仅是为了"管理",而是使政府能够更有效地为社区提供最好的服务。这就要求政府树立公共服务的意识,把手中的职权看作是为社区服务的职责,把社区组织和个人当作行政的主人或参与者。只有这样,才能在政府与社区之间建立一种和谐的新关系。

(4)尽管和谐社区追求的是利益关系的一致性,但是利益关系的冲突与矛盾在现实中却总是不可避免的。在此种情况下,就需要法律和制度发挥其平衡利益冲突的功能,以协调政府部门利益与社区利益之间、社区与社区利益之间以及社区内部各种组织和个人之间的关系。和谐社区只有在法律和制度的保障下才能实现。

(5)和谐社区的本质精神是互相帮助、互相照顾、奉献爱心。和谐社区的发展是社区居民归属感、认同感、责任感培育的过程,所以政府要加强社区道德建设,培育社区意识,以弘扬中华民族诚、信、善、爱的优秀传统美德为己任,有意识去创建社区居民精神寄托的平台,营造一个团结友爱、互助互利、民主和谐的氛围,构建"以人为本、以可持续发展为中心、以服务为手段、以制度为保障、以道德为支撑"的政府行为运行模式,是和谐社区的理念体现和发展要求。

制定科学的社区规划能减少社区发展进程的盲目性，使社区能在自觉自为中按预定的目标发展，从而可以降低社会发展成本，提高社区发展所需的资金和人力资源的社会效益。要制定科学的社区规划，必须从以下几个方面着手。

（1）提升社区规划的战略高度。城市社区作为城市的基本单元，其发展是城市和地区经济社会发展的重要组成部分。因此，社区要想获得长足的发展，必须树立社区规划的全局观，从整个城市发展的战略高度来制定本区的发展规划。具体来说，我们在制定城市社区规划时，必须以城市经济社会发展规划为主要依据，社区发展规划必须服从城市和地区经济社会总体发展规划和年度计划。社区规划只有以全市的社会发展宏观规划为基础，自觉与全市的经济发展、城市建设总体规划保持一致，才能确保社区与整个城市的同步发展。

（2）确保社区规划的前瞻性。要确保社区规划的前瞻性，就要从政府和居民两个层面来防止社区规划中短视行为的发生：首先，政府要强化自身意识，要认识到社区发展综合性很强，涉及经济和社会发展多个方面，要把社区规划纳入宏观视野，充分认识推动社区建设必须着眼于经济和社会的长远发展，做好前瞻性的系统规划；其次，通过完善社区规划中的公众参与机制，让社区组织和个人有机会参与对社区的规划，这在一定程度上制约个别政府当权者把短期规划当作他们追求政绩的垫脚石，避免损害广大社区居民长远利益行为的发生。

（3）确保社区规划的全面性。社区规划要充分考虑社区居民的各种需求，不仅要体现满足社区居民的物质需要，还要满足居民的精神需要；要体现提高社区成员物质和精神文化生活质量和整体生活素质的目标。无论是新城区开发和旧城改造，都应将社区的各要素纳入规划之中。一方面要做好硬件设施的规划。硬件设施是社区精神赖以生存的物质载体，通过良好的硬件设施，来繁荣社区的文化生活，进而提升人的精神面貌。另一方面，要注重社区内的软件建设规划。社区的软件是指社区的文化传统、历史渊源、风俗习惯、合作精神、价值、信仰、情操、知识、公约及其他一切的社区规范和控制力量。

政府是国家权力的行使者，负有依法行政、从事公共管理和公共服务的责任，它不仅通过税收成为社会资源的主要占有者和分配者，合法权力的行使者，公民权利、公平、正义的维护者，而且事实上负有管理社会、维护公共秩序的责任，所以政府作为社区治理的主导者具有法理的和经验的依据。但是，政府也是由具有生理特性的人组成的，上层建筑也要吃穿住行游购娱乐和休息，也有自己的利益。每个政府部门也都有自己的利益诉求，若单从特殊的利益出发，每个部门都有增加预算、扩大编制、增加收入、提高福利待遇的要求；而加人加物、增加行政成本，不一定能带来行政效率的提高，而往往造成官僚主义、人浮于事、办事拖拉。这与市场经济中的成本核算原则、效率原则背道而驰，而与市场经济的成本原则、效益原则、自由平等原则相适应的政治体制是“小政府、大社会”。

为了实现计划经济时期政府集中管理的大政府、小社会的行政体制向市场经济时期小政府、大社会的多元治理结构的转变，整合市场组织、民间力量参与社区治理，释放公民社会参与社区建设的能量，要实行以政企、政事、政社分开为核心的政治体制改革和政府职能转变。通过引入市场竞争原则，实现市场或准市场主体的选择，进而实现以消费者为导向的公共管理和公共服务。具体而言，政府通过委托、授权、契约、合同等形式，把原来由政府承担的企业管理、社会管理，如绿化、环卫以及水、气、电供应和道路、公园修建、社会保障等职责交给营利组织和非营利组织承担，以实现公共管理和公共服务主体的多元化。政府依法承担组织管理职能和裁判员的角色。在我国社区治理中，避免政府职能的缺位、越位是首要问题，为此，政府部门需要依法行政，避免自身利益的干扰，避免把行政当成追逐自身利益的场所和舞台。当然，这不只是"应然性判断"。我们在北京市广外街道和东直门街道的调查中发现，它们已经或正在把"应然性判断"变为"事实判断"，为"小政府、大社会"的体制改革目标提供了经验依据。但仍有一些政府部门出于自身利益的考虑，干预本不属于自身职责范围内的事情，或者有关政策法规已明确授权由其他部门管辖的事情，造成基层社区治理上的混乱和无序，既影响了政府的形象，也影响了社区治理的效果。为了解决政府越位和缺位问题，需要建立健全明细的可操作的法律以及来自居民及社会各界的监督。

6.1.2 经济组织在社区管理中的功能与定位

任何经济组织都是在一个具体的社区中运行的，随着单位人向社区人的转变，在社区中的经济组织尽管要按照市场机制运营，在市场竞争中获取利润，但是任何经济组织的运行都需要大量的社会性、服务性的工作，这些工作不可能由经济组织自己承担，只能由经济组织所在的社区来承担。而经济组织也要主动将自己所拥有的一些资源，尤其是处于闲置的各种资源提供给所在社区使用(当然资源的使用不都是无偿的)，以此来实现资源的有效利用和资源共享，积极参与社区管理。具体来说，经济组织在社区治理中所发挥的功能主要体现在以下几个方面。

1. 参与社区党组织建设

社区党组织建设是党的建设领域中一项全新的工作，对经济组织参与社区党组织的建设而言也是如此。由于长期受条块分割、自成体系的城市管理体制的影响，社区内经济组织对社区党建的认同感、参与感并不强。但是在推进社区建没和社区治理的背景下，每个社区经济组织都要积极主动参加社区的党建联席会、党建研究会等形式的组织活动，加强与社区党组织的联系，主动将党的路线、主针、政策贯彻到组织活动中去。通过经济组织对社区党组织建设的积极参与，逐步使经济组织以及组织内的在职党员转变社区治理与己无关的思想，调动组织内部广大党员群众的积极性，为党的路线、方针、政策在组织内部、在社区的贯彻实施中发挥先锋模范作用。

2. 参与社区管理活动

经济组织往往都是社区的重要组成单位，其本身也是社区建设和社区治理的重要参与力量。为了实现社区资源共享、共驻、共建的目标，经济组织应该积极参与到社区管理过程中去。经济组织参与社区治理主要包括:第一,经济组织参与到社区协商议事机构中去,通过社区协商议事机构发挥社区内部各种经济组织的人力、智力优势,共同出谋划策,探讨社区治理的途径和方法;第二,经济组织参与到社区管理机构中去,通过社区管理机构协调社区内部各个经济组织的活动,规范各自的行为,共同为社区良好治理做出自己的贡献;第三,经济组织参与到社区自治机构中去,通过参与社区自治机构的活动,为社区民间组织的产生、发育以及社区自治力量的发展提供条件和契机,从而推进社区自治的发展。总之,经济组织只有积极加入到所在社区的各种机构组织中去,才能发挥经济组织在社区治理中的优势,为社区良好治理作出贡献。

3. 提供一定的财力和物力支持

在市场经济体制下,经济组织都是按照市场机制运营的,通过市场竞争获取利润,实现经济组织自身的发展壮大。但是,任何经济组织的运行都是在具体社区中进行的,经济组织的运行都需要大量的社会性、服务性的工作,这类工作不可能像计划经济体制下那样由经济组织通过自己兴办各种服务设施来承担,只能由经济组织所在的社区去承担。经济组织的运行离不开社区所提供的各种服务,也离不开社区为经济组织运行所创造的良好生产、工作和生活环境,社区所提供服务的质量水平也直接影响到经济组织的运行。因此,经济组织在组织经济管理、搞好组织运营的前提下,可以为改善社区服务以及社区环境建设提供一定的财力和物力支持,例如,拿出一定的资金支持社区的综合治理,或者将闲置、自身利用不足的设施向社区居民开发,等等。这既可以提高社区服务的质量,也可以使得经济组织积极参与到社区治理中去,增加社区居民对组织的认同感。

4. 提供人力、智力资源

在社区内部往往存在从事不同行业的经济组织,各个经济组织在市场竞争中,为了发展壮大,往往采取各种措施吸引优秀人才,以至于在各个经济组织中都聚集起方方面面的人才,这些人才在某个领域都有着自己的专长,有的甚至成为某领域的专家。社区内部的各经济组织拥有众多的各有专长的人才,在人力、智力资源方面具有较强的优势。而社区组织和社区居民所需要的服务也是多种多样的。为满足社区组织和社区居民多方面的需求,利用单纯的社区服务组织自身的力量往往在很多方面存在不足。在经济组织参与社区治理过程中,经济组织可以发挥自己拥有人才的长处,提供满足社区组织和社区居民需要的各方面人才,为社区治理提供所需的人力、智力资源。

从以上对经济组织在社区管理中的功能分析可见,经济组织是社区管理的重要参与者。经济组织在运用市场机制,通过组织的经营管理活动获取利润,争取市场竞争主动权的同时,也要对社区良好治理的实现贡献自己的力量,对其所在社区管理担负起一定的责任,履行一定的义务。而社区良好管理的达成也必须由社区内部各种经济组织在其实现良好治理的基础上做到参与社区管理。

6.1.3 民间组织在社区管理中的功能与定位

随着政府职能的转变，企业社会职能的剥离，使得“单位人”逐渐转变为“社会人”。社区从单纯的生活居住区，逐步演变为具有多种功能、提供多种服务的社会共同体。中国的社区治理是在政府失灵及“单位制”解体的背景下开展的。现代化进程中产生的诸多不稳定因素，使得社区治理面临着诸多新问题。流动人口的管理、社会保险、老龄人口保障等问题如果长期得不到解决，社会弱势群体会普遍产生被剥离感和被孤立感，进而导致社会冲突和合法性危机。在这种社会背景下，人们逐步认识到，社区治理不再仅仅是政府治理的范畴，包括民间组织在内的一系列公共行为主体，必须以多元化的模式承担起对社区治理的责任。

改革开放以来，我国各类民间组织和非政府组织稳步发展。民间组织主要致力于社区服务和管理，其基本宗旨是满足社区公民的需要。民间组织的力量就在于它扮演着把家庭和社区与广阔社会联系在一起的中介和催化剂角色。依据民间组织与政府的关系，可以将民间组织区分为自上而下型和自下而上型两类。自上而下型民间组织主要指那些由政府扶植成立并直接或间接受到政府支持、控制的民间组织；自下而上型民间组织主要指那些由民间群众自发成立并自主开展活动的草根型民间组织。研究发现民间组织通常具有5个特性，即组织性、非政府性、非营利性、自治性和志愿性。这些特性反应了民间组织的根本特质，由此决定了它在社区治理中具有与政府和企业不同的角色和地位。国家实行权力下放，力图改变过去对社会事务大包大揽的做法，实行社区自治，希望通过权力的下放，使社区中各种力量参与到社区的治理中来，实现社区资源的重新配置和社会资本的再创造，达到“社区自足”的目标，这就为社区中各种民间组织的发展提供了一个利用自身优势进行角色发挥的机会。

1. 民间组织是与居民沟通的桥梁

民间组织是居民有序参与和自我管理的重要平台和依托。民间组织可以承担大量的社会管理职能，一方面要满足参与者的利益诉求和生活需求，另一方面承接政府转移的部分职能，负有组织公民参与社区治理的责任，取得与承接职能相应的资源。由于民间组织更贴近公民，能够在一定范围内与成员进行直接沟通和交流，磋商协调，尽可能在各方意愿一致的基础上开展自治管理与提供服务，它的运行效率和效能就有更可靠的基础。这种非制度化的管理特点，通过说服教育，通过内部成员的自觉服从和相应的纪律束缚来实现自治管理的目标，体现了社会成员之间的平等地位与合作关系。由于民间组织具有非营利性和公益性，参加志愿服务成为居民参与社区管理的重要途径。

民间组织的志愿服务活动也为社区成员提供了一个良好的沟通和了解的平台。通过参与志愿服务，社区成员之间能更好地沟通和了解。目前已经有越来越多的人为自己所在的社区无偿服务。参与民间组织的志愿服务，不仅能够使公民在偏于物质的生活里经常性地摆脱金钱的支配，而且经过长期的发展，在实践中可以有效地培育起社区居民的奉献精神。民间组织本身具有的精神气质和内在的一致性，使公民从民间组织的活动中受到美德教育并内化为其自身的价值，就会自觉地遵守各种社会规范，从而促进了规范的发展。

2. 民间组织在提供纯公共产品时具有效率优势

20 世纪 70 年代以来，新公共管理运动兴起，公共产品的供给出现由政府向民间转移的趋势。在以“小政府、大社会”为目标的政府职能转变过程中，大量公共管理职能社会化，社区服务、社区管理的很多职能由民间组织来承担，有效地节约了行政成本。美国著名公共政策学家萨拉蒙把此称为“第三方管理”。一般来说，纯公共产品如教育、卫生、社会保障、环境保护等，政府、市场、民间组织等都可以提供。实践证明，对那些不具有排他性和竞争性的公共物品，如果由市场供给，不能导致此产品的需求和供给达到有效率的水平，因而需要政府的介入。但是，政府的介入将导致政府治理成本的随之增加，进而增加纳税人的负担，而且政府未必就此满足了公民对公共服务的需求。政府要面向全体社会成员，其行为具有普适性，其服务应趋向于一致。

这种社会需求和利益格局的多元化趋势，使政府很难做出及时的反应，不能满足数目巨大、种类繁多甚至彼此冲突的局部需要。政府很难摆脱官僚主义的积弊，往往对新的社会需求和发展机会反应迟钝，同时政府官员缺乏降低成本、增加产出的内在动力，这一切使政府工作效率低下。而民间组织则较少受到上述因素的制约，可以对各种需求做出迅速反应。民间组织较好地满足了社区居民对公共服务的需求。现代社会公民对公共服务的需求越来越大。在我国由计划经济向市场经济转轨的过程中，“政府失灵”、“市场失灵”使社会上各种公益事业，例如医疗保健、生态环境保护、教育科学、文化、卫生、体育事业等都缺乏必要的承担者。随着人们物质文化生活水平的提高，各种社会服务的需要不断增长，有很多服务项目无人愿意承担，民间组织出于公益的目的而提供社会服务无疑是雪中送炭。

正是由于政府和市场在提供公共产品方面的局限性，导致了居民对于民间组织的功能需求，这是民间组织存在的主要原因。民间组织可以满足人们日益增长的多样化、个性化、多层次性的物质和精神生活需求。现代社会是多元社会，人们的兴趣、价值观、经济利益等都高度多元化，社会也日益分化为不同的阶层以及各种各样的利益集团，因此，人们的需求也逐渐多元化。民间组织的产生发展本身就是社会需求和利益格局多元化的结果，它体现了“自由”和“多元化”价值，它所追求的也正是特定群体利益要求的满足。由民间组织介入社区管理，通过非经济组织、志愿者组织和社区居民的共同参与来解决公共服务方面的各种问题，既不会过多地增加政府开支，又可以广泛地满足社区居民的需求。过去在计划经济下政府对一切大包大揽，社会供给单一化、平均化。现在可以把过去政府管不了、管不好、不该管的许多事交给社区来管理，交给民间组织来管理，以满足社会多元化、需求多元化、管理多元化、服务多元化的需求。①

3. 民间组织为公民参与社区治理提供了畅通渠道

社区治理是一个基层政府与公民互动的过程。公民的参与和合作，是社区治理取得成绩的基础，是推动社区治理的根本动力。尤其是在我们这样一个经济不发达、人力资源较充足的国家，依靠公民的广泛参与推动社区治理已成为现实的选择。基层政府与公民的互动可以是直接的，但更多情况下需要一个中间环节来协调，民间组织就是这样一个中间环节。民间组织在社区多元治理结构中为民主政治体系构筑起一个坚定的参与型公民文化平台，它通过其现实的治理活动搭建起沟通政府与公民的桥梁。一方面，民间组织能够把自发的民间秩序提升为自觉的民间秩序，通过民间组织的规章和协同行动来抑制非理性的行动，推进社区民间秩序走向理性化并与国家法律秩序相协调。另一方面，民间组织的参与治理行为也形成了一种多元化的组织力量和自生自发秩序状态，促进了社区生活的多元化和民主化。民间组织代表自己组织成员或社会相关群体的利益和愿望，与民众关系密切，具有有效的信息反馈系统，可以及时把民众对政府的要求、建议、意见集中起来，输入给政府，既为政府决策提供参考，又对政府行为构成一定的外部制约。

民间组织把政府的政策意图和对相关问题的处理情况传达给民众，促进民众对政府政策的理解与支持。民间组织在这一利益表达和利益协调过程中，促进了公民与政府的合作，拓展了公民参与渠道，深化了公民的参与意识，促进了社会整合，有利于扩大基层民主，培育参与性的公民文化。同时，民间组织参与社区管理有助于帮助社区挖掘社区资源。社区资源是指一个社区内一切可以运用的资源和各方面的力量，是达到社区组织目的、解决社区问题、推动社区发展的全部的有效工具。它包括人力资源、物力资源、财力资源、历史传统与生活习惯、地理条件、自然资源以及人文社会环境、公共基础设施等。民间组织参与社区管理，有助于对社区的资源进行整合，使居民对社区增强一种认同感和归属感。比如我国社区中存在的老城区、老街坊和大单位职工聚居的社区，其居民对本社区普遍具有强烈的归属感和认同感。这有利于改造和累积社区资源，也是增强社区凝聚力的一个重要途径。

6.2 社区管理中的社区自治

6.2.1 社区自治地位的法律依据

“自治”源自于希腊语，意指“自我治理或自我做主的状态”。根据《布莱克维尔政治学百科全书》的解释：“自治是指某个人或集体管理其自身事务，并且单独对其行为和命运负责的一种状态。”自治一词相对应的词是“他治”。“他治意味着自我或

① 田兰，曾明华：《对我国政府与非政府组织合作的实践探索——以公共社区管理为基点》，载《行政与法》，2006(5)。

者我们的生活处于受他人的控制而不自主”。自治是现代民主管理思想的体现。它是通过自治主体对一定范围内的自治事务的管理达到对社会进行有效管理和控制的目的,这种管理有别于政府组织的控制与管理,是民主管理的重要形式。在我国,所谓的社区自治,就是在社区党组织的领导下,在政府的指导下,发挥社区成员代表大会、社区协商议事委员会、社区居委会和社区内各种协会组织的作用,实现依法自治。社区自治是符合法律规定,且受法律保护的行为。社区自治作为体现我国人民代表大会政治制度,推进民主政治建设,人民群众参与国家管理,创造自己幸福生活的有效形式,是一种有限的自治。我们必须明确:任何自治都不是无原则、无限制的自治。

实行社区自治,必须在法律、法规的范围内进行。我国城市社区居民的自治是建立在一定区域内的城市居民对公共利益的共同关心以及对公共事务的参与基础上。主要是对居住区的环境、安全、卫生、公共财产、公共服务、社会福利等共同利益的关心以及对公共事务的参与处理。因此,我国城市社区居民自治就具有了坚实的理论与法律基础。

我国城市居民委员会自治的法律依据主要由以下三部分组成。

(1)宪法,即1982年的《中华人民共和国宪法》(以下简称《宪法》)。《宪法》第二条规定:中华人民共和国的一切权力属于人民;人民依照法律规定,通过各种途径和形式,管理国家事务,管理经济和文化事业,管理社会事务。《宪法》第三十四条规定:中华人民共和国年满18周岁的公民,不分民族、种族、性别、职业、家庭出身、宗教信仰、教育程度、财产状况、居住期限,都有选举权和被选举权。《宪法》第一百一十一条规定:城市和农村居民居住地区设立的居民委员会或者村民委员会是基层群众性自治组织。居民委员会、村民委员会主任、副主任和委员由居民选举。居民委员会、村民委员会设人民调解、治安保卫、公共卫生等委员会,办理本居住区的公共事务和公益事业,调解民间纠纷,协助维护社会治安,并且向人民政府反映群众的意见、要求和提出建议。

(2)居民委员会组织法。1989年通过的《中华人民共和国城市居民委员会组织法》,是以1954年通过的《城市居民委员会组织条例》为基础,并参照1987年通过的《中华人民共和国村民委员会组织法(草案)》来制定的。《中华人民共和国城市居民委员会组织法》(以下简称《居民委员会组织法》)第二条规定:居民委员会是居民自我管理、自我教育、自我服务的基层群众性自治组织。《中华人民共和国村民委员会组织法》(以下简称《村民委员会组织法》)第二条规定:村民委员会是村民自我管理、自我教育、自我服务的基层群众性自治组织,实行民主选举、民主决策、民主管理、民主监督。第四条规定,乡、民族乡、镇的人民政府对村民委员会的工作给予指导、支持和帮助,但是不得干预依法属于村民自治范围内的事项。村民委员会协助乡、民族乡、镇的人民政府开展工作。根据居民委员会组织法和村民委员会组织法以及各省、市、区据此制定的实施办法,城市基层社区的居民委员会或者农村基层社区的村民委员会都是居民或者村民实行自我管理、自我教育、自我服务的基层群众性组织。为保证基层社区自治组织依法行使自己的职能,《居委会组织法》和《村委会组织法》还明确规定,基层政府或其派出机关对基层群众性组织的工作给予指导,而基层自治组织则协助政府开展工作。这就给社区自治划定了明确的自治范围和自治空间。

(3)通则与条例,即1954年通过、1980年又予以重新颁布的《人民调解委员会暂行组织通则》和《治安保卫委员会暂行条例》等。在农村,实行的联产承包责任制就是把生产资源的使用权和经营权直接赋予农民,由他们自主经营、自我管理。1982年在新宪法中明确规定在农村实行村民自治,同时在城市实行居民自治,后又分别颁布了《村民委员会组织法》和《居民委员会组织法》,从而以法律的形式保障了村民和居民民主权利的实现。我们应当做的就是要在"进一步扩大基层民主"原则的指导下,把那些本应由社区承担的,但却一直由政府、企业承担的工作任务还给社区,使社区真正拥有应该有的权力,发挥其自我管理、自我教育、自我服务的作用。同时,我们还应该充分认识到,社区自治了,并不是政府就可以撒手不管了,那种认为自治就是不要政府、拒绝政府规范的完全自治的想法是错误的。因为,一方面,社区要依靠政府扶植,靠政府提供活动经费;另一方面,社区的活动项目、方式也要由政府来规范,而不是为所欲为。所以,我们所说的自治,必须是在国家法律和党的方针、政策范围内的自治,不是无限自治,更不是无政府主义,政府及其派出机构必须对其进行指导、支持和帮助。

6.2.2 社区自治组织的形式和职能

6.2.2.1 社区组织概念和基本内涵

从定义上讲,社区自治组织是在街道党工委和社区党组织统一领导下,按照"社区自治"原则设立的实行社区民主选举、民主决策、民主管理、民主监督的社区组织。一般来说,社区自治组织主要包括社区成员代表大会、社区共建理事会、社区居民委员会,每届任期均为三年。社区成员代表大会是社区决策层,民主决策社区重大事务,监督社区居委会工作,推选产生社区共建理事会组成成员;社区共建理事会是社区议事层,协商、监督社区重大事务;社区居委会负责社区日常事务管理,研究、决定、落实具体的社区自治项目。

现代社区自治组织要建立社区居委会议事与执行分离的工作体制。居委会议事层由委员组成,委员由全体居民直接选举产生,实行兼职制。居委会执行层由主任和居委会下设的专门工作委员会成员组成,是专职干部,行使社区日常工作的执行权,是职业社区工作者。在此基础上建立新的社区自治组织体系。主要包括:①决策层,即社区成员代表大会,社区成员代表大会由社区居民和社区单位的代表组成,讨论决定社区的重要事项;②执行层,即社区居民委员会。社区居民委员会成员向社会公开招聘,经选举产生,行使对社区事务的管理权;③议事层,即社区协商议事委员会,其成员由社区内的人大代表、政协委员、知名人士、居民代表、单位代表组成,行使对社区事务的建议权和监督权;④领导层,即社区党组织,南京等地的做法是,将社区委员会作为工作层,其成员作为职业社区工作者,由社区成员代表大会行使议事和决策权力。

6.2.2.2 社区自治组织的形式

依据"社区自治组织"的概念内涵来审视目前我国城市社区内存在的各种组织，具体包括以下几种具体形式。

1. 社区居民委员会

1954年底，第一届全国人大常委会第四次会议通过并颁布的《城市居民委员会组织条例》，标志着居委会作为一个独立的居民自治组织的法律地位正式确立。1982年宪法首次以根本大法的形式明确了居委会作为基层群众自治组织的性质，其发挥的主要作用包括：办理本地区的公共事务和公益事业，调解民间纠纷，协助维护社会治安，反映群众意见、要求和提出建议。1989年第七届全国人大第十一次会议通过颁布的《中华人民共和国城市居民委员会组织法》对居委会的组织性质和任务作了明确的规定。组织法规定居委会是一个"自我管理、自我教育、自我服务的群众性自治组织"。社区居民委员会是在上级人民政府和街道办事处的指导下，在社区居民代表大会的监督下开展工作并协助上级人民政府和街道办事处开展工作，其职责是：宣传宪法、法律和国家的政策，维护居民的合法权益，教育居民依法履行应尽的义务，开展多种形式的社会主义精神文明建设活动；努力办好辖区居民的公共事务和公共事业；调解好民事纠纷，促进居民内部的团结友爱，互帮互助；协助有关部门维护社会治安，确保辖区的安定团结；协助上级政府和街道办事处做好与居民利益有关的公共卫生、计划生育、优扶救济、青少年教育、敬老爱幼等工作；组织社区居民积极参与辖区的各项自治活动；组织社区便民服务工作，千方百计为市民排优解难；负责向上级政府和街道办事处反映居民的意见、要求，并提出建议。

社区居民委员会在我国分为城市居民委员会和农村村民委员会，两者的性质、管理职能各有不同。

(1)城市社区居民委员会管辖的范围。按照有关法律规定，社区居民会的划分、设立、撤销或规模调整应按照便于居民自治、方便群众直接管理地区事务的原则进行。居住区域的划分可以以街道、胡同、巷、围墙或河流为界限。城市社区居民委员会的性质是党领导下的社区居民实行自我管理、自我教育、自我服务的群众性自治组织。社区居民委员会的自治内容方式：民主选举——选举主任、副主任和委员，可直接选举，也可间接选举，实行公平、公正、公开原则，3年一届；民主决策——是指涉及社区居民切身利益的事项，必须由社区居民民主讨论，按多数人的意见做出决定，社区居民大会或者社区成员代表大会是社区自治中民主决策的主要组织形式；民主管理——是指社区内的社会事务、经济建设、个人行为等的管理，要遵循社区居民的意见，在管理过程中吸收居民群众参加，并认真听取居民群众的不同意见；民主监督——是指居民群众对社区居民委员会的工作和社区的各项事务实行民主监督。社区居民委员会的职能：宣传教育群众，提高居民文明素质；实行社区自治，鼓励社区公共事务；协助政府职能部门开展本社区的行政社会管理工作；开展社区服务，发展社区服务业；监督评议政府职能部门的工作和反映社情民意；围绕经济建设中心，做好环境优化工作。

(2)农村居民委员会管辖的范围。依据法律规定，村民委员会根据村民居住状况、人口多少，按照便于群众自治的原则设立。村委会的设立、撤销、范围调整，由乡、民族乡、镇的人民政府提出，经村民会议讨论同意后，报县级人民政府批准。村民委员会的性质是村民自我管理、自我教育、自我服务的基层群众性自治组织，是村民自治的组织实施机构。村民委员会自治的内容方式：村民自治的核心内容和方式是“四个民主”，即民主选举、民主决策、民主管理、民主监督。民主选举是基础，民主决策是关键，民主管理是根本，民主监督是保证。村委会的职能：宣传教育群众，提高村民文化素质；管理本社区的公共事务和公益事业；协助上级政府及其职能部门开展行政社会管理；调解民间纠纷；维护社会治安；向人民政府反映社区居民的意见、要求及建议。

长期以来，居委会在维护政治稳定、强化社会管理、提供公共服务、协调社会关系、维护社会安全、维护广大社区居民意愿和合法权益等方面起到了重要作用。虽然它现实上是听命于街道办事处的派出机构，疲于应付街道办事处下达的若干行政事务，无暇顾及践行“自我管理、自我教育、自我服务”的本命与宗旨，但是，居民委员会在一定程度上代表了居民对社区事务管理的自治意愿，也理应是最具法律地位和群众基础的，居委会获得居民认可，是便于社区参与的社区居民自治组织。所以，它可以成为社区自治组织中的主体力量，在引导社区走向自治方面应该发挥最主要的作用。

2. 社区业主委员会

具体来讲，所谓业主委员会是物业管理区域内代表全体业主对物业实施自治管理的组织，是依法成立的群众性自治组织。从业主委员会的组建过程及主要职能来看，它也属于“自治组织”范畴。随着我国市场经济的不断深入和房屋管理制度的改革推行，居民住宅逐步走出了行政管理模式，开始实行住房私有化和产权多元化。业主们基于私人利益的维护和生活质量的提高，对社区物业管理必然提出更高的要求。因此，自发联络组织起来参与物业管理成了他们的自觉选择。业主委员会就是在这种背景下诞生的。

(1)从业主委员会的组建来看，根据京房地物字【1997】第485号文件规定：管委会的候选人应该是道德品质好、责任心强、热心公益事业和具有完全民事行为能力的产权人或产权人代表、使用人；管委会主任由管委会选举产生，且必须是产权人或产权人代表。

(2)同样根据京房地物字【1997】第485号文件规定，业主委员会是业主大会的执行机构，履行下列职责：召集业主大会会议，执行业主大会通过的各项决定，并报告物业管理的实施情况。代表业主与业主大会选聘的物业管理企业签订物业服务合同；拟定业主公约、业主大会议事规则修改方案；拟定专项维修资金的使用、续筹方案，依照有关政策并经业主大会授权，负责物业专项维修资金的筹集；拟定物业共用部位、共用设施设备的使用与收益分配方案；设立业主大会和业主委员会工作经费后，拟定业主委员会的年度财务预算方案、决算报告；会同物业管理企业拟定物业共用部位、共用设施设备的使用，公共秩序和环境卫生的维护等方面规章制度的方案；拟定物业服务费用分摊及交缴规定的方案，业主大会和业主委员会工作经费分摊、交缴及管理使用办法的方案；监督业主公约的实施；督促违反物业服务合同约定逾期不交纳物业服务费用的业主，限期交纳物业服务费用；及时了解业主、物业使用人的意见和建议，监督和协助物业管理企业履行物业服务合同，并配合解决管理服务中的重大问题；协调业主之间及业主与物业管理企业之间的纠纷；对有关档案资料、会议记录、印章及其他属业主大会的财物进行妥善保管。

从业主委员会的建构过程和主要职能可以看出，业主委员会的形成和运作程序是透明、民主的；机构的决策是由内部成员协商通过决定的，而不是服从于外来的权威指令；委员会成员的工作是自愿自主的，其宗旨也是以保护业主利益为指向的。以上特点都充分体现了该组织的民间性、非营利性和治理的自主性特征，吻合“自治组织”的内涵要求。

3. 社区中介组织

在社区内，除了居委会、业主委员会以外，还存在大量充当居民与居民之间、居民与政府之间，以及居民与社会之间的中介和桥梁的正式或非正式组织。社区中介组织，是指以社区居民为成员、以社区地域为活动范围、以满足社区居民的不同需求为目的、由居民自主成立或参加、介于社区主体组织（社区党组织和社区居民委员会）与居民个体之间的组织。如志愿者组织、业主委员会、老年协会、妇女协会、读书会、秧歌队、摄影协会、书法协会、钓鱼协会等。根据上述定义，可以明确社区中介组织内含五个层面：①组织成员必须是本社区的居民，居住在本社区，是成为本社区中介组织成员的前提和自然条件，居住在其他社区的居民原则上不能成为本社区中介组织成员；②活动范围通常只限于本社区范围内，除社区间交流、举办比赛活动等外，一般都是在本社区范围内活动；③社区中介组织是根据社区居民的需要成立的，社区居民需要什么组织，就成立什么组织，当然要在法律、法规和政策允许的范围内；④社区中介组织是根据居民自己的意愿成立的，其成员也是根据自己意愿参加的，居民可以自由地加入，也可以自由地退出，不需要、不允许外界的干预；⑤不同的中介组织中介的两端是不同的，而社区中介组织则是介于社区主体组织与居民个人之间的组织。

社区中介组织大致可以分为三类：①是活动类，其特点是以消闲或文化娱乐为主，如养花协会、钓鱼协会、摄影协会、读书会、秧歌队等；②是权益类，其目的在于合法权益的表达和维护，如业主委员会是就居民物业方面的利益与物业公司打交道，老年人协会代表老年人利益，为老年人的利益鼓与呼，妇女协会代表妇女同志的利益，为妇女的利益鼓与呼，残疾人协会代表残疾人的利益，为残疾人的利益鼓与呼，外来务工者协会代表外来务工者的权益，为外来务工者的利益鼓与呼；③是服务类，其功能是为社区居民提供服务，如社区互助组等。

社区中介组织不同于社区民间组织，根据我国宪法和地方人民政府组织法规定，我国城市的基层政权是市辖区和不设区的市，街道办事处是政府的派出机构，居民委员会是城市基层群众性自治组织。即社区居民委员会是非政府组织，类属于民间组织、也是社区民间组织；社区中介组织不同于民间服务组织，民间服务组织的概念比社区中介组织的概念要宽泛，不能准确表述社区中介组织的性状。民间是相对政府而言，凡非政府的服务组织均可视为民间服务组织，这种组织既可以是社区范围内的，也可以是社区范围外的。再者，社区中介组织中有些是从事服务的，也有些是自娱自乐性质的，统称为服务组织也不准确；社区中介组织不同于社区群团组织或社区社团组织，群众团体与社会团体是同一类组织的不同称呼，根据《社会团体登记管理条例》第三条规定，社会团体能否成立，只有申请团体的申请是不够的，还应当经其业务主管单位审查同意。而社区中介组织成立无需经过任何外部组织或单位审查同意，只要居民有这个需要，国家法律、法规和政策没有禁止的，就可以成立；社区中介组织不同于第三部门，第三部门泛指除了政府、市场以外的所有组织机构，社区中介组织自然应当囊括其中，但社区中介组织只是第三部门的一个局部，用第三部门来指代社区中介组织，失之宽泛，不能准确描述社区中介组织的性状。

社区中介组织在社区管理活动中具有重要的意义：新形势下有效组织居民自我管理、自我教育、自我服务；促进社区居民全面发展；促进社区居民有序参与、扩大社区基层民主。因此，要大力发展社区中介组织，社区主体组织或领导人要充分尊重社区居民的意愿和选择，不得违背居民的意愿，不得强迫居民成立某某组织，不得强迫某居民参加某组织；当居民有成立某某组织的愿望时，只要其合理合法，就不能施以任何限制；对社区中介组织有不健康苗头或违法现象时，不放任自流。应采取加大宣传力度、引导力度和扶持力度三项措施。加大宣传力度，其目的在于使社区居民明晰社区中介组织的职能与作用，与他们有何关系。加大引导力度，可由社区居委会（而不是由政府）对发挥作用较好的社区中介组织进行表彰，使其能够在社区中起到示范引导作用，用典型的作用来启发社区居民认识社区中介组织，加入或组建社区中介组织，并在其中发挥作用。作为主体组织的居委会，需要切实了解社区居民的需求，根据这些需求，与有关居民协商，组建相应的组织，并为其活动提供指导。

随着人民收入的提高，社会消费结构有了明显的变化，人们对提高生活质量和改善生活环境的要求日益提高，许多家庭事务出现了社会化的趋势，对社区服务的要求更加高了。与此同时出现的是政府弱化了对社会生活的全面干涉，改变以往对各项社会事业全面包揽的状况，而将相当一部分发展社会事业的职能转移出来，企业管理职能转给企业，行政管理职能转给社会中介组织，其余同广大社区居民密切相关的，主要是由社区服务内容构成的社会性事务则交给了社区自治组织。这些社区自治组织在社区范围内呈网络结构，具有适应组织目标多样化的趋势，利于成员之间的信息和资源共享及相互沟通和交流，能更好地满足居民群众多样化的服务需求。此外，社区自治组织自我组织、自我服务、资源共享的自治要求，能有效地利用社区内的各种资源，最大限度地满足社区居民的需要。故社区自治组织的存在与发展壮大具有必然性。在社区自治组织的培育、发展过程中，要注意处理好政府倡导和组织自治的关系，注意培育和增强居民的社区意识，注意开发形式多样的便民利民项目，增强社区的吸引力。

6.2.2.3　社区自治组织的作用

1. 社区自治组织是社区居民利益的维护者和代言人

社区自治组织是推动社区建设与社区发展的真正主人和倡导者。从世界社区发展经验来看，在推动社区发展的实现过程中，尽管政府组织必定要发挥其不可替代的作用，但随着福利的多元化，政府管理职能必定要转变，实行政企分开、政事分开和政社分开，改变那种政府组织“包打天下”的角色，将政府从繁琐的社区事务中解脱出来，从宏观角度发挥政府的真正效能，集中力量制定社区发展宏观的战略和法规制度，而由广大社区自治组织承接社区管理事务，成为社区实现自我管理、自我服务的微观组织形式。因此，无论是从法律地位、内涵定义还是从产生的民意基础来看，社区自治组织能担当起社区主人翁的角色，使社区形成自治意识、培养自治能力，以实现社区自治这个终极目标。

2. 社区自治组织是促进社区公益和社区文明的倡导者

社区自治组织具有的非营利性、自治性、参与性和公益性的特征，不仅维护社区居民的公共利益，提高居民的生活质量，而且社区自治倡导关心公益、照顾弱势、奉献爱心的精神风貌和平等、参与、公正的民主精神，有利于居民素质的提高和社会精神文明的发展。社区是居民公共利益形成的场域和社区精神文化孕育的摇篮。公共利益能否得到有效维护，健康文明的社区文化能否形成，都有赖于社区自治组织的生长状况和存在价值。

3. 社区自治组织是增进社区参与和实现社区自治的主力军

社区自治组织的核心特征是自治性和民间性，它能有效地凝聚个体力量，集合成整体优势，集中了广大居民对公共利益的开发、维护、增值的期盼，使广大人民群众能够最大可能地参与社会管理和社会政治生活。因此，社区自治组织进入社区这样一种生活和利益的场所，为实现居民的种种利益诉求提供理想的参与平台和便捷的表达途径。

4. 社区自治组织是有效开发社区资源的发掘者

社区作为新的城市生活模式，也包含着大量的新的资源可供开发，大量的社会资源如人才、资金、信息、志愿精神等就会沉淀在社区里，等待被重新利用。社区自治组织作为群众性的社区管理机构，取代了政府的行政管理职能。运用充分的基层发动能力和组织能力，利用广大群众和社区组织对社区内各种资源进行开发与整合，以促进社区发展。

5. 社区自治组织是沟通社区关系和社区利益矛盾的协调者

社区中存在各种各样的社会主体，每个主体都有自己的利益目标，在社区活动中必定会构成各种复杂的关系，在实现各自目标的过程中必定产生各种矛盾。社区自治组织因其公益性、非营利性、自治性和中立性，它在业主与物业管理公司之间、社区自治组织与政府组织之间、社区自治组织与企业组织之间、居民与企业组织之间能充当协调利益矛盾的中间人和调停者，有利于缓和社区矛盾，创造和谐社区。

6.2.2.4　我国社区自治组织发展历程

城市社区管理体制的变革是我国国家—社会制度演进历程中，随着社会选择路径的增多而必然出现的现象。不管是从当前城市社会力量发展的实际状况来看，还是政府对社会资源的控制力度来看，我国城市社区管理体制变革的基本定位在短期内不可能是社区独立发展的方向。而且从长期来看，即便是我国城市社会力量的发展能够顺利地承接政府、企业分离出来的各类职能，社区的独立发展也不是社区建设与发展的最优选择。

从当前我国城市社区发展面临的具体问题来看，构建政府管理与社区自治的协作共生机制，是我国城市社区发展的较为稳妥的可行路径；但是这条道路的建设也不是不分阶段一气呵成的。在这个建设过程中，政府的职责和功能将会由强变弱。而社区自我组织和社区营利性组织的职责功能则会由弱变强。但是在这双向变化的过程中，并不意味着城市政府的功能会逐步淡出社区治理的支持体系，相反，在我国城市社区发展的历程中，政府的支持将会在社区发展中始终处于重要的地位。只是其作用发挥的形式会发生一定程度的变化，直到政府的支持实现高度的制度化和稳定化，社区的自主发展获得多元的资源支持，进入具备社区主体意识确立、自主能力强化的阶段为止。从当前我国政府管理的制度发展惯性以及社会自治组织力量的发展实际来看，政府与社区协作共管机制的发展，应循序渐进、逐步完善。

1. 在开始阶段

随着政府职能转变，权力逐步下放，但权力下放相对无序，社区自治组织行政化倾向会增强。在我国社会转型的快速发展时期，政府日益认识到政府职能和政府管理方式的落后，为适应社会主义市场经济的发展，政府会逐步由经济—社会管理的主体地位退出，将原先政府管理的职能向社会组织转移。但在这个转移过程中，政府传统的治理思维和控制思想还存有很大的空间，同时，经济社会发展过程中出现的各类问题也让一直承担着社会保姆角色的政府部门，不能立即从社会控制者的角色中完全脱离出来。政府的退出还需要一定的过渡期。在这个过渡期内，政府的基层控制功能就通过政府在基层的脚——居委会等自治组织来承担。

在该阶段，由于政府的权力下放还处于探索阶段，下放哪类权力，以什么方式下放权力还不甚明确，需要在实践中探索权力下放的具体制度。因此，居委会组织承接的政府权力实际上主要是政府下发的任务，这就出现了“上边千条线，下边一根针”的情景。此时政府与社区组织虽然在形式上完成了共同管理社区事务的制度框架，但实际上这个框架是政府单方构建的，对社区组织来说基本上没有什么制度可言，因为政府下放的各类事务缺乏稳定性和可预见性。居委会组织对下一步的工作基本上无法预见，更无法准备，也谈不上工作的基本规律。

2. 在发展阶段

政府下放到居委会的任务开始条理化，对社区支持的力度开始增加，社区发展的资源虽然还主要依靠政府，但是社区自治组织的能力开始有了较为明显的提高，社区自治组织的工作开始有一定的制度性、稳定性、专业性。这一个阶段的出现一方面要依靠经济社会力量的壮大，另一方面也要依靠政府组织在社会管理体制上的制度性、资源性输入。

随着城市经济社会的发展，城市社区居民的社会性服务需求也日渐攀升，政府对社区的控制和管理不能再单方地依靠原先的行政性权威力量来实现，与社区组织的合作共建开始成为城市政府必然要考虑的问题。建设社区、为社区居民提供更多的专业化服务就成为各级政府部门管理社区、继续赢得社区居民支持的重要条件。同时，社区内营利性组织也开始意识到居委会等自治组织在沟通政府组织方面的特定优势，由此开始以合作共建的方式进入社区资源共建的领地。因此，在这一阶段政府部门开始注重在社区加强专业化的社会工作者的培训与安置工作。在社区建立不同形式的社区工作服务项目，虽然社区自治组织与社区工作者的具体分工还不是非常的明晰，但是社区公共服务的某些专业性工作已经开始步入了职业化发展的阶段。同时，营利性组织的融入，也开始为社区自治组织的独立化发展准备资源，社区资源的多元化态势开始显现。

但是，这一阶段政府对社区的支持仍然表现出较强的政策倾向而不是制度倾向，社区能够从政府那里获得的资源和支持往往不是社区组织能够通过与政府的协调、沟通取得的。政府在这场合作中仍然拥有较为绝对的控制权，社区还缺乏与政府谈判的能力。

3. 在完善阶段

政府与社区的合作开始建立在相对平等的互相尊重之上，社区组织仍然承担部分来自政府的工作。但是这些工作是社区组织与政府部门协商决定的“契约内”工作，是社区与政府相互支持、互相协助的表现。在“协商性契约”中也包含了政府部门对社区的稳定的资源和制度支持。

社区自治组织协助政府的工作逐步进入了规范化发展阶段，有了较强的稳定性和可预见性，可以在工作的前期就开始准备工作，突击性的工作数量极少，除非是突发性社会事件。社区中的营利性组织开始普遍地意识到，融入社区发展共建带给自己的现实利益，参与社区建设与发展、提升组织的社会认可程度，成为各类社区营利性组织的普遍共识，社区资源的多样化和多元化色彩明显提高。社区自治组织的资源整合能力大大增强，与政府的谈判能力、沟通能力也明显提高。但是在这一阶段，政府与社区组织的职责划分并不是完全界限清楚的，政府的工作与社区的工作在一定程度遵从治理成本最低的原则,协作的意识是双方合作的强大基础,相互的信任和制度化的工作方式是双方普遍尊重的基本原则。

在这一阶段社区居民的参与意识和社区主体意识大大地增强,社区自我维护、自我发展的支持体系在社区居民的自主行为中得到稳定的提升。

从我国当前社区建设与实践发展的具体情况来看,有些城市的社区建设已经开始处于社区与政府和谐发展的第二个发展阶段,在这一阶段还有很强烈的探索性。因此,政府应该从培养社区的自我组织和自我服务的独立性上入手,深入发掘社区自治的可行方式,提供相对的资源支持,多元化的资源供给方式比政府主动提供社区公共服务具有更为长远的可持续性。

6.2.3 社区志愿组织及其活动

在基层社区,志愿者组织的存在及有效运作,特别是它同社区其他主体,如政府组织、企业组织和其他的非营利组织等形成的网络状的互助和合作的治理结构,承载着一些基层社会公共事务的处理和解决责任,意味着社区公共空间的构建和运作,意味着志愿精神的形成和散布,从一定意义上说,它是社会文明的重要标尺,也是民主发展的重要表征。在中国青年志愿者、社区志愿者和其他志愿者组织的推动下,志愿者已成为一个响亮的名字,在中国的社会、经济和文化生活等方面发挥着不可替代的作用。据中国青年志愿者协会统计,中国现在有 8 000 万志愿者,每 100 人中就有 7 人甘当志愿者。

志愿者(volunteer)指的是在不为任何物质报酬的情况下,为改进社会,帮助他人而提供服务、贡献个人的时间及精神的人。志愿者既不受私人利益的驱使也不受法律的强制,是基于道义、信念、良知、同情心和责任感而从事公益事业的人或人群。志愿服务(volunteer service)是指志愿组织和志愿者为促进人类社会的文明与发展,自愿贡献个人的时间、精力、经验、技术,在不为任何物质报酬的情况下为改善社会服务状况,促进社会发展而无偿地服务于社会生产生活的行为。具体而言,它泛指利用自己的时间、自己的技能、自己的资源、自己的善心,为邻居、社区、社会提供非营利、无偿的、非职业化援助的行为。与此相关,与志愿活动密切联系的志愿精神(volunteer-ism)是指一种自愿的、不为报酬和收入而参与推动人类发展、促进社会进步和完善社区工作的精神,是公众参与社会生活的一种非常重要的方式。

志愿服务组织在国际上被称为"非经济组织"、"非营利志愿服务组织"或"居民自治性组织或非政府组织"。志愿组织具备以下特征:①正规性,志愿组织应该具有法律注册的合法地位,能对组织承诺承担经济责任,并具有一定的组织机构和资金来源;②非政府性,可以受政府支持和引导,但它强调民主参与和自治管理,不受政府的直接领导;③非利润分配性,不以追求利益为目标,不为组织的拥有者和成员积累或分配利益,其活动所产生的收益必须返回组织宗旨所规定的工作中去,通常即返回社会;④自我管理性,强调自治性,不受外部控制;⑤志愿服务性,组织管理和成员的主要活动均具有显著和持续的志愿服务特征;⑥公益性,志愿组织的目标在于服务和贡献公共需求和利益。

目前,活跃在社区中的各种志愿活动,包括工会、共青团、妇联、环境保护协会、红十字会、保护古文物与古建筑协会、科学技术协会等,这些志愿组织所进行的活动范围广泛,包括送温暖、献爱心的扶贫救助活动、环境保护宣传活动、义务看病送医药活动、保护与宣传文物活动、科普教育与宣传活动,等等。

自第一个社区志愿者组织于 1989 年 3 月 18 日在天津市诞生以来,社区志愿服务活动就一直在蓬勃不断地向前发展、壮大。截止目前,全国社区志愿者组织已有 7 万余个,社区志愿者人数已达 1 600 余万人。这支队伍植根于基层,植根于群众之中,在社区建设和精神文明建设中发挥了重要作用。在此基础上,中国社会工作协会社区志愿者工作委员会应运而生,是及时而必要的。社区志愿者工作委员会的成立为社区志愿服务活动提供了组织保证,对于整合社区志愿者资源、规范社区志愿者行动、加强社区志愿者管理、维护社区志愿者权益、更好地发挥社区志愿者作用等方面都有重要意义。《民办非企业单位登记管理暂行条例》《社会团体登记管理条例》等有关法律法规,从宏观上有效指导了志愿服务活动的组织管理,包括志愿服务项目的设计和规划,志愿者的招募、定位和培训,志愿者的保护,志愿者的评估和激励等。

志愿组织及其开展的服务在社区建设中发挥的作用越来越大,具体包括以下方面。

(1)政府行政组织和市场经济组织原来承担的大量社会事务和功能,将由志愿组织来承接。志愿组织在文化、教育、体育等各项社会事务发展中发挥着重要的作用。社区志愿组织的服务领域主要是:①具有公共性而市场性较低的社区服务,如居家老人服务、社区文体服务、社区环保服务、公共事务服务等,这些服务项目是公益性的,同时主要靠投入人力、精力,需要的资金投入、物力投入较少,是志愿组织能够充分发挥作用的领域;②公共性高而市场性低的社区服务,如社区治安、社区广场、社区防治、就业服务、社区热线等项目,也是公益性的服务,但是需要投入较大的建设成本和维护成本,主要由政府和社区机构从税收争取费用进行兴建、管理,志愿组织在其中开展各项具体的服务活动;③公共性高而市场性也高的社区服务,如社区中心设施服务、社区物业、环境卫生和绿化、社区教育、社区卫生等。他们不单纯是公益服务,也包含满足居民生活品质提高的因素,具有部分营利的特征,志愿组织参与这些社区服务项目时就必须界定清楚,不能为营利性项目直接提供志愿服务,而是为营利性项目之外的居民相关需求提供志愿服务;④市场性高而公共性低的社区服务,如便民商业服务、社区老人院服务等,这些项目具有一定的商业赢利属性,志愿组织不应直接参与经营、管理,而是在其非营利的领域提供服务,如帮助困难人士往返便民商业活动的过程,前往老人院提供关爱服务等。

(2)志愿组织开展的社会服务,正在成为社区组织发育的新形式。活动视野较为开阔,活动形式比较丰富。众多的各类专业服务组织和民间互助团体,以横向分布和纵向联系的网络结构,把社会上、社区内分散、孤立的个人联系起来,形成一种新型的社会化的自我服务、自我管理的组织结构和机制;社区志愿者活动把街道管理与社区服务有机地结合在一起。社区志愿者活动,使个人价值的实现与社会价值的实现达到了统一,使居民群众自我管理、自我教育、自我服务得到了有机的结合。

(3)由于志愿组织具有自愿、自主、自我服务等特点,有利于吸引和调动除行政资源、市场资源之外的各类社会化资源。社区志愿者们的志愿服务可以有效地帮助弱势群体,优化人际关系,促进社会公平,缓解社会矛盾,从而在构建社会主义和谐社会、和谐社区中发挥了自己独特的作用。大力弘扬社区志愿者服务精神是政府施政的需要,也是人民的要求。社区志愿者活动体现了人们对社区的认同感和归属感的精神理念。社区志愿者活动改善了社区的人际关系,增强了社区的凝聚力,促进了整个社区的繁荣、发展和进步。

参 考 文 献

[1] 鲍日新,刘泽雨,董慧.社区管理理论与实践[M].大连:大连海事大学出版社,2004.
[2] 夏学銮.社区管理概论[M].北京:中共中央党校出版社,2005.
[3] 陶铁胜.社区管理概论[M].上海:上海三联书店,2002.
[4] 韦克难.社区管理[M].成都:四川人民出版社,2003.
[5] 邓淑华,黄燕,廖文华.从城市社区直选看我国城市社区管理模式发展[J].求实,2006(2).
[6] 王杰群.创新社区管理新机制建设和谐社区[J].北京农业职业学院学报,2006,20(4).
[7] 田兰,曾明华.对我国政府与非政府组织合作的实践探索——以公共社区管理为基点[J].行政与法,2006(5).
[8] 丁传忠.加快社区建设步伐推进小康社会进程[J].社区建设,2006(8).
[9] 侯岩,陈磊.我国社区建设实践及建议[J].中国经贸导刊,2006(9).
[10] 熊辉.社区建设:从政府选择走向社会选择[J].玉林师范学院学报:哲学社会科学,2006,27(4).
[11] 杜德印.社区建设从“行政管理”走向“公共治理”[J].社区,2006(7).
[12] 许朗.关于我国城市社区建设的几点思考[J].贵州社会科学,2006,204(6).
[13] 李爱卿,袁国玲.加强社区建设必须理顺社区管理体制[J].岭南学刊,2003(6).
[14] 吴志军,张波.城市社区管理:主题与模式选择[J].学术研究,2003(3).
[15] 傅先艳,万玲妮.城市社区管理的成功导向——社区自治[J].理论观察,2004(5).
[16] 方盛举.对当前城市社区管理体制改革的几点思考[J].楚雄师范学院学报,2004,18(2).
[17] 陆云飞.城市社区管理及其问题与对策[J].社区建设,2003(8).
[18] 黄杰.社区管理方式创新议[J].社区建设,2003(11).
[19] 郭驰.略论社区管理中的政府责任[J].中国行政管理,2002(10).
[20] 陶志刚,马林,王俊丰.社区管理社会化的发展趋向[J].大庆社会科学,2002(3).
[21] 徐雪梅.中国城市社区管理探论[J].社会科学辑刊,2001(2).
[22] 方咸浮.社区管理应由管理型走向服务型[J].社区规划与管理,2000(1).

7

社区管理绩效的评估

学习目标

1. 弄清绩效、社区管理绩效的含义;理解影响社区管理绩效的因素。

2. 弄清社区管理绩效评估的含义,理解其评估的意义;掌握社区管理绩效评估遵循的原则;了解平衡记分卡、360 度考评在社区管理绩效评估中的运用。

3. 弄清社区管理绩效评估指标构建的原则,理解其目标定位及依据;掌握社区管理绩效评估指标体系结构;理解客观指标与主观指标。

4. 了解社区管理绩效评估指标体系在文明社区评比中的意义和主要方法。

内容提要

社区管理绩效,衍生自绩效。绩效最初是在企业组织中用来表示生产效率或是实际成果的。以此类推,社区管理绩效是表示社区组织管理者的工作效率或管理成果。社区组织的宗旨是“为社区居民服务”,所以管理者要充分利用社区的资源,调动一切可以调动的力量,积极地投入到社区工作中,以满足社区居民的需求,包括物质的和精神上的。而管理者为此付出的努力、辛勤的汗水,也需要得到公众和上级组织的肯定。另外,管理者还需要总结过去工作中的经验,找出不足和缺陷,提高工作效率。这些都离不开构建一个客观、科学、公正和操作性强的社区管理绩效评估体系。社区管理评估体系,主要采用建立指标的形式,将社区管理涉及的内容分解、细化,以量化的手段进行考评,同时,辅以定性方法加以描述。在实践中,各个社区参加到创建和评比文明社区的活动,绩效评估体系就是很好的手段和方法。

7.1 社区管理绩效的概述

7.1.1 社区管理绩效的含义

1. 绩效的含义

"绩效",在英文中,是 performance,最早来源于经济方面的定义,在企业管理中以可计算的利润来表达。绩效可以理解为效率,比如,伯纳丁等将绩效定义为"在特定的时间内,由特定的工作职能、活动或行为产生的产出记录";也可以理解为工作行为的结果或是生产中的产出,如坎贝尔等人的绩效理论认为,绩效不是活动的结果,而是活动本身,是人们实际做的、与组织目标有关的并且可以观察到的行为或行动,而且这些行为完全由个体自身控制。另有学者博尔曼等人观点和此大同小异,他们认为,绩效是具有可评价要素的行为,是人们工作时的所作所为,这些行为对个人或组织效率具有积极或者消极作用。效率、行为结果和生产产出侧重表现工作成果的数字,绩效却在此基础上着重考虑员工个人的工作效率、工作状态、服务质量以及企业和其他社会组织的可持续发展能力。

在企业和其他社会组织中引入"绩效"是因为:①绩效要在资源是有限的前提下提高行为收益,保证资源有效使用;②绩效要与人力资源管理相结合,通过创造激励因子来提高员工的积极性,从而提高企业的长期绩效;③绩效与顾客导向有关,作为"结果"的绩效,如果不能得到顾客的认可,那么组织的收益便不可实现,所以组织引入绩效管理,就要以顾客满意为导向,并以此作为管理目标之一;④绩效涉及组织的责任、组织对公民负责的程度,比如产品质量、环境保护、资源利用等,关系到组织的收益和生存,所以承担必要的责任与组织绩效的实现成正相关关系。

2. 公共组织绩效

始于20世纪70—80年代,在西方国家掀起了一场以"公共管理运动"为价值取向的政府改革运动。以撒切尔夫人的英国行政改革和美国的"创造一个少花钱多办事的政府"的行政改革最为著名。新公共管理中,提倡将行政与管理区分,公共部门的管理应通过市场化走向公平、效率和以顾客为导向。在这种"以企业家精神"改革公共组织的运动中,绩效评估这个普遍用于企业管理中的理念被应用到公共组织管理中,要求公共组织注重绩效,提高组织工作人员的服务意识、服务能力和服务质量,重塑公共组织和社会的关系。绩效评估作为一项重要的管理工具,在这场以政府改革为先导的公共组织改革运动中受到了广泛的关注。

在现代公共管理中,鼓励以政府部门为主体的公共部门实施绩效管理,是以提高效率、树立管理者形象为需要。首先,绩效管理要求公共部门对于资源的使用和能否达到预期目标必须有一个衡量标准和绩效评价,量化的结果可以使部门的成绩一目了然,公众自然对其是否尽到了职责"心中有数";其次,绩效管理是一种"结果导向"的管理手段,需要对各项工作的完成情况有一个或量化或定性的描述,从而对官僚主义和形式主义有一定的“治疗”作用;最后,绩效管理将工作业绩与奖惩紧密联系,这种诱因机制有利于激发部门职员的积极性和工作热情。

1)公共组织绩效管理的特殊性

目前对公共组织的绩效管理研究上,多半是照搬管理学中的关于绩效的概念、模式和结论,创新内容少,没有重视公共组织绩效管理的特殊性。公共组织的绩效管理特殊性表现在以下方面。

(1)公共组织管理需要的资金不直接依赖顾客。在公共组织中,日常管理的预算和人员编制,一般采用渐进方法,参照上年度水平做适当调整,很难精算出业务量与资源投入的变动关系,这与企业组织为了招揽顾客、增加利润而重视和关注他们向顾客提供的产品和服务不同。在编制计划时,公共组织对增加预算或维持现有水平的重视和关注程度,远远大于组织对其顾客满意度的重视和关注。

(2)公共组织管理没有利润指标。在企业管理中,利润指标在绩效评估和成本—效益分析中是很有效的衡量工具。而公共组织的目标就没有企业目标那样较容易地转化为货币或是其他基本单位来衡量。

(3)公共组织管理的工作目标是多元的、弹性的,有些目标难以甚至无法量化,公共组织目标的这种特性,使得以目标为主要依据的评估系统变得不明确。

(4)公共组织管理存在垄断和非竞争的特殊地位,使得评估活动难以建立可比较的参照体系。公共组织生产出来的一些公共产品没有价格标签,缺乏最终的社会效果甚至仅仅是一种感受或影响,以致难以具体计算和度量。

2)公共组织绩效管理价值

公共组织管理绩效无论在理论上,还是实践上都具有必要性和可行性,我们可以从以下几个方面来认识它的价值。

(1)服务意识。由于这个意识的引入,使得公共组织开始关注公众的满意度,将其作为衡量组织绩效的重要标准。在绩效管理中,现代公共行政显然有别于传统公共行政的服务理念,尽管传统的公共行政为维护社会秩序也相当注重社会公众的需求。而现代公共行政将社会大众当作“顾客”,使公共组织的工作重心围绕顾客的需要,并以顾客需要的满意度作为衡量绩效的标准。企业组织将顾客视为“上帝”,那么,绩效管理就是将市场机制和“顾客就是上帝”的服务理念引入到公共组织当中,有力地促使公共组织提升自身的服务水平。

(2)效率意识。一切观念和工作都要与效率挂钩。效率,不再是企业组织的专用名词,公共组织也要讲求效率。传统公共行政的管理大都官僚化,人浮于事,导致效率低下,已经难以适应市场经济的发展要求。如今,引入新兴的绩效管理,将市场机制引入公共组织,使组织按照市场化的要求运作,以效率为目标之一,摆脱不必要的行政事务,提高办事效率。市场机制不仅讲究效率,同时还关注公平竞争,要求工作人员在绩效评估时做到公平、客观,这也就推动了公共组织人事制度的改革。

(3)责任意识。如前所述,公共组织对公众要有“服务”意识,服务意识其实也是对公众负责的意识。“责任”是一个道德层面的概念，在公共组织中往往体现工作人员的道德标准和行为准则，这个抽象的内涵，使得责任的衡量缺乏稳定性和确定性。引入绩效管理可以有效解决这一困难，通过制定可操作性的指标，规定公共组织将使用资源的情况、如何使用、使用的结果等对公众进行说明，充分体现了对人民负责、为人民服务的管理意识。

作为一种以经济效益、服务质量和公众满意度为目标的绩效管理，是促使公共组织有效配置资源的手段，也有助于公共组织走出传统行政管理，向服务型公共组织转变的改革。

3. 社区管理绩效

社区，是公共部门的重要组成部分，社区管理引入“绩效”概念，是促使社区管理者提高利用本辖区资源效率，负责任地满足本小区居民生活需要的有效途径。社区管理绩效的内涵，可以理解为社区管理的一般范围。

十一届三中全会以来，我国转变思路，将一部分原来由国家包办的公共事业推向“社会”管理，改变政府垄断公共物品的局面，而社区作为“社会”的基本构成单位，就担负起了公共事业的管理责任。目前，社区管理的主要任务和管理范围如表 7.1 所示。

表 7.1 社区管理的一般范围

类别	主要任务
社区组织	健全社区机构，保证社区网络的正常运行、通畅，社区组织有：①街道办事处、党委及其下属机构，是社区的主导管理机构；②物业公司、环卫机构、警署等，行使在社区中的职能；③居民自治组织，如治安联防队、各类志愿者队伍、业余兴趣爱好组织；④社区企业等
社区文化	①进行公共文化设施或重点文化建设项目的投资和管理；②管理社区图书馆事业；③保护小区中的重要文化遗产，资助非营利文化单位；④开展社区风尚活动，如社会公德、职业道德和家庭美德教育，行业规范服务达标活动、温暖工程、爱心工程等
社区体育	①制定小区的体育发展计划，有条件的地区可以举办社区体育运动会；②推进小区基础体育健身器材的建设与维护、保养
社区基础设施	①制定和组织本社区的基础设施管理计划；②负责本辖区内的道路、桥梁、路灯、供水、排气、燃气、热力等公用事业的运行与管理
社区环境与社区治安	①贯彻执行国家环保方针政策，因地制宜拟定本社区管理规章制度，实施环境保护的国家标准、地方标准；②调查处理本辖区内可能存在的环境污染事故和生态破坏事件；③保障社区秩序稳定，维护社区治安，使居民安居乐业
社区风尚	“三个主义”教育、社会公德、职业道德和家庭美德的水平，行业规范服务达标水平、温暖工程、爱心工程、实事工程、文明小区的覆盖率
社区共建	厂弄共建，厂街共建、校街共建、军民共建、警民共建、区域共建，做到共建双方优势互补、互惠互利、共同发展，增强社区单位对社区的认同感

社区管理就是通过以上几方面内容反映出的绩效来保证社区成员需求的满足和社区发展目标的实现。社区组织的完整，保证社区资源的有效发掘和利用；社区治安

的良好保证居民的安居乐业，增强社区归属感和认同感；社区环境的好坏关系到社区整体形象及居民的生活、健康；文体建设活动的推广有利于提升小区居民的文明素质和身体素质，丰富居民的业余生活和精神生活；关系到社区风尚的活动大多需要管理主体的大量投入和精心管理，社区风尚状况是社区管理水平较直接的反映；社区的资源分别属于街道机关、社区单位、组织、群众团体以及广大社区居民。因此，要充分利用这些资源提供物质、精神产品以满足需求，就必须走共建的道路，共享这些资源，社区共建状况的好坏直接关系到社区管理水平。

社区管理过程，就是发动社区居民参与，以共建共享的方式来利用社区内的各种资源，通过自我组织、自我管理、自我服务的互动方式，来满足社区成员多样化的需求，实现社区发展的目标。

所以，社区管理的方式、方法和效果对社区发展的影响很大，通过对社区绩效的评估，可以比较客观地评判社区管理效果的好坏，发现管理中的疏漏和不足之处，总结经验、吸取教训，提高管理的效率，更加充分地利用好社区的各种资源，更好地满足社区成员的需求。

7.1.2　影响社区管理绩效的因素

由前面论述的反映社区管理绩效的各方面来看，影响社区管理绩效的因素很多，归纳起来主要有以下几点。

1. 社区管理者的素质

即管理者的理论水平、专业知识、人格魅力、道德品质等，管理者是整个社区管理中的关键，扮演中间人、协调者、调动者、主导者的角色。首先，管理者的专业水平、工作方法和理念，对管理效果的影响是巨大的；其次是管理者的道德品质，管理者只有严格要求自己，有奉献精神，勤政爱民，就会得到社区居民的拥护和认可，在社区事务的组织和调动上将更有效率。

2. 社区居民的素质

这里需要说明的是，如今社区管理倡导"小政府，大社会"，实现政府和社会各界共同治理的模式，这意味着，社区居民不再只是被管理者，而是社区管理主体之一，具有"主人翁"地位，所以居民的素质成为影响社区管理绩效的另一因素。社区居民如果拥有社区意识、社区归属感，那么他们就会有参与社区事务的积极性和主动性，对管理机构的组织和宣传给予积极的响应，机构管理者和社区居民的连续互动，使得社区资源得以充分利用，社区发展方案得以落实。

3. 社区的硬件设施

比如教育设施、文体休闲器材、垃圾处理设施、园林绿化、道路交通等。如果社区从建初就规划并配套好各项设施，那么居民在服务、安全、环境等方面的需求就能从硬件上得到满足，同时也节约了社区建成使用后，管理机构在硬件上的投入，减少管理成本，大大提高管理效率；而老社区就存在诸多原先未考虑但确实影响居民生活的硬件设施，如没有独立卫生设备的住房的改造，不仅要投资建化粪池、铺下水道、还要协调居民在公共部位或住房腾出空间;为整治环境,要清理公共部分的堆放物,要对公用厨房进行“三统一”建设,这不仅要涉及经费投入的问题,甚至还要协调居民之间的关系①,这不仅加大管理难度,也影响社区管理绩效。

7.2 社区管理绩效的评估

7.2.1 社区管理绩效评估的意义

1. 绩效评估的含义和特点

绩效评估是一个测定实际完成结果与既定目标契合的过程,对公共组织来说,这个实际的结果包括的范围有:将资源转化为公共物品及服务的效率,向公众提供服务的质量和公众对此的满意反馈及达成计划目标的过程中组织的运作效率。绩效评估是绩效管理的一个中间环节,与绩效评估不同,绩效管理是公共组织连续的动态的过程,利用绩效评估反映出的信息,告知管理者对当前的政策或是维持或是做出适时调整,对资源进行优化配置,并且确定新的绩效目标,监督政策实施过程和目标达成的成效的过程。

公共组织其绩效评估有如下特点。

(1)公共组织的服务导向和公共责任性决定了绩效评估指向公共服务和社会责任。在绩效评估的过程中,信息技术被广泛运用,有利于政府等公共组织与社会公众之间进行沟通和交流,评估的第一标准是组织提供的服务质量和社会公众需求的满意度,充分体现了公共责任和顾客至上的管理理念,这又反过来加强、完善了公共责任机制,提升公共组织提供公共服务、改善生活质量和管理公共事务的竞争力。

(2)公共组织的绩效评估是一个由许多环节组成的综合过程。包括:①确定需要评估的项目,主要是指上级下达的任务,组织内部自行确定的任务以及来自其他组织委托的任务;②确定评估小组,一般需要包括的组织成员有管理人员、信息技术人员、财会人员等;③收集被评估组织的数据资料,依照事先设计的量化指标进行定量评价,并辅以定性评价;④分析绩效结果,发现绩效结果与计划目标之间的差距,分析影响差距的内外因素;⑤运用绩效评估的结果改善组织行为,包括制定下一步开展工作的预算,或维持或改进现行公共政策,修正公共服务中的不足与缺陷。

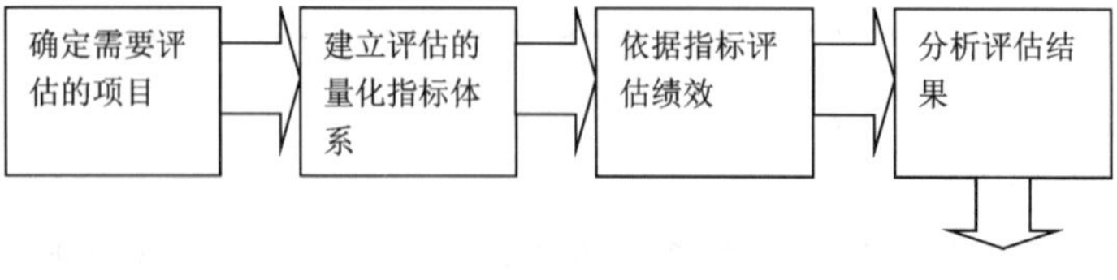

图 7.1 公共组织的评估过程

① 陶铁胜:《社区管理概论》,224 页,上海,上海三联书店,2000。

(3)绩效评估的评估主体多样性。一般设定为四类:一是评估对象的上级部门;二是社会公众;三是专门的评估机构;四是评估对象内部组成的评估队伍。

(4)公共部门的绩效评估的衡量标准是多维度的。在实践中,由于公共部门的特性以及技术上存在的困境,评估主要围绕经济测定、效率测定、效益测定这三块展开。经济测定的含义是计算输入资源的成本;效率测定是计算投入与产出的比率,是对组织过程的评价;效益测定是计算公共部门所产生的社会效益。从这三个角度的评估标准,我们可以分辨出公共部门绩效评估的功能。现在全球流行“小政府,大社会”观念,意即提倡政府和其他公共部门以提供服务为宗旨,所以今后的绩效评估将会以提供服务的质量、目标实现及与公众的交流互通为重要内容。

2. 绩效评估的意义

社区管理绩效评估时对社区工作的实际结果与影响评价,要求客观、公正、全面,对成绩予以肯定,看到不足和缺陷,要分析原因,寻找解决的对策,为进一步提高管理效率做好准备。所以做好社区管理绩效评估,是很有意义的。绩效评估的定义如下。

(1)“公众导向”意识强化了社区管理的服务性。社区管理的绩效评估借鉴市场竞争机制,将小区居民的满意与管理的绩效挂钩。在过去,主导我国服务型管理的理念是“全心全意为人民服务”,是一种意识形态的约束,付诸于具体行动需要管理人员道德素质的提高,而绩效评估的“公众导向”则是从制度上体现了服务型管理的要求,是服务行政、绩效评估、考核机制三者的有机结合,保证了管理人员主动提高服务质量,迎合社区公众日益增长的物质和精神文化需求。

(2)绩效评估体现了效率意识和公平意识,两种意识相互补充可以促进社区管理的公平、高效。作为公共组织,能够体现公平原则是社区管理工作的必然要求,绩效评估虽然以经济、效率等指标优先,但同样兼顾到了公平原则。一方面,社区管理者要多开渠道,提高本社区资源的利用率,达到既满足了社区发展的需要,又不增加社区管理的负担,对社区长久的发展不造成影响;另一方面,社区的公众,作为被管理和被服务的对象,地位和享受的机会是平等的,要保证社区服务和资源都能为他们服务,体现公平的原则。

(3)科学的绩效评估是保证社区绩效管理顺利实施的必要条件。如果某个小区的某街道办事处实施绩效管理,对自己刚过去的一个季度的工作总结得失。事先已经做了诸如搜集工作成果信息、动员各相关人员积极配合等工作,但是在绩效评估这一环节缺乏科学性,比如,评估指标设置得不恰当、不准确,评估人员评估不公正、不客观,最后工作的奖惩并不采纳评估结果等,那么在后续的工作中,绩效评估的有效性及结果就会受到怀疑,进而使被评估人员对绩效管理产生怀疑和不友好,甚至是抵触情绪。最终,绩效管理在该街道办事处失去了“民心”,只剩下挂在墙上的一句口号,达不到最初提高工作效率和服务水平,进而激励工作人员的目的。所以,绩效评估要被看成绩效管理的中心环节,具有承上启下的意义。

(4)绩效评估可以促成社区管理者与社区公众之间的互动。社区公众虽然是被管理和被服务这两个双重身份的统一体,但是公众首先应以被服务对象的姿态出现。

那么社区服务可以通过社区的自我组织、自我服务、自我管理的互动方式来实现,管理者从中协调。社区管理方式、技术水平的高低,直接制约着社区服务质量的高低,也就影响了社区公众的满意度。从另外一个角度来看,社区公众参与社区活动的主动性和积极性、对社区的归属感等,又反过来影响社区管理的方式、手段。而绩效评估的结果就是可以将社区管理工作的实际结果反馈到管理层的主要手段。通过引入绩效评估,鼓励社区管理者多与社区公众交流、互动、合作,以不断改进社区管理工作,提高社区活动公众参与热情和满意度,增强公众社区意识。

7.2.2 社区管理绩效的评估原则

1. 顾客导向原则

这是从绩效评估的宗旨上说的,为社区管理注入服务意识提供最核心的思路。新公共管理提倡"顾客为导向",从根本上否定了公共组织在地位上的优越感,而把社会公众从"被管理者"的身份提升到"被服务"的顾客的角色上来。在社区中,管理者首先要剔除"权力优先"的意识以及低效率的官僚主义办事作风,要主动去了解社区公众的需求,千方百计地去满足他们的合理要求,提供他们需要的服务。

2. 效率原则

这就是提倡社区管理在利用资源和提供服务上要最终实现"效益最大化"。如前所述,绩效评估主要围绕三个方面展开的:经济测定的含义是计算输入资源的成本;效率测定是计算投入与产出的比率,是对组织过程的评价;效益测定是计算公共部门所产生的社会效益,这是管理中最终的目标指向。

3. 公平性原则

绩效评估对社区管理人员的考核产生正激励作用,有助于在人与人之间形成公平竞争的氛围。社区绩效管理本质是引入市场机制,建立绩效评估体系,确保在社区服务和管理的实施中能够公正、透明、廉洁。同时,绩效评估与工作人员的奖惩紧密联系,大大改进了考核上的被动性,是社区管理人员主动为提高绩效而努力,因而具有正激励的作用。

4. 客观性原则

要求绩效评估从过程到形成结果都要事实求是。评估的结果是要指导将来的管理工作,如果人为地捏造事实或夸大结果,文过饰非,以作秀的姿态描绘事物,那么评估就失去了它本身的意义,严重的后果就是对社区的管理方式和发展方向起误导作用,在社区管理机构中形成"不重视在工作中下功夫,在评估上下气力"的形式主义风气。

5. 可行性原则

这是要求社区的绩效评估不仅能够做到科学、客观、公正,还要易于操作,成为行之有效的管理手段。具体要求有:①设计的评估指标要尽可能全面、细化,内容上要涵盖社区服务、社区治理、社区环境、社区经济和社区生活质量等,对工作结果的描述要形象明确;②评估的指标要可量化,便于计算、比较;③评估程序要规范,比如评估队伍的稳定和专业性,评估时间的周期性,可以是一年一评或是两年一评。

7.2.3 社区管理绩效的评估方法

绩效评估首先是在企业组织的管理实践中逐步摸索出来的管理新办法，作为公共组织重要组成部分的社区来说，在管理中引入绩效管理和绩效评估，不仅需要借鉴企业绩效评估的理论，还要掌握在实践中具体的操作方法，促使社区管理的评估工作朝着科学化、规范化的方向发展。

从企业组织可资借鉴的绩效评估方法在此主要介绍两种：一是平衡计分卡；二是360度考评。

1. 平衡计分卡

平衡计分卡的创始人是哈佛大学会计学教授罗伯特·卡普兰和波士顿公司的管理咨询师大卫·诺顿，创始的起因是人们越来越不相信财务指标对于现代企业绩效评价的价值。而卡普兰和诺顿经过多次研究，终于设计出这种囊括整个组织多方面活动——顾客、内部业务流程、员工活动和股东利益的平衡计分卡。《哈佛商业评论》在庆祝创刊80年之际，隆重评选出“过去80年来最具影响力的十大管理理念”，其中，平衡计分卡名列第二。世界500强中有约80%的企业在应用平衡计分卡。

而公共组织中平衡计分卡的内容可见图7.2。

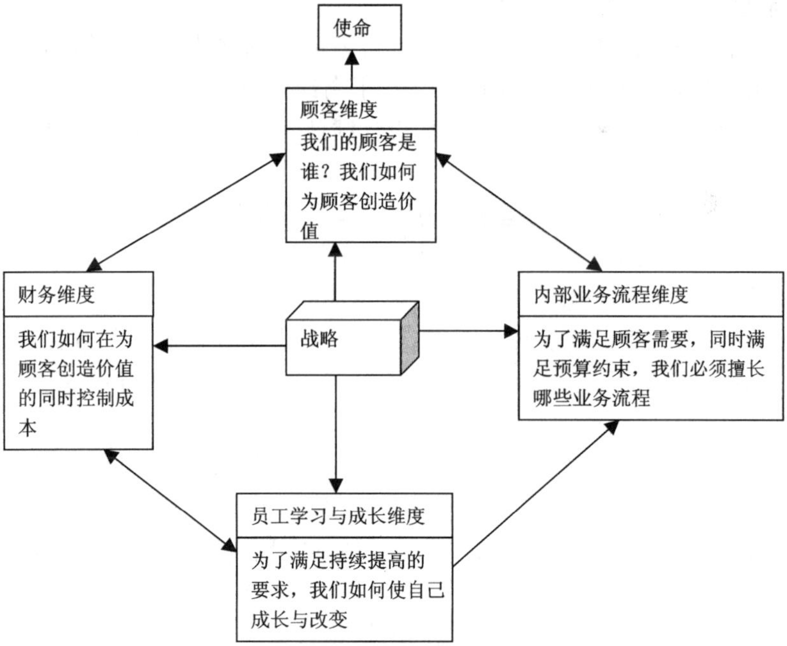

图7.2 公共组织的平衡计分卡①

① [美]保罗·R.尼文：《政府及非营利组织平衡计分卡》，胡玉明，等，译，29页，北京，中国财政经济出版社，2004。

和企业组织一样，平衡计分卡在公共组织中，也是一个多维度平衡评价的绩效评价系统，它将公共组织的战略目标与业绩驱动因素相结合。其由四部分组成：财务、客户、内部营运及员工的学习与成长。

但和企业组织不同的是，公共组织的平衡计分卡的财务维度不是传统意义上以利润为目标的，这显然是与公共组织提供公共服务和社会责任的最高目标决定的。公共组织的输出产品的收益周期长，有的甚至持续跨度几十年，产出的价格和单位成本也不易衡量，要像企业产品那样精确测算出“投入—产出比”就非常困难。所以，财务维度在公共组织中是不足的。另外，公共组织的服务对象是社会公众，而不是企业组织面对的顾客，不过，公共组织设置顾客维度，将社会公众的地位提升到顾客的位置，充分体现了公共组织提倡服务行政的观念转变。“我们的顾客是谁？我们如何为顾客创造价值？”这些问题的明确促使平衡计分卡在设计顾客维度指标时，有确定的目标和方向，使得绩效评估在公共组织中的有效性和结果的实用性得以保证。

平衡计分卡具体操作步骤如下。

(1)计划阶段。包括组建平衡计分卡实施小组，对小组成员和相关必要人员提供培训，同时要争取到高层领导人的支持和保证，接下来制定实施过程中的沟通计划，确定本组织资源的需求与可及性等。

(2)准备阶段。包括确定组织的使命、价值观、远景与战略，创建战略地图，明确平衡计分卡在绩效管理框架中的角色，选择平衡计分卡的维度。

(3)实施阶段。包括收集反馈信息，设计绩效评价指标，根据分析结果制定未来实施计划。

平衡计分卡在公共组织的运用中满足了以下多方面的需要。

(1)平衡计分卡围绕组织战略，促使组织上下从战略的高度思考，进行有效的资源优先配置，同时还可将组织的战略转化成具体的评估指标。

(2)作为一套完整的组织评估系统，平衡计分卡不仅克服了传统评估中的片面性、主观性，而且强化了从目标制定、行为引导和绩效评估来提升整个绩效，以改善系统的管理。

(3)平衡计分卡具有激励作用，把平衡计分卡的评估结果与报酬相连接时，可以强化所期望行为与结果的出现，而且员工也会得到组织许诺的报酬，可谓一举两得。

平衡计分卡不是“完美无缺”的，正如其他的管理方法一样，存在着不可避免的问题。

(1)平衡计分卡围绕组织战略，过高的期望会增加管理者使用的难度。实施平衡计分卡需要组织有明确的战略目标，高层管理者要具有能分解并向下级沟通战略的能力和意愿，而中层管理者需要有评价指标创新的能力和意愿，在公共组织中，管理者往往具有“官僚主义”惯性，对组织的绩效评估可能存在抵触情绪，并且不注重自身科学管理素质、技能等方面的培养，人与管理手段的不配套，使得推行平衡计分卡的工作困难重重。

(2)平衡计分卡指标设置的繁杂性。虽然维度有四个,即财务维度、顾客维度、内部营运维度及员工学习和成长维度,但是每个维度下还要再细分,根据各个部门的实际情况,找出恰当的量化指标,最后,可能出现的情况是多达 15 ~ 20 个指标,这就与指标设计原则相矛盾,指标设计要求精准、简洁,指标过多会造成负担,比如员工不能准确理解绩效指标评价的含义和目标,给评估人员的信息收集和分析工作带来困难,造成过分的资源的耗费。

2.360 度绩效评估

360 度绩效评估的发明人是美国通用公司的杰克·韦尔奇。韦尔奇自己曾说:"我们所能做的是把赌注押在我们所选择的人身上。因此,我的全部工作就是选择适当的人。"管理者首先要做的是在尊重人的个性的前提下,识别和挖掘人,把最合适的人安排在最合适的位置上,并在日后的工作中帮助其设计职业生涯,以使其能最有效、最省力地走上成功之路。20 世纪 90 年代初,有关数据显示,世界 500 强的公司中,超过 60% 的公司在使用 360 度绩效评估方法。

传统的考核多是自上而下的,由上级管理人员对员工进行单向考核,360 度绩效考核恰恰相反,它是一个自下而上的评估方法。不是一个人说了算,不是哪一个方面的反映,而是多方位的,不仅有上级管理人员,还有与被评估者密切接触的人员,比如同事、下属以及自己的评价。总之,360 度绩效评估是从不同层面的人员收集信息,全方位地对员工进行综合绩效考核并提供反馈的一种评估方法。

360 度绩效评估最初在企业组织中广泛运用,现在已经在公共组织中推行开来。具体的操作步骤和实施方法如表 7.2 所示。

表 7.2 360 度绩效评估的具体步骤

步骤	内容
员工的同事(3 ~ 6 名)评价	•被评估人员在前一阶段的最主要贡献 •为保持有效性应采取或减少哪些措施 •哪些措施可以在未来一段时期提高他的作用 •在你看来他是否应改变做法,以便将来更好地满足他人要求 •其他
员工的下属(3 ~ 6 名)评价	•现任上司是如何帮助你表现良好的 •你希望你的现任上司在今后应做哪些事情,以便使你更加发挥你的作用 •你希望你的上司少做点什么 •其他
员工的自我评估	•自我背景,包括被雇佣的日期、职位、学历及培训背景 •过去一段时间的工作表现,包括表现与客观情况相比,与现有责任相比,自认为最突出的成就 •工作作用,包括工作责任,自评价在主要活动中哪些需要修改、补充或采纳,你还需要什么支持、需要哪些特殊技能和经验以做好你的工作,自评价在工作中取得的进步 •其他

续表

步骤	内容
考评者对员工工作表现的评估	• 定向成就 • 人际交往 • 概念思维 • 分析思维 • 主动性 • 专业性 • 领导才能 • 发展力和适应力
管理者与员工面谈	• 双方就评估报告商议 • 探讨员工今后的业绩目标、评估标准 • 讨论未来事业发展计划
形成表格和存档	• 将最后的评估和计划简明地写在表格里 • 存档于人力资源部

360 度绩效评估方法和其他的绩效评估方法比较起来，具有如下优点。

(1)形成多方评估，做到相对的客观、公正。传统评估方法中主要由管理者制定和测评，管理者的素质和公正性就占据至关重要的位置，并且一般的管理者只有 10% 的时间能够看到下属的工作，易存在个人偏见的主观性风险。360 度则考虑到同事和下属的评估意见，是管理者能对被评估者形成较为客观的评价。

(2)有利于员工的自我价值的实现和发展。360 绩效考评中有专门一项需要被评估者自我评估，个人需要剖析自己，找到自己努力的方向，并有计划和有针对性地对自己加以培训。正如韦尔奇所言，管理者的首要任务是发掘人才，组织要帮助员工，使其能最有效最省力地走上成功之路。

(3)减轻了考评人员的负担。传统考评以管理者考评为主，负责人面临技术、素质、环境等方面的压力，还要面临考评结果可能带来的各种争议。而 360 度正是改进了传统的考评方法，引入多方参与考评，简化了管理者考评内容和负担，同时又有自我评估，减少了评估结果的争议性。

(4)评估结果的误差小。360 度绩效评估的评估主体不仅来自不同层面，而且每个层面的评估者都有若干名(一般是 3 ~ 6 名)，评估结果取各数据的平均值，从统计学的角度来说，结果更接近于客观情况，减少了个人偏见及评分误差。

最后需要注意的是，公共部门的 360 度绩效评估与企业组织有一点是存在差异的。那就是评估主体的多元化，评估主体不局限于本组织，而是伸向组织外部，有中介组织、社会公众评估等。

除了上面介绍的两种评估方法外，在社区管理绩效评估中还可使用其他方法，比如关键事件法和行为差别法，这两种方法属于一种纵向比较，是工作人员与工作标准的比较，其结果更具客观性和公正性。

(1)关键事件法，在应用中一般采用日记法。这种方法是说上级在平时不断地对员工的表现做详尽的纪录，每一位需要考核的员工都有一本“工作日记”(工作记录)，上面记载着日常工作中员工突出的、与工作绩效密切相关的事件，既是极好的事件,也可以是极坏的事件。关键事件的记录者一般是员工的主管。在记录时,主管应着重对事件或行为的记载,而不是对员工的评论。关键事件法的优点是:①关键事件法依据的是对员工的日常事件记录,使考核者在考核中的许多主观误差得到控制;②关键事件法是以员工在整个考核期的行为为基础,避免了考评中的近期化误差。尽管如此,关键事件法仍然存在缺点:①关于什么是关键事件,会因为不同的主管而有不同的界定;②给每个员工记"工作日记"会耗费主管许多时间;③关键事件法的推行,可能会使员工过分关注上级到底写了什么,对"工作日记"产生恐惧和抵触,不利于考核的实施。

(2)行为差别测评法,指的是先通过一个类似于关键事件法的工作分析程序,获得大量的描述句,描述从有效到无效的整个行为系列,然后通过整理,根据相似性对项目进行分组,每一组项目具有一个概括性的描述,并将这些描述句作为"绩效标本"。之后,将这些"绩效标本"安排在问卷中,并发放给抽样产生的20位在职工作者和上级,对问卷涉及的有效和无效行为的信息进行分析。最后据此做出测评表。

7.3 社区管理绩效评估的指标体系

7.3.1 社区管理绩效评估指标体系的构建原则、目标与依据

在企业组织管理的实践中,设计一个目标体系并将它具体化,建立一组衡量和检测企业管理绩效的统计指标和评估指标,定期加以考核,将直接有助于实现管理工作的科学化、制度化和效率化。在社区管理中,构建评估指标体系,以对社区管理的实际结果和影响进行综合、全面、客观的评价,并作为日后工作的参照系,也可以实现社区工作的科学化、规范化和有效性,并且还能为其他公共组织和上级组织提供社区管理现状和发展的种种信息,在社区管理的决策和规划中发挥咨询作用。

1. 社区管理绩效评估指标的构建原则

社区管理中引入绩效管理,少不了绩效评估指标的设置。而指标是度量一个组织绩效强弱的工具,指标又直接影响绩效评估的结果。要保证结果全面、客观、准确地反映社区管理组织的管理水平与发展趋势,评估指标的构建应遵从以下原则。

(1)可操作性原则。社区管理中的绩效评估不是挂在墙上的口号,它需要能够在实践中操作起来。所以在建立指标时,要考虑到指标数据的易采集性、计算公式的科学合理、评价过程的简洁准确等。具体说来,主要包括三个方面:①是数据资源的易得性,数据可以是在现有资料基础上经过简单加工整理后获得,或是对评估对象进行问卷调查和现场访谈获得;②是数据资料的可量化性,因为定量指标具有真实、可靠和易比较的优点,定性指标和经验指标存在模棱两可的缺陷,所以尽量少用,还有一种方法,就是可以选取那些能通过专家间接赋值或测算予以转化定量指标的定性指标;③是指标要少而精,繁复的指标群会给评估小组带来分析和整理的负担,也会让组织成员对指标产生疑惑。

(2)可比性原则。评估过程中需要对各个指标进行分析,比较法就是分析方法之一。将评估结果进行横向与纵向的比较,以更好地了解和把握社区管理组织在不同发展阶段绩效的实际水平和发展趋势,或者同其他社区管理组织进行比较。这就要求评估的指标体系中每个指标的含义、统计口径、时间、地点和使用范围都有明确界定。

(3)系统性原则。社区管理组织的绩效系统是个综合体,包括行政管理、经济发展、治安稳定、教育文化、生活质量和社区环境等,各个绩效子系统必须采取相应的指标才能反映出来,所以,评估指标体系在构建上要有足够的涵盖面,能够充分反映社区管理绩效的系统性。评价体系不是各种指标的简单堆积,可以按照某些原则合理地将评估指标分为目标层、准则层与指标层等若干层次。

(4)有效性原则。如果摄制的社区管理绩效评价指标是反映社区管理者的管理能力,而不是做了多少实事,那么这种评价体系是没有意义的。统计学上,有效性指测量结果与外部标准的贴近程度。有效性原则要求构建的指标体系必须与所评估对象的内涵和结构相符合,能够真正反映社区实际,体现社区管理绩效的本质和特征。

(5)动态性原则。社区组织的绩效是个动态累积的过程,它对社区的影响不易在较短的时间内取得真实值。所以在评估指标的设置上要"动"态指标与"静"态指标相结合,前者主要指反映社区组织绩效活动过程的过程指标,后者是测量绩效活动结果的现实指标。另外,在社区绩效系统的运行过程中,系统内部的各种因素及外部环境总是处于不断变化发展中,导致社区绩效的内涵与结构也会发生变化,所以,相应地,指标要根据不同的发展阶段进行适时调整。

(6)独立性原则。要求设置的指标要具有独立的信息,相互不能替换。要选择反映信息多、能最恰当地反映目标工作的特点和完成程度的指标。

2. 绩效指标体系的目标定位

社区管理中引入绩效管理,可以将评估的结果运用到实际工作中,为将来的工作明确任务和方向。同样,绩效管理也要明确自己的目标,正如前面所述,社区组织是公共组织的一个重要组成部分,其组织特性决定了社区组织的宗旨是服务本社区的公众,这同样也是绩效指标体系的总的目标定位,具体说来它又分为以下几个方面。

(1)"安居"。首先是社区内的困难居民得到应有的照顾;其次要做好小区的基础设施建设,比如,路灯的维护、道路的保养等;最后,要形成合理的便民服务网络。

(2)管理有序。健全社区组织的管理制度,规范管理手段,形成以街道为核心、以社区管理组织为基础、以社区公众自我管理为补充的组织管理构架。

(3)治安良好。组成专门的社区治安队伍,及时纠正社区内不文明现象。提倡社区居民团结友爱、互相帮助、家庭和睦,建设"和谐"社区。

(4)文化丰富。开展主题丰富的社区文化活动,使居民从中不仅得到愉悦,更能够从中得到精神上的提高。有条件的社区还可以组建社区图书馆,丰富居民的精神生活。

（5）环境优美。合理规划社区内的绿化面积，和居民楼达成自然和谐。无“六乱”现象，达到“七不”规范，居民环境整洁。

3. 绩效评估指标体系的依据

在谈到绩效评估指标的设置时，有“可操作性”原则，要求社区管理绩效的评估指标能够量化，以便于评估工作的分析整理。但是量化标准不是评估者的随心所欲，而是有客观依据。社区组织设置绩效评估指标的量化依据如下。

（1）要与本社区居民的需求相吻合。通过问卷调查或是个人访谈，了解居民对本社区事业的发展要求和期望，因为社区居民的需求是社区组织存在的第一要义。

（2）要以社区所在城市的平均经济发展水平为基础。社区的发展要以所在城市的平均经济实力为基础，超越这个基础，不切实际地发展社区事业，只会造成本城市发展的“厚此薄彼”，甚至会加重整体经济的负担。

（3）要与所在城市的发展战略保持一致。因为社区是组成城市的细胞，社区事业的欣欣向荣，会促进整个城市的发展。城市的发展不是单个社区繁荣的简单累加，而是会有质的飞跃。

7.3.2 社区管理绩效评估的指标体系

1. 绩效评估指标体系的功能

构建社区绩效评价指标体系的基本出发点是把社区绩效结构系统中涉及的所有方面的复杂关系简单化，用简化的评估指标获取尽可能多的评估信息，为把握和了解社区绩效建设现状提供科学的判断依据。同时，完整的绩效评估指标体系还应对社区绩效管理的各个方面的变化趋势和变化程度形成反映，由此分析得出影响或是阻碍社区管理绩效持续提高的不利因素，还要采取积极的对策克服不利因素。因此，科学、合理的社区绩效评估指标体系应当具有预测、调节和分析的基本功能。

（1）预测功能。在社区绩效管理研究的过程中，我们可以参考各种已有的资料，比如《统计年鉴》《社区工作报告》等，获得大部分社区绩效管理中已使用的评估指标的实际数据，根据统计数据，计算出本社区在过去一段时间里各个层面的绩效的实际得分，并把这些结果按照时间顺序进行排列，形成社区绩效管理的实际得分序列。这样做的目的不仅是为了帮助我们正确认识和了解社区组织绩效的积累过程和发展现状，而且可以把握社区在绩效管理中的运作规律，进而预测和描绘未来发展趋势，分析、判断社区绩效对所在城市经济发展的近期、中期乃至远期的影响，实现社区绩效评估指标的预测功能，为社区管理者决策提供理论和事实依据。

（2）调节功能。社区的绩效发展水平和所在城市的政府部门一样，要受到行政管理、经济发展、科技教育、治安稳定、生活质量和居民环境等众多因素的综合影响，而不是简单的一元的线性系统。所以，在实际中，社区绩效的建设和培育过程中，会发生现实情形与计划目标出现偏离的情况，这是不可避免的。通过对社区绩效实测的评估指标在一定时间内持续的整理和分析，不仅可以从不同的角度反映社区绩效的现状、潜力以及变化趋势，而且还可以发现社区绩效建设现状与预定发展目标的偏离状况，分析偏离的可能原因，采取积极的解决办法，达到绩效评估指标体系的监控和调节功能。

(3)分析功能。社区组织的绩效评估体系是若干能力要素的综合和集成。可以依靠现有的统计资料和实际调查采集来的资料、数据,同时采纳专家的评估意见,运用科学的统计手段,来计算出社区绩效系统的综合得分,再根据这个得分对社区过去一段的工作表现进行综合性的判断。另外,通过横向比较,还可找出不同社区之间的差距。这样,可以较为准确、全面地把握本社区目前的绩效表现和今后的发展潜力。同时,观察各个要素指标的具体得分,可以了解各个能力要素对社区绩效的影响状况,并发现哪个能力要素最强,哪个能力要素最弱,以及哪个能力要素在整个系统中发挥着主导作用。综上,我们看到,通过对社区组织绩效的评估,可以帮助管理者了解社区绩效建设的现状,及时纠正不良做法,总结经验,并制定出相应的解决策略。

2. 绩效评估指标体系的结构

根据上述社区管理绩效评估指标体系构建的原则、目标与依据,社区绩效管理评估指标体系通常由三级指标组成,见图7.3。

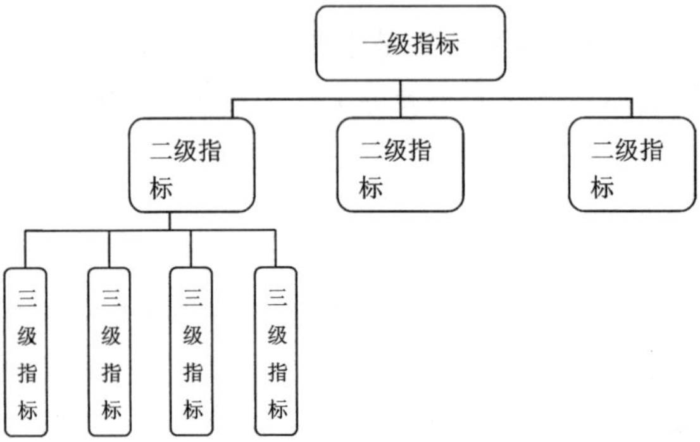

图7.3 社区绩效评估指标体系的三级指标

(1)一级指标。一级指标是社区管理涉及的主要内容,划分的依据有社区公众对社区管理的期望,也有上级管理部门的任务和要求,并且按照各个部分的重要程度,确定其权重分值。一般来说,一级指标在各个社区的共性成分较大,基本形成规范固定下来,其分值的大小由其内容的重要性和它下面的项目数确定。

(2)二级指标。二级指标是建立于一级指标基础上的,是对一级指标的细化和分解,二级指标的考评分值之和等于一级指标的分值。

(3)三级指标。三级指标又是在二级指标的基础上的进一步细化,目的是为了方便实践操作,所以三级指标又被称为操作指标。该指标设计时要求简明、具体、无歧义,可操作。

另外,在绩效指标体系中还有几个必需的结构要素,它们分别是:①评估标准,通常是给予量化考核指标,比如健全率百分比、落实率百分比、覆盖率、满意率等等,也可以用简单明了的文字表达。有的为了简便,将指标评估标准分为A、B、C、D档,含义是完全达标、较好达标、基本达标和不达标;②评估方法,社区绩效评估方法主要有问卷调查法、个别访谈法、实地考察法、抽样评估法和材料审核法;③评估单位,由于绩效评估是个比较量大的工程,不能交由哪个人或几个人单独承担,加之评估工作要求专业性和技术性,所以要明确专业部门和组织来承担考评工作,使评估结果更具权威性。

表7.3列举出的是一个设计得比较全面的、规范的社区管理绩效评估指标体系，供大家学习参考。

表7.3 社区管理绩效评估指标体系样本①　　基本指标(占65%)

一级指标	二级指标	三级指标	测评表				权数	考核方法	主要负责单位
			A	B	C	D			
I-1社区环境	Ⅱ-1公共环境	Ⅲ-1道路畅通，路面平整，人行道完好					1.1	实地考察	市政委、建委
		Ⅲ-2沿街道建筑外观整洁、美观，临街道阳台、窗口无搭建堆放					1.2	实地考察	物业部门
		Ⅲ-3户外广告及宣传栏设施内容健康、外形美观、定期维修更新(10%的公益广告)					1	实地抽查	市政委
		Ⅲ-4集市贸易点管理疏导有序					1.1	实地考察	市政委、工商局、街道
	Ⅱ-2居住环境	Ⅲ-5社区内居民基本达到“七不”规范，无“六乱”现象					1.2	问卷调查	市政委、物业部门、街道
		Ⅲ-6居民住宅公用部分整洁、无违章饲养家禽、对鸽犬管理妥善，不污染环境					1.2	实地考察	物业部门、派出所
	Ⅱ-3环境质量	Ⅲ-7社区环卫设施齐全、完好，公厕、垃圾、箱房、倒粪站管理到位，生活垃圾基本袋装化					1.1	实地考察	环卫局、街道
		Ⅲ-8“三废”(废水、废气、废渣)、噪声、光污染控制在国家规定的范围之内，污染源处理率达90%以上					0.8	实地考察、材料审核	环保局
	Ⅱ-4环境管理	Ⅲ-9社区单位卫生制度落实，内外环境整洁，有卫生保健场所					1	实地抽查	环卫局、街道

① 鲍日新，等:《社区管理理论与实践》，402页，大连，大连海事大学出版社，2004。

续表

一级指标	二级指标	三级指标	测评表 A	B	C	D	权数	考核方法	主要负责单位
Ⅰ-2 社区秩序	Ⅱ-5 社会治安综合治理	Ⅲ-10 社会治安综合治理领导责任落实率100%					0.8	材料审核	综治办、派出所
		Ⅲ-11 群众治保组织健全、队伍落实率100%					0.8	材料审核	街道、综治办
		Ⅲ-12 值班、巡逻人员到位,活动正常					0.7	材料审核	街道、派出所、物业
		Ⅲ-13 社区公共场所治安秩序良好,刑事案发生率较低,重特大治安案件发生率为0					1.2	材料审核	派出所
	Ⅱ-6 安全小区	Ⅲ-14 防火防灾等安全设施齐全,制度措施落实,无重大火灾事故发生					0.9	材料审核	综治办
		Ⅲ-15 社区内安全小区(市级)达70%,安全率各单位达50%					1	材料审核	综治办
		Ⅲ-16 居民和机关、团体、企事业单位对社区治安状况满意率达80%					1.2	问卷调查	街道
	Ⅱ-7 法制教育	Ⅲ-17 法制教育和“四防”宣传教育措施落实率80%					1	材料审核	街道

续表

一级指标	二级指标	三级指标	测评表 A	B	C	D	权数	考核方法	主要负责单位
I-3 社区组织	II-8 组织管理机构	III-18 有体现广泛性、代表性和文明社区创建组织、形成工作制度					0.5	材料审核	街道
		III-19 居民党支部，居民委员会组织健全					0.6	材料审核	居委会、街道
		III-20 组织党员参加社区活动					0.7	材料审核	街道、机关党工委
		III-21 社区自治组织					0.6	材料审核	街道
	II-9 外来人口管理	III-22 组织社区单位参与社区建设与管理					0.8	材料审核	街道、社区单位
		III-23 外来人口管理组织健全，登记率、执证率在90%以上					1.2	材料审核	街道、派出所
I-4 社区共建	II-10 社区资源共享	III-24 社区单位资源共享率70%					1	材料审核	街道
	II-11 组织与制度	III-25 社区共建协调组织健全率100%					0.7	材料审核	街道、社区单位
		III-26 年度共建目标与计划落实率100%					1.2	材料审核	街道
	II-12 共建活动	III-27 社区单位与街道共建项目不得少于1个					0.8	材料审核	街道、企事业单位、居委会

续表

一级指标	二级指标	三级指标	测评表				权数	考核方法	主要负责单位
			A	B	C	D			
Ⅰ-5 社区服务	Ⅱ-13 社区服务设施	Ⅲ-28 居民区公共设施齐全、服务网点布局合理					1.2	材料审核	街道
	Ⅱ-14 社区服务组织	Ⅲ-29 志愿者服务中心宣传面≥80%，参与率≥15%，每个居委会有≥5%居民户参与志愿者队伍					1	材料审核、问卷调查	街道
		Ⅲ-30 就业服务中心解决待业人员的就业培训服务率95%以上					1.2	材料审核	街道
	Ⅱ-15 民政福利服务	Ⅲ-31 帮助解决水、电、煤气、房屋急修等应急服务及时率95%以上					1.2	问卷调查	物业管理部门
		Ⅲ-32 优抚对象定期补助，走访落实率100%					1	材料审核	街道、民政局
		Ⅲ-33 残疾人、精神病扶助率（包括物质和经济方面）100%					1	材料审核	街道、民政局
Ⅰ-6 社区教育	Ⅱ-16 教育设施	Ⅲ-34 社区市民教育机构健全率100%					0.7	材料考核、实地考察	街道、教育局
		Ⅲ-35 社区教育骨干队伍稳定率70%					0.8	材料审核	街道
		Ⅲ-36 学校、家庭、社会三位一体，社区闲散青少年教育网络健全率100%，青少年犯罪率控制在2.5%					1	材料审核，实地考察	街道，教育局
	Ⅱ-17 各类社区教育	Ⅲ-37 社区外来人员公共（普法）教育和计划生育教育≥8次/年					0.8	材料审核	街道、派出所
		Ⅲ-38 社区市民科普知识教育，普及率≥90%					1.2	问卷调查	街道

续表

一级指标	二级指标	三级指标	测评表				权数	考核方法	主要负责单位
			A	B	C	D			
I-7 社区文化	Ⅱ-18 公共文化活动	Ⅲ-39“两劳”释放人员,结对帮教率≥95%					1.1	材料审核	街道、派出所
		Ⅲ-40 社区内企事业单位文化活动场所向居民开放率≥60%					0.9	材料审核、实地考察	社区单位
		Ⅲ-41 广场文化活动次数平均每季1次					1.2	材料审核	街道
	Ⅱ-19 科学知识普及	Ⅲ-42 科普活动基地1个/街道					0.8	实地考察	街道及职能部门
		Ⅲ-43 科普宣传栏(橱窗)1个/居委会					0.8	实地考察	街道
	Ⅱ-20 文化服务质量	Ⅲ-44 查处黄、赌、毒现象,查处率100%					1.1	材料审核	派出所、街道
	Ⅱ-21 宣传教育	Ⅲ-45 科普团、讲师团基本队伍≥1支/街道(≥3人/支)					0.9	材料审核	街道
		Ⅲ-46 宣讲活动次数≥6次/年					1	材料审核	街道
		Ⅲ-47 社区居民对活动内容知晓率≥50%					0.8	问卷调查	街道
I-8 社区风尚	Ⅱ-22 公益活动	Ⅲ-48 开展专题性公益活动≥8次/年					0.9	材料审核	街道
		Ⅲ-49“七不”规范知晓率100%					0.7	问卷调查	街道
	Ⅱ-23 文明家庭文明楼组	Ⅲ-50 文明家庭达标率≥50%					1	材料审核	街道
		Ⅲ-51 文明楼组年递补赠数占楼组总数的5%					1	材料审核	街道
	Ⅱ-24 道德风尚	Ⅲ-52 社区道德风尚					0.8	材料审核	街道

7.3.3 社区管理绩效评估指标体系中的客观指标与主观指标

对社区管理绩效评估指标体系的认识,我们还可以将其划分为客观指标和主观指标两大类。

1. 客观指标

一般是指社区中的机构设置、硬件设施、工作业绩和存在的问题,这类指标具有衡量性、可比性和可操作性的优点，比较容易制定明确的评比标准。在实践中对这类指标的评估，我们可采用的方法有实地考察、抽样调查和材料审核等。

2. 主观指标

与客观指标比起来，评估主观指标就没那么容易了。这种指标用来反映社区居民和社区工作者对社区管理工作的主观印象、直觉判断和感受。通常表现为居民对社区事业的关心程度、知晓程度、参与程度和接受服务后的满意程度。主观指标因为其特殊性，决定了不能因为主观指标的难测定性而忽略，更不能排除在社区管理绩效评估体系之外。社区组织作为公共组织一个重要组成部分的身份，决定了社区工作的最终价值取向是"为社区居民服务"，即所谓提倡的"以人为本"，"注重人的全面发展"。在实践中，就是要求评估工作围绕"居民满意"度开展，社区的管理绩效必须要能反映社区居民的各种需求被满足的程度，反映居民对社区管理者工作的知晓程度以及对工作结果的认可程度。缺乏了这些居民的满意度、知晓度和认可度，社区绩效评估就失去了它存在的基础。

由于主观指标的来源是被调查对象的主观感受和直观判断，被调查对象是有不同层次的，相应的，对社区工作的期望和满意度也是不同的。另外，在被调查对象进行判断的这一过程中，又易受到各种内外环境因素的影响，这一切都导致主观指标不如客观指标表明得那样明确，因此很难测定。

目前，人们一般采用问卷调查法来获取主观指标。这个主观指标通常是被调查对象的满意度，问卷中给出三个选项："满意"、"基本满意"、"不满意"，被调查对象要求从中选择一个，最终的统计是将回答"满意"的累加起来形成满意率。但这种方法存在令人"不满意"的地方是，它只是反映感觉满意的人在总人数中的比例，而不能反映被调查者在各个问题上的满意度。

为了克服这一缺陷，人们在统计分析问卷结果时，采用了一种量化的方法，现以实例①说明。

假设有一调查项目 A，它的回答选项被设定为：$a_k, a_{k-1}, \cdots, a_1, a_0$，其中 a_k 表示对该项目的最高评价，a_{k-1} 次之，a_1 表示最低，a_0 表示没有回答。对每个回答选项给予一个评分标准：最高评价为 K 分，其次为 $K-1$ 分，最低为 1 分，没有回答为 0 分。如表 7.4。

---

① 鲍日新，等：《社区管理理论与实践》，409 页，大连，大连海事大学出版社，2004。

表7.4 调查项目A评分标准

分值＼回答 选择调查项目	a_k	a_{k-1}	…	a_1	a_0
A	K	$K-1$	…	1	0

再假设调查结果如下：对A给予最高评价的被调查者占总人数的比例为P_k，对A给予最低评价的比例为P_1，没有回答的比例为P_0；则参评者在A项的得分为

$$f_A = K \times P_k + (K-1)P_{k-1} + \cdots + 1 \times P_1 + 0 \times P_0$$

统一度量标准，即对每个指标和分数进行标准化并采用百分制，即

$$F_A = f_A / K \times 100\%。$$

F_A即参评者在A项目上的最后得分，其分数高低可作为我们评估参评者在A项目的成绩依据，F_A的值越大，表示它和理想状况越接近，反之，则越远。

举例：某社区文化活动满意度的调查计算①如7.5表。

表7.5 某社区文化活动满意度调查

居民对社区文化建设的满意程度(A)	很满意 a_5	较满意 a_4	基本满意 a_3	不满意 a_2	很不满意 a_1	没填 a_0
文体设施(f_1)	42%	34%	19%	3%	1%	1%
日常活动(f_2)	38%	25%	26%	4%	4%	3%
特色项目(f_3)	38%	26%	25%	8%	1%	2%
科普情况(f_4)	37%	26%	30%	4%	2%	1%

$$F_1(\text{文体设施}) = (5 \times 42\% + 4 \times 34\% + 3 \times 19\% + 2 \times 3\% + 1 \times 1\% + 0 \times 1\%)/5 = 82\%$$

$$F_2(\text{日常活动}) = 76\%$$

$$F_3(\text{特色项目}) = 77\%$$

$$F_4(\text{科普情况}) = 78\%$$

居民对文化建设的满意程度

$$F_A = (f_1 + f_2 + f_3 + f_4)/4 = 78.25\%$$

这种方法的统计计算结果要比反映满意者数量的统计方法结果更为全面、客观和有说服力，所以能使主观的评估指标较为正确地反映客观实际。

---

① 鲍日新，等：《社区管理理论与实践》，410页，大连，大连海事大学出版社，2004。

7.4 社区管理绩效评估指标体系在文明社区评比中的应用

文明社区是指以行政区划的街道办事处为载体,其辖区内有一定数量的文明小区,能够联点成块,能够发动辖区内所有企事业单位和居民群众共同参与精神文明建设活动,形成资源共享,优势互补的整体合力。文明社区的标准是:组织机构健全,基础设施完善;环境整洁优美,绿化美化达标;治安状况良好,社会秩序稳定;邻里关系和睦,社会风尚良好;服务网络健全,社群文化丰富;共建共育,形成合力。

文明社区评比是近些年来兴起的社区建设的重要活动。评比,就是比较各个社区已做出的工作业绩,比优势,比差距。通过这种社区之间的评比活动,选出出类拔萃的社区,作为其他社区学习的榜样和追赶的目标。这是一种激励,调动各个社区组织的管理者,使他们以更多的积极性和热情投入到自己的社区工作中,最终促进小区的文明进步。文明社区的评比要求做到对社区建设和管理的方方面面都能给予科学、客观的评价,要看到已有的成绩,总结经验,分析工作中不足以及与其他社区相比较而言的差距,而这些都有赖于构建科学性和操作性强的社区管理绩效评估指标体系。

7.4.1 社区管理绩效评估指标体系在文明社区评比中应用的意义

100多年前,德国社会学家滕尼斯提出社区的概念,随着时代的发展,社区建设日新月异。社区是我们共同的家园,在这个社区里,我们一起生活的过程中,逐步形成相同的文化、相同的价值取向和相同的利益关系。社区是社会“大厦”的奠基石,社区的发展可以促进城市经济、社会、文化、环境的协调和可持续发展,使社会更加稳定、经济更加繁荣、文化更加丰富、环境更加舒适。

美国马里兰州哥伦比亚新型社区的创意者和开发者詹姆斯·劳斯曾经说过:“对文明的最后检验要看社区是否有利于人类的发展和进步,要看它是否能适合人的生存,最大限度地振奋人的精神,促进人的发展。除了为人类的发展提供更好的环境和发展机会以外,社区实际上没有别的重要的目的。最成功的社区应该是通过具体的形式——它的机构和它的工作,最大限度地促进人的发展的社区。”

在我国,经历改革开放以来,政府、企业组织、社会的旧体制功能发生了很大的变化。民政部门首先开展社区服务的实点,后来逐步走向社区的全面发展。近年来,在政治上,政府深入到地方的基层开展民主选举,政府职能部门人员精兵简政;经济上,市场经济、股份制等大张旗鼓;社会制度方面,出台了一系列针对民生的新政策,比如住房、养老、医疗等。

社区已经成为承接政府转轨和企业转制过程中剥离出来部分社会职能的载体,其地位得到很大提升,作用不言而喻。社区的功能不再只局限于社区福利服务和便民利民服务,而是扩展至诸如文化、体育、教育、科普、民俗等方面,也就是说,社区建设已经进入多种类、多层面、全方位的文明建设的新阶段。

文明社区的建设是一项系统性、综合性的工程，文明社区建设的目标是，努力创造有利于社会发展的舆论力量、价值观念、道德规范和文化条件，使广大社区民众朝着思想健康、精神充实、热情礼貌、人际和谐、关爱社区、热心公益、帮困扶贫、遵纪守法的文明方向不断前进。

文明社区的建设包括两个部分：物质文明和精神文明。主要任务有：社会福利的实施；住房条件的改善；公用设施和生态环境的建设；社会治安的维护，社会保障和社会救济的落实，生活环境的美化；心理、身体和文化素质的培养；伦理道德、职业道德和社会道德水平的提高；人际关系的融洽；法律、民主、教育、科技、生态、审美等意识的加强。社区文明建设的程度已经成为衡量城市现代化、国际化和可持续发展的重要标志。

社区管理绩效评估指标体系要能够将评比的标准定量化，同时辅以定性的描述，定量和定性的结合能够更加明确地了解和把握本社区文明创建的状况和水平；能够方便进行横向和纵向的比较；有利于分析存在的问题，及时有针对性地调整，并对其进行动态性监测；能够为下一步的工作指明方向和目标，进一步深化和拓展文明社区的创建成果，为最终推进社会的全面进步和发展奠定坚实的基础。

1955 年联合国提出社区发展的十条原则，根据这十条原则，我们可以确定社区管理绩效评估指标体系。这些基本原则是[①]：①社区的基本需求和社区居民的愿望是社区开展各项工作和活动的第一标准，要制定详细的工作方案；②全面的社区发展必须建立多目标的计划，各个部门要联合起来一起行动，不过，可以允许社区局部的改进由某一部门负责；③在社区发展的初期，改变居民的态度是一项重要工作，和社区其他建设一样重要；④社区发展的目的在于促进人们热心参与社区工作，从而改进地方行政机构的功能；⑤选拔培养地方领导人才是社区发展计划中的主要工作；⑥社区发展工作应特别重视妇女和青年的参与，以扩大社区的公众基础，使社区得到长期发展；⑦社区自助计划的实现，有赖于政府积极而广泛的协助；⑧制定全国性的社区发展计划，必须制定完整的政策，建立行政机构，选拔、训练工作人员，进行地方和国家资源调查与开发研究，对社区发展实验进行评估；⑨在社区发展过程中应充分利用地方、国家和国际的民间组织资源；⑩地方的社会、经济发展计划要与全国的发展规划相互结合，协调运行。

7.4.2 社区管理绩效评估指标体系在文明社区评比中应用的具体方法

1. 社区管理绩效评估指标体系在文明社区评比中应用的依据

现代社区发展与管理的指标化，是现代管理方法科学化、精确化和可操作性的要求。社区管理绩效评估指标体系的构建也正是科学化、精确化和可操作性的集中体

---

① 黄序：《城市发展中的社区建设：北京城市社区实证研究与文明社区考评体系》，北京，中国城市出版社，2002。

现。同时,构建社区绩效管理评估指标体系还必须要有正确的指导思想。这样,将其引入文明社区评比当中,才有威信和说服力。

(1)文明社区的提出,体现了马克思主义关于“社会的发展是以人的全面发展为核心的”。文明社区的出发点和宗旨就在于人,以提高社区居民的科学文化素质和道德素质为核心,简单说,就是“为人民服务”。所以在构建和应用社区管理绩效评估指标体系时,必须贯彻“人的全面发展”这条主线。

(2)新时期文明社区的建设要紧随“和谐社会”主题的步伐。我们的社区建设脱离不了中国社会发展的大环境,而这个社会发展的大环境就是党中央提出的“和谐社会”。中国文明社区的建设既有世界先进社区的共性,也有中国自己的特色。这些都为建立社区绩效管理评估指标体系提供了具体的依据。和谐社会从精神文明建设的角度要求社区建成拥有健康的社会心理、先进的科学文化和进步的意识形态的文明聚居地。

2. 社区管理绩效评估指标体系在文明社区评比中应用的具体方法

用来评判参加文明社区评比活动的各个社区的方法主要有两种。

1)主成分分析法

主成分分析法是一种数学变换的方法,它把给定的一组相关变量通过线性变换转换成另一组不相关的变量,这些新的变量按照方差依次递减的顺序排列。在数学变幻中保持变量的总方差不变,使第一变量具有最大的方差,称为第一主成分,第二变量的方差次大,并且与第一变量不相关,称为第二主成分。依次类推,I 个变量就有 I 个主成分。

主成分分析法应用到文明社区评比主要是用来解决各社区的排序评比问题。该方法依据的是各指标的差异度来决定其对排序的作用,差异度越大,贡献率也越大,而差异度如果为0,则对社区的排序不起作用。现举一例来说明①。

假设有 m 个社区参加评比,将社区数目和评比的几个指标结合起来构筑矩阵,将每个社区在各个指标上的评分结果填入矩阵,就可以得到主成分分析的样本矩阵:

$$\boldsymbol{X}=\begin{bmatrix} x_{11} & x_{12} & \cdots & x_{1n} \\ x_{21} & x_{22} & \cdots & x_{2n} \\ \vdots & \vdots & & \vdots \\ x_{m1} & x_{m2} & \cdots & x_{mn} \end{bmatrix}=(x_{ij})m\times n$$

在样本矩阵中每个社区的每一项指标都可以用一个向量来表示。第一步,要对样本矩阵作正交化处理,结果是各向量之间均相互垂直,这表示经过处理后的各个指标之间均是不相关的,亦即它们反映的信息各自独立,不重叠。显然,这样做,有效解决了如果指标存在相关而致使重复计分的问题,同时也使评比分类指标的选取困难程度大大降低,它不受指标间的相关性的影响,可以任意选取,数量也是无限制地扩

---

① 何云峰,等:《社区管理概论》,上海,上海三联书店,2002。

展。结果,参评社区信息的遗漏的可能性将大大下降。

第二步,如果对样本矩阵作标准化变换,得到

$$Y_j = [x_j\text{-}E(x_j)]/D(x_j)1/2 \quad (j=1,2,\cdots,n)$$

那么

$$Y_{ij} = [x_{ij} - E(x_j)]/D(x_j)1/2 \quad (i=1,2,\cdots,m;j=1,2,\cdots,n)$$

其中

$$E(x_j) = 1/n \sum_{i-1}^{m} x_{ij} \qquad (j=1,2,\cdots,m)$$

$$D(x_j) = 1/(n-1) \sum_{i=1}^{m} (x_{ij}\text{-}E(x_j))2 \qquad (j=1,2,\cdots,m)$$

由此我们得到标准矩阵

$$\boldsymbol{Y} = \begin{bmatrix} y_{11} & y_{12} & \cdots & y_{1n} \\ y_{12} & y_{22} & \cdots & y_{2n} \\ \vdots & \vdots & & \vdots \\ y_{m1} & y_{m2} & \cdots & \end{bmatrix} = (y_{ij})m \times n$$

通过转化,我们可以将各指标量纲不同的评分值转化成无量纲差异度指标,使操作的简便程度大大增加,样本数据的搜集工作变得简单而方便了。

第三步,进行推导和计算。根据标准矩阵计算其协差阵

$$S_n = 1/(n-1)yry = \boldsymbol{R} = (r_{ij})m \times n$$

其中

$$r \times ij = cov(x_i, x_j)/[D(x_i)1/2D(x_j)1/2] \quad (i,j=1,2,\cdots,n)$$

$\boldsymbol{R}$ 是 $\boldsymbol{X}$ 的相关矩阵,再求 $\boldsymbol{R}$ 的特征根和特征向量,因为 $\boldsymbol{R} = 1/(n-1)yry \geqslant 0$,所以 $\boldsymbol{R}$ 的几个特征根由大到小的排列为 $a_1 \geqslant a_2 \geqslant a_3 \geqslant a_4 \geqslant \cdots \geqslant a_n \geqslant 0$,对应的特征向量为 $b_1, b_2, \cdots, b_n$,则由 $X = (x_1, x_2, x_3, \cdots, x_n)$ 生成的主成分为 $Z_1, Z_2, Z_3, \cdots, Z_n$。

把第 i 个社区的评分($\boldsymbol{Y}_{i1}, \boldsymbol{Y}_{i2}, \cdots, \boldsymbol{Y}_{in}$)代入到第 j 个主成分 Z_j 中就可以计算出第 j 个主成分上的分值。这个分值越大,则说明该社区在第 j 个主成分上的表现越突出。

第四步,确定主成分的个数。根据代数理论可知 $\boldsymbol{X}_1, \boldsymbol{X}_2, \boldsymbol{X}_3, \cdots, \boldsymbol{X}_n$ 是线性无关的,因此 n 个主成分是互不相关的,其所表示的信息是不重叠的。

2)加权平均法

加权平均法,利用过去若干个按照发生时间顺序排列起来的同一变量的观测值并以时间顺序数为权数,计算出观测值的加权算术平均数,以这一数字作为预测未来期间该变量预测值的一种趋势预测法。

加权平均法的原理。假设下列符号表示有关的数值:x_i 表示各观测值;w_i 表示各观测值的对应权数;y 为加权平均数(即预测值)。那么加权平均数的计算公式如下:

$$y = \sum (x_i \times w_i)/\sum w_i$$

在社区绩效管理评估中，这种方法先确定各个指标的权重和满分值，然后将实测结果根据权重折合成分数（即无量纲处理），最后将各指标的分数累计形成总得分，根据各参评者的总分高低进行排序评比。

加权平均法从理论上看，能够有效解决评比过程中的主观性和随意性问题，但在实践的操作上都存在十分明显的缺陷。具体说来有：①最终之行的指标的选取难度大，因为它要求各指标之间是不相关，能够避免同一因素的重复计算而导致分数失真；②各指标因评判对象的不同，其量纲也各不相同，无法累计，必须要进行统一化处理，将各指标的实测结果折合成无量纲的分数，然后再相加；③各指标前的权重设置具有十分明显的人为因素。综合起来，这三种因素必然会影响统计结果的客观性，这显然与使用加权平均法的初衷是矛盾的，因此该方法存在一定的缺陷。

参考文献

[1] 黄序. 城市发展中的社区建设：北京城市社区实证研究与文明社区考评体系[M]. 北京：中国城市出版社，2002.
[2] 范柏乃. 政府绩效评估理论与实务[M]. 北京：人民出版社，2005.
[3] 鲍日新，等. 社区管理理论与实践[M]. 大连：大连海事大学出版社，2004.
[4] 胡税根. 公共部门绩效管理：迎接效能革命的挑战[M]. 杭州：浙江大学出版社，2005.
[5] [美]保罗·R. 尼文. 政府及非营利组织平衡计分卡[M]. 胡玉明，等，译. 北京：中国财政经济出版社，2004.
[6] 郝忠胜. 人力资源主管绩效管理方法[M]. 北京：中国经济出版社，2003.
[7] 彭国甫. 地方政府公共事业管理绩效评价研究[M]. 长沙：湖南人民出版社，2004.
[8] 何云峰. 社区管理概论[M]. 上海：上海三联书店，2002.

8

社区管理中的公共事业管理

学习目标

1. 通过本章学习,使学生了解社区治安与综合治理、社区卫生服务、社区环境和物业管理、社区文化建设和精神文明建设、社区社会保障等方面存在的问题及传统管理理念与方法的局限;

2. 掌握社区治理理论与方法在社区公共事业管理中的运用。

内容提要

社区治理是一个由共同目标支持的社区公共事务方面的活动或管理机制。《民政部关于在全国城市推进社区建设的意见》中明确指出,社区建设工作主要包括以下几方面的内容:拓展社区服务,发展社区卫生,繁荣社区文化,美化社区环境,加强社区治安。现阶段我国社区管理的主要内容,包括社区卫生、社区文化、社区环境、社区治安。本章以社区治理行为方向为目标,分析我国社区治理在上述各方面存在的问题,介绍社区治理理论和方法的运用。

8.1 社区治安与综合治理

8.1.1 社区治安的含义及其测量指标

8.1.1.1 社区治安的含义

社区治安,也称社区安全,是社区居民群众最为关注、反映最为强烈的问题之一,也是社区治理的重要内容之一。抓好社区治安综合治理,维护社区安全,保持良好的社区社会秩序,是社区居民和单位进行正常生活和工作的必要条件,是改革开放和经济社会建设的重要保证。

所谓社区安全,是指社区治理为主体(包括政府、非政府部门、机构),依靠社区力量,强化社区控制手段,促进社区环境的有序状态。它包括的工作内容有以下方面①。

(1)法制教育。主要是通过法律知识的宣传教育,使社区居民提高依法办事的意识和能力,强化法制观念和遵纪守法的自觉性。

(2)人民调解。通过做好人民调解工作,防止民间纠纷激化,促进邻里和睦与社会稳定。

(3)治安防范。即通过加强巡逻、运用科技手段等途径,防止和打击违法犯罪活动。

(4)社会矫治。即运用社会工作的理论方法,对社区范围内的违法犯罪人员及刑满释放人员提供专业服务,实现矫正其思想和行为,防止再违法犯罪。

(5)维持秩序。即通过对社区内的市场、繁华场所和学校门前的维护和管理,营造良好的社区生活和工作环境。

(6)事故预防。即通过对社区内的交通车辆管理以及防火设备的维护、保养、更新,提高对突发事故的预防与处理能力。

8.1.1.2 社区治安的测量指标

社区治安作为一种社会生活的秩序或状态,是可以用种种客观的和主观的指标加以测量的。具体测量指标如下②。

1. 社区治安的客观性测量指标

(1)社区范围内犯罪案件的发生率,如抢劫、盗窃、杀人、强奸等。

(2)社区内违法行为的发生率,如打假、斗殴、赌博、吸毒等。

(3)社区范围内刑满释放人员、缓刑假释人员、劳改劳教人员的矫治服务状况,以及重新违法犯罪率。

(4)社区范围内事故发生率,如火灾事故、交通事故、触电事故、煤气泄漏事故等。

(5)社区范围内居民之间及居民与机构之间纠纷、投诉事件发生率。

(6)社区范围内青少年成长环境安全状况,如:网吧、电子游戏厅、卡拉 OK 厅、歌舞厅等娱乐场所的管理;“黄、赌、毒”等现象的治理;上学、放学的路途安全等。

(7)社区生活环境安全状况,如:社区周围工厂、工地生产施工噪音治理;社区道路修整(有无水坑和无盖窨井);晚间照明设施的维护;有无私建乱建房屋,随意堆放

---

① 史柏林:《社区管理,192~193,北京,中央广播电视大学出版社,2004。

② 史柏林:《社区管理》,193~194,北京,中央广播电视大学出版社,2004。

杂物等。

(8)社区保安设施和人员的配备情况,如防盗装置、防火设施的数量及维护更新状况;保安人员的数量、素质及培训情况等。

(9)社区治安管理制度。有无相关的规章制度以及规章制度的执行情况。

2. 社区治安的主观性测量指标

(1)居民对社区治安的满意率和满意度。

(2)居民出行时,对家中财务安全的放心度。

(3)居民(尤其是女性)夜晚出行时的安全感。

(4)居民对孩子生活、学习环境的安全感。

(5)居民对邻里关系的满意度。

8.1.2 社区治安问题现状

社区治安是社会安全的重要组成部分,它与整个社会的治安状况紧紧相连。改革开放以后,在经济发展和城市化水平提高的过程中,社会治安出现了令人忧虑的状况,如犯罪率上升,黑恶势力抬头,"黄、赌、毒"现象严重,拐卖妇女儿童活动猖獗,社会恶性事故频发,致使城乡居民的安全感下降,社会治安成为人们关注的重要社会问题。

"北京市文明社区创建调研组"于 1999 年 12 月至 2000 年 1 月对西城区三个街道居民作了"最为关注的社区安全问题"的抽样调查。在全部收回的 960 分问卷中,多数居民对社区安全环境最为关注,说明在安全的社区生活环境的创建中还存在较大差距。调查数据显示,在居民最为关注的社区有关问题中,被排在前 6 位的都属于社区治安方面的问题。如:排在第一位的是上门推销骚扰、电话骚扰(选择人数 432 人,占 45%);排在第二位的是楼(院)内乱堆杂物、乱放自行车(选择人数 317 人,占 33.02%);排在第三位的是偷盗(选择人数 270 人,占 28.1%);排在第四位是午间、夜间噪音(选择人数 268 人,占 27.9%);排在第五位的是小区内各种车辆无序停放、形成老人、小孩外出不安全(选择人数 231 人,占 24.1%);排在第六位的是市场管理差、缺乏安全的市场交换秩序(选择人数 211 人,占 22.0%)。此外,还有许多关系社区治安的现象也引起居民的高度关注,如:排在第 15 位的是公共照明设施毁坏,长期无人检修;排在第 20 位的是赌博;排在第 21 位的是卖淫嫖娼,贩卖淫秽书刊及音像制品;排在第 23 位的是妇女或中小学生被敲诈勒索、骚扰;排在第 24 位的是邻里关系紧张;排在第 26 位的是流氓打架斗殴①。

2001 年,全国社会治安工作经验会议再一次发起在全国范围内的"严打"整治斗争,经过两年的努力,社会治安状况有所好转。2002 年全国刑事案件发案率比 2001 年下降 2.8%;2003 年 1—8 月又同比 2002 年下降 0.9%。

---

① 李会欣,刘庆龙:《中国城市社区》,208~209,郑州,河南人民出版社,2002。

2003年10月至11月，中国社会科学院“社会形势分析与预测”课题组用问卷的方法对100多位社会学、经济学、法学、政治学、管理学等专业领域的专家就社会形势问题进行了调查。最后共取得成功问卷109份。在问卷所列的当前社会发展中存在的11个问题中，选择“三农”问题依然严重的专家人数最多，占72.5%；其次是“腐败现象依然突出”，占19.3%；而选择“社会治安局势不好”的为“0”。

以上数据说明，经过“严打”整治，全国范围内的刑事发案率有所下降。但是，不能据此断定社会治安已经根本好转。在如何看待社会治安形势方面，我们应该有全面的、辩证的视角。首先，安全、和谐的社会环境是人们的持久性欲望，靠“严打”整治取得的一时的治安状况的好转并不等于长治久安。其次，犯罪率只是社会总体测量指标的一个指标，它的下降并不能说明社会治安其他方面状况的改善；在此，犯罪率只表明某一时期某一地区内刑事犯罪案件与总人数的比例关系。一般来说，他所危及的人的数量总是少数。但是，对于受犯罪行为危害的个人及其居住的社区而言，其影响却是巨大的。最后，各地社会治安状况存在很大差异，某些地区治安状况的好转并不等于其他地区都有所好转。

当前，在社区层面上的社会治安状况还存在许多问题，其主要表现如下。

(1)某些地区尤其是城乡接合部的刑事案件发案率居高不下，居民的生命财产没有保障。居民的安全感普遍低下。

(2)某些社区社会不安定因素突出，因征地拆迁、劳资纠纷、下岗失业、物业管理服务质量等问题引发的上访、诉讼、争执等事端频发。

(3)某些社区管理松弛，人员混杂，“黄、赌、毒”等社会丑恶现象严重，居民尤其是青少年的生活成长环境恶劣。

(4)某些社区危房众多、道路拥堵、杂物乱堆、事故隐患严重，居民尤其是老人、儿童的生活安全没有保障。

(5)某些社区水污染、空气污染、噪音污染严重，居民生存环境恶劣。

(6)某些社区邻里关系紧张，“老死不相往来”，居民互助互教观念单薄，无法从社区网络中得到支持和帮助。

(7)某些社区社会安全组织体系不健全，治安保卫人员配备不达标，应急防范措施不到位，处理日常性和突发性安全事故的能力严重不足。

8.1.3 社区安全综合治理的体制和机制改革

8.1.3.1 社区安全综合治理的目标

社区治安历来是社区治理中的一项重要内容。

1989年颁布的《中华人民共和国省市居民委员会组织法》规定的居民委员会六项工作任务中，有三项涉及社区治安：第一项工作任务涉及法制教育内容；第三工作任务是调解民间纠纷；第四项工作任务是协助维护社会治安。

2000年由民政部颁发的《关于全国推进城市社区建设的意见》所规定的社区建设的六项工作任务，将加强社区治安作为其中的一项，要求建立社区安全综合治理网络,设立社区警务室,组织开展法制教育和法律咨询、民事调解工作,加强安置帮教工作和流动人口的管理。2001年8月,民政部公布《全国社区建设示范城基本标准》,"社区治安状况良好"是十项标准的其中一项。具体工作目标包括:按照"一区(社区)一警"模式建立民警责任区,健全社区治安防范体系,形成群防群治。群众性的法律教育和法律咨询坚持经常,社区内民事纠纷调解、刑满释放和解除劳教人员的帮教转化、流动人口的管理等项工作取得明显成效。社区治安管理规范,社会秩序稳定,群众安居乐业。

新时期的社区治安综合治理与传统社会治安管理相比,既有共性,但更多的是具有以下不同的特点。

(1)社区治安综合治理组织机构多样化。传统社区治安综合治理是以封闭的行政化管理为基础的,而目前社区治安综合治理的管理组织呈现出协调化、多样化的趋势,不仅有各级党委、政府的领导,而且还有社区警务人员、治保会、群防群治服务队、社区保安等多种基层组织参与管理。

(2)管理方式转变为条块结合、以块为主。传统的管理模式是以条为主,即纵向的单一管理模式,这种模式的缺点是各种组织缺乏相互之间的协调,管理面狭小。因此,新形势下的社区治安综合治理已经改变为纵向的管理与横向间的协调配合相结合的方式,此种管理方式的优点在于点面结合,管理面覆盖宽广。

(3)管理力量由主要依靠社区居委会向调动社区内各方力量积极转化。社区居委会是传统的社区管理力量,力量单薄,完全依靠居委会的自发管理,显然不能满足社区人口的发展需要,因此,在新时期社区的管理必然要依靠社区内外的多种组织力量才能达到一定的效果。

8.1.3.2 社区治安的工作途径

根据上述目标和新时期社区管理所出现的特点,当前在社区案前综合治理方面主要应做好以下工作。

(1)在思想上充分认识社区治安综合治理的重要性。加强社区治安综合治理,为人民群众提供一个安定的生活条件和工作环境,符合广大人民的利益,对于维护社会稳定、巩固党的执政基础都具有不可估量的意义。这不仅是一个社会问题,也是一个重大的政治问题。一方面,作为社区治安综合治理工作领导部门的各级政府与党委必须在思想上提高认识,加强领导,不能把社区治安综合治理当作走过场的工作,也不能空喊口号,而是应当在"三个代表"思想的指引下,把这项工作看作是关系老百姓生活的大事,纳入重要的议事日程,坚持不懈,认真研究解决好社区开展综合治理工作中存在的困难和问题。

(2)加强对社区治安的领导力量,发展壮大社区治安防范队伍。从长久的角度考虑,社区要建立、健全有街道办事处主要负责人带头、公安派出所、交通队以及驻区单位主要负责人组成的社区治安综合治理委员会,领导、部署、组织、推动全社区范围内的社区治安综合治理工作。与此同时,还要发展壮大全方位、多层次的群防群治和治安专业队伍。其中，一是要发展壮大社区居民委员会辖区内的义务巡逻队伍；二是要发展壮大驻区各单位的专职或兼职保安队伍；三是要把居民组织起来，成立治安联防户，推荐热情负责的居民担任安全员。

（3）协助公安机关打击违法犯罪活动。依法严厉打击各种违法犯罪活动是社区治安综合治理的首要环节和重要保证。通过技防、人防、物防三者的结合，建立由电话对讲系统、电子监视系统和治安警卫系统构成的社区保安系统，做到技防严密可靠，人防到位有力，物防扎实有效。扩大社区警务室的设立范围。应该对已经建立的社区警务室统一标准，包括负责人的确立，常驻人员与值班人员数量的固定，着装的统一，器械的配置，做到警务前移，警力下沉。具体来说，应当按照社区人口的比例设立警务室，做到每个社区都要设立警务室，大的社区设立两个以上的警务室。针对当前社区警力不足的情况，可以通过各公安局、分局以及派出所，采取转变职能、精简合并的方式，将富余的警力充实到社区警务室。同时，警务人员应当定时定期地下段开展治安巡逻防范，开展调查工作。

（4）实现对失足青少年和刑满释放、解除劳教人员的帮助教育，预防和减少重新犯罪。刑满释放和解除劳教人员尤其是失足青少年，是社会不安定因素之一，对他们进行帮助教育，防止他们重新犯罪，是社会治安综合治理的重要一环。在这方面，基层社区组织特别是社区居民委员会要掌握情况。通过调查、家访和个别谈心等方式摸清社区帮教对象的情况，包括自然状况、犯罪事实和原因、犯罪性质、现实表现、家庭环境、社会关系，对其进行定期集中帮教和不定期的个别服务，以防止或减少重新犯罪。在社会矫治方面，提供专业社会工作服务是行之有效的途径。在这方面，上海市进行了有益的探索，他们在社会上招聘符合条件的人员，再经过严格训练，然后充实到区、街的社会矫治队伍中去，使得社会矫治工作有了人员和经费等方面的保障。

（5）把人民调解工作作为稳定社区的基本环节。人民调解是指基层社区人民调解委员会依据一定的法律、法规、政策和职业规范，教育、疏导纠纷当事人自愿达成和解协议，消除隔阂的活动。其中的纠纷一般是民事纠纷、轻微的刑事纠纷或简单的经济纠纷。通过调解达成的协议不具有法律约束力，主要靠双方当事人互相承诺、信用、社会舆论和道德规范来约束和履行。因而是一种人民群众自我教育、自我管理、自我化解矛盾的自治活动。人民调解工作的程序包括受理纠纷、调查研究、分析材料、制定调节计划、执行调解计划等。

（6）加强物业公司管理人员与业主委员会的防治工作。社区治安综合治理是一项与人民群众息息相关的社会工程，从综合论的角度出发，社区的每个成员都应该参与其中，其方式就是做好每个物业的管理。国务院已经颁布了《物业管理条例》，赋予了物业管理公司及其管理人员以及业主大会、业主委员会明确的法律地位，因此，作为社区组成元素之一的物业管理人员以及业主委员会对于社区治安综合治理的有效开展是有重大作用的。落实到具体，就是要整顿物业保安队伍的看护工作，实行治安防控专业化。同时，业主委员会的成员都是本物业的常驻人口，他们对于流动人口的来去以及动向应该是比较了解的,必须做好登记与盘查工作。

8.2 社区卫生服务

8.2.1 社区卫生服务的含义及其特征

社区卫生服务是直接面向人群,以健康为主,以人为中心,以家庭为单位,以社区为范围,为居民提供预防、医疗、保健、康复、健康教育、计划生育技术指导“六位一体”的综合性服务。社区卫生服务是社区建设的重要组成部分,是在政府领导、社区参与、上级卫生机构指导下,以基层卫生机构为主体,全科医师为骨干,合理使用社区资源和适宜技术,以人的健康为中心,家庭为单位,社区为范围,需求为导向,以妇女、儿童、老年人、慢性病人、残疾人等为重点,以解决社区主要卫生问题、满足基本卫生服务需求为目的,融预防、医疗、保健、康复、健康教育、计划生育技术服务等为一体的有效、经济、方便、综合、连续的基层卫生服务。

社区卫生服务的特征有以下几点①。

1. 基层性

社区卫生服务是社区人群为其健康问题寻求卫生服务时最先接触、最经常利用的医疗、预防、保健服务。社区卫生服务能以相对方便、经济、有效的技术和方法来满足多数病人(包括部分健康人群)的卫生服务需求,也能及时将有需要的病人转介进入其他级别或类型的医疗、预防、保健服务机构。

2. 综合性

社区卫生服务并非单纯的治疗疾病,而是通过服务提高人群的健康水平。因此,它向社区居民提供的是全方位的综合性服务,其服务对象多元化,且服务内容多样性。

3. 持续性

这种持续性,一是表现为对服务对象提供从生到死的全过程服务;二是表现为服务对象提供健康—疾病—治疗—康复等各个阶段的服务。

4. 协调性

社区卫生服务机构及其人员必须协调社区内外、各个部门、各类医疗卫生机构之间的关系,在动员各级各类医疗卫生资源服务于社区居民的过程中,发挥中介者的作用。

5. 可及性

社区卫生服务的可及性,一是表现为地域上的可及性,即社区居民不出社区就可享受到各种卫生服务;二是表现为经济上的可及性,即相对低廉的价格使中低收入居

---

① 唐忠新:《社区服务思路与方法》,99~101页,北京,机械工业出版社,2003。

民也可享用社区卫生服务；三是表现为服务提供者与服务对象关系的可及性，即他们共同工作和生活在同一社区，彼此熟悉信任，具有良好的感情联系。

8.2.2 社区卫生服务的问题与现状

8.2.2.1 社区卫生服务的现状

国家自1977年起至今相继提出并制定了相关的意见、措施、制度和配套文件，以加强基层及社区卫生服务。今年2月10日卫生部召开的例行新闻发布会上提到，现全国95%的地级以上城市，86%的辖区和一批县开展了城市社区卫生服务，全国已设置社区卫生服务中心3 400多个，社区卫生服务站将近12 000个，创建了108个全国社区卫生服务示范区。

1999年7月，卫生部等10部委印发的《关于发展城市社区卫生服务的若干意见》提出，到2005年，各地基本建成社区卫生服务体系的框架，部分城市建成较为完善的社区卫生服务体系的发展目标。2003年1月，国务院印发的《中国21世纪初可持续发展行动纲要》中，把"优化卫生资源配置，逐步形成以社区卫生服务为基础、分工合理、方便快捷的新型城镇卫生服务体系"，作为我国可持续发展的重点方面，并提出运用示范手段，做好重点区域和领域的试点示范工作。为此，卫生部、民政部、国家中医药管理局决定从2003年开始，开展创建全国社区卫生服务示范区的活动。截止2005年底，全国共产生了约100个示范区，其中，具有中医药特色的示范区数量占到总数的20%左右。2005年，卫生部发布了《关于城市社区卫生服务发展目标的意见》。根据该文件的要求，各地卫生局加强了对社区卫生服务中心(站)的规范化管理，统一标识、统一挂牌、统一制度。同时，依托现有各基层街道医院，进行服务功能、机构设置、服务内容和服务方式的全方位改制，建立了街道社区卫生服务中心，统一设置社区医疗部、社区保健部、社区康复部和行政管理部，全面开展医疗、预防、保健、康复、健康教育和计划生育指导工作。2006年，国务院发布的《关于发展城市社区卫生服务的指导意见》明确规定，参保人员选择的定点医疗机构中要有1～2家定点社区卫生服务机构，实现了基本医疗保险和社区医疗卫生服务的衔接。

8.2.2.2 社区卫生服务的问题

虽然说我国社区卫生服务已经有了一定的进步和发展，但是还存在着一些问题，具体表现如下。

1. 社区卫生服务工作人员队伍建设跟不上

现有社区卫生服务工作人员学历、职称、专业技术水平普遍较低；全科医学人才缺乏，由于我国多数社区卫生服务机构是由基层医院转型或上级医院设点，工作人员以前都是专业性较强的临床医生、护士，知识结构单调，缺乏全科医学知识，达不到社区卫生工作的要求；队伍稳定性差，社区卫生工作人员与大医院医生相比，社会地位低，受尊重程度差，工作辛苦，而且工资待遇、培训考核、职称评定等政策尚不配套，影响工作人员的工作积极性，队伍变动频繁。

2. 政府对社区卫生服务支持不够

首先,相关政策不配套。少数地区没有制定严格的机构和工作人员准入标准,建立社区卫生服务机构时一哄而上,工作人员鱼目混杂;机构建立后没有科学规范的管理,缺乏有效的制度加以约束和监督,致使社区卫生工作处于一片混乱状态。其次,医保政策不完善。部分地区社区卫生服务未纳入城镇职工基本医疗保险,职工患病后只能到定点医疗机构就诊。而定点机构多为大中型医院,既不方便,又不利于卫生费用的控制。再次,补偿机制不健全。部分地区政府对社区卫生没有专项投入,或只给予启动资金,无后续补充资金。而社区卫生机构除医疗服务项目有经济收益外,卫生防疫、健康促进、健康教育、健康普查以及建立健康档案等多为无偿服务,大量的人力物力消耗得不到有效补偿,使社区卫生服务工作难以为继。

3. 没能发挥医疗保险的作用

目前,我国需要尽快落实将基本医疗保险纳入社区卫生服务的政策。实践证明,只有将基本医疗保险纳入社区卫生服务,才能真正实现双向转诊,使社区卫生服务进入良性循环的状态。

4. 双向转诊制度不完善

所谓双向转诊,就是说病人发现有疾病以后,首先要到社区来,由社区的医生给他检查、诊断和治疗,如果是小病就在社区解决,如果经过医生的诊断认为病比较严重,或者怀疑有其他的疾病,医生治不了,就由社区卫生服务机构把他转到有合作关系的医院去。这个医院对社区转过来的病人的收费是给予优惠的。医院集中治疗一段时间,比方说动手术,过了几天危险期以后,把他再送回社区卫生服务机构进行观察,这是一个互相合作的办法。我国社区卫生服务机构与大医院的双向转诊制度存在一定问题。一般由社区转往上级医院较为容易,而上级医院下转社区则较困难,主要原因在于缺乏有效的制约机制。如何实现有效的双向转诊,已成为社区卫生服务工作亟待解决的问题。

5. 中医药在城市社区卫生服务中的作用没有发挥

目前,全国中医药社区卫生的发展并不平衡,在经济发达地区和中医药有着牢固群众基础的地区,中医药发展迅速,而其他城市社区的中医药人才缺乏,中医药事业有待进一步发展。目前中医药专业大中专院校的毕业生的就业形势并不乐观,但他们并不愿意在社区基层工作,有的宁可改行也不想下社区。社区中医药人员的引进困难和人才流失是制约中医药在社区卫生发展的重要因素。另外,中医药特色突出不够。不少社区卫生服务机构能应用中医药适宜技术为当地群众服务,但中医药特色并不突出,如何在城市社区卫生服务中创造出自己的特色中医药疗法,吸引更多的病人,并能适时地为社区外的群众服务,是中医药社区卫生工作取得更大发展的关键。

8.2.3 社区卫生服务体制和机制的进一步改革

为了更好地发挥社区卫生服务的作用,针对上述现有社区卫生存在的问题,对社区卫生服务体制和机制的进一步改革提出以下建议。

1. 要加强社区卫生服务人才队伍建设,特别是要建立全科医生培训机制

通过大力推进全科医师、社区护士和管理人员的岗位培训等工作,壮大全科医师队伍。加强大中型医院、预防保健机构对社区卫生服务的业务技术指导。提高社区卫生服务人员的待遇,改善其业务工作条件,形成吸引人才进社区的良好环境。根据我国目前状况,全科医生的培养可通过两种途径:一是通过高等医学院校设立的全科医学专业,进行全科医生校内培养和毕业后继续教育培养,这部分培养周期长,但应成为以后主要培养方向;二是对基层卫生机构中学历较低但实践经验丰富的卫生人员进行短期培训,本着缺什么补什么的原则,就地培养,快速合成,以适应目前社区卫生服务的需要。

2. 政府要加强和改进社区卫生服务的管理和支持力度

加大政府对社区卫生服务的支持力度,主要是要增加对社区卫生服务机构的投入,加快向社区转移卫生资源。财政部门应将社区卫生服务支出纳入财政预算,并逐步加大其所占卫生事业费用支出的比例;对于疾病监测、传染病防治等公共卫生项目应由政府出资购买服务,按服务人口或按服务项目予以补偿;预防保健项目,可予以合理收费,或由劳保部门纳入基本医疗保险项目。

管理工作首先要着眼于保证社区卫生服务的有效供给,实现社区卫生服务社会总需求和总供给的基本平衡;其次要依法严格社区卫生服务机构、从业人员和技术的准入管理,对违反有关规定的社区卫生服务机构和人员要依法取消其执业资格;第三要合理规划社区卫生服务机构的布局;第四要加强社区卫生服务机构的标准化、规范化、科学化管理,加强日常检查指导和定期考核评价;第五要注意建立健全社区卫生服务中介组织,引导他们在业务技术建设以及行业维权、行业自律方面发挥作用。

3. 建立政府组织调控和补偿机制

首先,必须明确界定社区卫生服务的性质,我国卫生事业的体制是政府实行一定福利政策的社会公益事业,而社区卫生服务是政府实行一定福利政策的社会公益事业的具体体现,是满足居民基本卫生服务需求的最佳方式。因此,社区卫生服务本质上也是社会公益事业,社区卫生服务的公益性决定了其服务工作必须由政府来组织实施。社区卫生服务承担着大量非个人受益的公共卫生服务项目,政府有责任给予必要的补助。各级政府应设立一项用于社区卫生服务的专项基金,纳入政府年度财政预算,并明确政府补助的数量,补助额可根据各地经济实力而定。同时,各级卫生行政部门应调整卫生费用的支出结构,按社区卫生服务人口安排社区预防、保健等公共卫生服务所需的工作经费。

4. 建立有效的双向转诊机制

根据国外经验,医疗保险是实现双向转诊必须利用的有利条件。卫生部门可与社会保障部门进行协调,把双向转诊制度作为重要的内容纳入医疗保险的管理条例中,通过医疗保险建立制约机制,明确规定哪些病种、何种程度必须在哪一级医疗机

构就诊，并制定出相应的保证措施。若上级医院故意延长病人住院日，则可对其实行一定处罚。此外，社区卫生服务机构应与大医院建立良好的资源共享、利益互惠的合作关系，医院可对由社区卫生服务机构转入的患者实行10% ~15%的优惠，或设立社区病房，专门接待社区转诊的患者。专科医生可经常到社区进行会诊，社区医生也可到医院参加科室对由社区转入的患者的会诊、查房及治疗方案的制定等。通过建立有效的双向转诊机制，真正使社区卫生服务起到方便群众、节约资源、提高社会效益的作用。

5. 清理医疗市场，促进社区卫生服务建设与社区建设同步发展

社区卫生服务是城市社区建设的一个重要组成部分，是政府为人民服务宗旨的体现，应纳入政府的城市社区建设整体规划，保证社区卫生服务网点的配套业务用房（免费或低租），使社区卫生服务与整个社区建设紧密结合，同步发展。在医疗资源相对过剩的城区，社区卫生服务生存和发展空间相当有限，发展社区卫生服务同样面临着竞争和生存的压力。社区卫生服务属于政府的，是便民利民的民心工程。政府及相关行政部门应加大清理无证诊所的力度，打击无序竞争，净化医疗市场，为社区卫生服务创造一个良好的发展氛围。

6. 加快医保进社区的步伐

社区卫生服务属于非营利性医疗机构，依法享有政府规定的税费优惠政策。把符合条件的社区卫生服务机构列入医保定点单位，把符合基本医疗保险有关的社区卫生服务项目纳入医保支付范围，制定在社区卫生服务机构就诊的医疗费用个人自付比例、医保处方结算及家庭病床费用结算等方面的优惠政策，将老年人和残疾人的护理、保健、康复及家庭病床等项目纳入医保支付范围。

7. 积极推动“中医药”进社区

中医药学是具有传统文化特色的卫生资源，有它独有的特色和优势。在城市社区卫生服务中充分发挥中医药的作用，既可弘扬祖国传统文化，又可切实解决群众的健康服务问题。当然，中医药社区卫生服务工作开展时间不长，还有不成熟的地方，只有逐步完善提高，大胆实践，不断创新，才能将中医药更好地融入社区卫生服务工作中，才能更好地为人民服务。

8.3 社区环境与物业管理

8.3.1 物业管理事业及其在中国的发展

根据有关部门的统计，自1994年《城市新建小区管理办法》颁布以来，我国城镇大约1万个50 000平方米以上的新建商品住宅小区普遍实行了物业管理。2003年5月28日，国务院第九次常务会议通过了《物业管理条例》，条例从2003年9月1日起施行。条例的颁布和实行，使城市社区物业管理有了更具权威性的法规，将引导城市社区物业管理事业健康顺利地发展。

8.3.1.1 物业管理的含义

物业管理中的“物业”主要是指已经建成投入使用的各类建筑物及其相关的设备、设施和场地。具体可分为四种类型：一是居住物业，包括住宅小区、单位住宅楼、公寓、别墅、度假村等；二是商用物业，包括综合楼、写字楼、商业中心、酒店、商场等；三是工业物业，包括工业厂房、仓库等；四是其他用途的物业，如车站、机场、医院、学校等。

物业管理是对上述四种物业的管理活动的总称，是指业主或物业使用者通过选聘物业管理企业，由物业管理企业按照服务合同约定，对各类物业及相关设施进行维修、养护、管理以及提供相关服务的活动。

社区物业管理主要是对社区内居住物业的管理，是指业主通过选聘物业管理企业，由业主和物业管理企业按照物业服务合同约定，对房屋及配套的设施和相关场地进行维修、养护、管理，维护相关区域内的环境卫生和秩序的活动。

8.3.1.2 物业管理的基本特性

1. 物业管理是一种社会化的服务

从本质上看，这种服务不是由业主自己提供，也不是由政府提供，而是由合同双方到社会上通过市场化的运作来寻找合作对方，从而满足各自的需要。其前提条件是物业的产权、使用权和管理权的分离。

2. 物业管理是一种经营性的服务

与社区中的社会保障、福利服务不同，物业管理企业是自主经营、自负盈亏的组织，物业管理是企业行为，它为业主和物业使用者提供的是有偿服务。

3. 物业管理是一种专业化的服务

物业管理企业是专业服务机构，有专业的人员配备和专门的管理工具及设备，有专门的规章制度和评估体系，按照科学、规范的工作程序对社区物业实施专业化的管理。

物业管理的主要内容在第 4 章第 4 节里已有介绍，这里就不再赘言。

8.3.2 社区环境及物业管理中的诸多矛盾

在社区发展的过程中，业主委员会、物业管理公司和居民委员会之间出现了诸多矛盾，具体表现如下。

1. 物业管理公司与业主及业主委员会的矛盾和冲突

业主是物业的所有权人，业主委员会是在物业管理区域内代表全体业主对物业实施管理的自治性组织；物业管理公司是受聘于业主委员会管理社区物业的经营性专业机构，与业主委员会的关系是通过契约合同而形成的雇佣与被雇佣关系。然而，现实的情况往往不按这些规范的关系模式运行，业主及其业主委员会与物业管理公司的关系在现实生活中往往被混淆和颠倒，业主委员会并没有成为基层社区治理机构中最具决定性的单元，社区物业管理中的许多重大决策和行动往往由物业管理企业所主导，由此造成社区物业管理中的种种矛盾和冲突。

2. 物业管理公司与居民委员会的矛盾和冲突

社区居民委员会是地域性社区内群众性的自治组织，它对社区范围内关系居民利益的各种公共事务进行自治管理，其中也包括社区物业管理方面的事务。但是这种管理职责并不是直接的和完全的，而是间接和部分的。居民委员会只是派代表参加到物业管理委员会中，与委员会中的其他委员一同进行管理。但在现实生活中，却出现了居民委员会越俎代庖、直接指挥和干预社区物业管理事务的现象。

另一方面，物业管理公司对居民委员会权责范围内的工作不予配合，对居民委员会依法的监督检查进行抗拒，或者在办公用房、用水、用电等方面刁难居民委员会等。

3. 业主委员会与居民委员会的矛盾和冲突

一方面，从业主的立场出发，往往忽视甚至质疑社区居民委员会存在的必要，所以有的地方出现了不让居民委员会成立或成立了不让进入社区等现象，严重影响了社区治理组织机构体系的建立与完善；另一方面，居民委员会为了证明自身的存在价值，往往在本应由业主委员会承担的职责范围内过多干预，甚至于出面召开业主大会或业主代表大会，撤换和改选业主委员会等，严重妨碍了业主委员会在物业管理方面的自治。

8.3.3 社区环境及物业管理体制和机制改革

我国的物业管理，在发展之初带有从房管部门对公房的行政性管理转向对不同产权人行使管理权的痕迹，因而“管理”特征往往被特别强调。当政府或者政府所属的单位处于物业产权者地位的时候，他要求租住房屋的居民，也即物业使用者遵守种种管理规范，自然有它的道理所在。但是在住房制度改革日益推进以及住房商品化、私有化程度日益加深的情况下，原有的管理方式及其由此产生的思想观念都不适应新的情况，应该进行相应的改变。

物业管理的产生，其基本动因是业主对物业服务的需求，从本质上讲是业主的服务需求与物业管理企业提供服务的结合，业主与物业管理企业的关系是业主的服务需求与物业管理企业提供服务的结合，业主与物业管理企业的关系是被服务人与服务提供人的关系。从这一意义上说，物业管理企业是服务者而不是管理者，物业管理的本质是服务而不是管理。之所以用“物业管理”的概念，只是因为沿用了过去的习惯叫法，是一种约定俗成而已，并不表示物业管理的本质是“管理”。

8.3.3.1 业主有权选择适合自己意愿的物业管理模式

既然物业管理的本质是服务，业主与物业管理企业之间的关系是被服务者与服务提供者的关系。那么业主在物业管理中就应该具有充分的自主权，物业管理中的一切活动都应当以服从业主的根本利益为出发点。

业主的自主权体现在以下两个方面。

第一，业主在是否接受物业管理服务方面拥有自主权。也就是，物业管理企业没有理由将服务强制施于业主，政府也没有理由强制只接受某种服务。

第二，业主在选用何种物业管理模式方面拥有自主权。目前，许多城市管理部门把选聘物业管理企业进行物业管理作为一种着重推行的模式。这种管理模式的最大优势是，可以对整个社区实行集中统一的管理，专业化程度比较高，管理效果相对好一些。其主要弊端是：管理费用比较高，很多中低收入居民承受不起。目前许多居住小区物业管理费收缴率低，不少中低收入者反映，买了房后，交不起物业管理费。这是当前物业管理中的一个突出矛盾。解决这一矛盾的一个思路就是打破普遍甚至强制推行物业管理企业一种模式的体制，实行物业管理企业与业主自营式两种模式并用的物业管理新体制。业主自营式物业管理是我国台湾地区普遍实行的模式。其特点在于：既不由房地产开发公司负责，也不聘请专门的物业管理企业管理，而是由小区的业主们自己轮班，负责社区物业的管理。这一模式的最大优势是，业主基本不用花钱或者花很少的钱，也能对住宅楼房实行统一的物业管理，并实现政府要求的管理模式。这一管理模式比较适用在居民收入水平普遍较低的住宅小区。

8.3.3.2 理顺物业管理机构与社区居民委员会之间的关系

社区居民委员会是城市基层群众性的自治组织，他在社区社会整合和社会管理方面承担的职能具有明显的法律依据，是作为企业的物业管理机构所无法取代的。在有些社区出现的物业管理机构排斥、刁难和取代居民委员会的做法都是错误的，是违背法律的。

物业管理机构是按照市场需求和规律建立的现代企业组织，他在社区物业管理方面，具有专业的技术、丰厚的资金、先进的设备、专职的管理队伍。这是社区居民委员会的条件和能力所不能比拟的。

社区居民委员会和物业管理企业应该在社区物业管理水平方面发挥各自的专长，取长补短、密切合作，共同搞好社区物业管理，真正为社区居民谋求最大的利益。具体说来，居民委员会要依据法律赋予的权力对物业管理机构实施监督、指导和配合，而不是如以往的各种方式那样，具体操办社区物业管理的具体事务。物业管理企业则在物业管理的具体事务，如社区环境卫生、社区治安、车辆管理、设备设施维护养护等方面发挥专业特长。

居民委员会在指导、监督物业管理企业方面，一是要知道和帮助业主通过法定程序选聘、续聘或解聘物业管理企业；二是要按照有关协议和合同定期考核、检查物业管理企业的工作，监督其收费、服务状况；三是向物业管理企业反映业主的意见和要求，指导、帮助他们改进工作状况，提高服务质量；四是发挥自身优势，动员和组织居民支持和配合物业管理企业做好本社区的物业管理工作。

8.3.3.3 探索社区自治与物业管理相结合的组织路径

在社区物业管理方面所出现的矛盾与冲突，有时是由于社区组织的原因造成的。因为作为社区群众性自治组织的居民委员会和作为企业的物业管理公司，其组织宗旨和目标都不同。如果能将两者融合在一个组织体系中，也许许多矛盾和冲突就可以避免了。我们看到，在有些地区，如南京市鼓楼区、江苏省江阴市，都在试行居民自治、社区服务、物业管理“三位一体”的住宅小区管理模式，即在社区内组建居民委员会、社区服务站、物业管理公司(站)“三块牌子,一套班子”的社区管理服务机构,同时开展居民自治、社区服务和物业管理三方面的工作。

“三位一体”的管理模式具有诸多的长处:一是减少了居民委员会与物业管理之间的矛盾,容易形成社区服务、社区管理的整合力;二是降低物业管理的经济和社会成本,又给居民委员会发展带来生机和活力;三是可以为部分失业人员提供就业岗位,促进社区再就业;四是有助于促进居民委员会与居民之间的紧密联系,有利于社区自治的发展。

8.4 社区文化和精神文明建设

8.4.1 社区文化的概念与功能

社区文化是一个相当广泛的概念,可以从广义和狭义两个角度来理解。广义的社区文化是指社区居民在特定的区域内,经过长期实践而创造出来的物质文化和精神文化的总和。它对人们的思想观念、道德情操、行为方式以及人格理想的形成和发展具有重大影响,甚至制约着当地经济、政治的发展;狭义的社区文化是指社区文化现象的集成,即社区居民在特定区域内长期实践过程中逐步形成和发展起来的有一定特点的价值观念、生活方式、行为模式和群体意识等文化现象。将广义和狭义的理解结合起来,才能揭示出社区文化的全面内涵。由此可以看出:社区文化包含物质生活条件、精神风貌、生活规范和社区团体、组织等基本内容。

8.4.1.1 社区文化的内容

社区文化包括环境文化、行为文化、制度文化和精神文化四个方面的内容①。

1. 环境文化

社区环境是社区文化的第一个层面。它是由社区成员共同创造维护的自然环境与人文环境的结合,是社区精神物质化、对象化的具体体现。它主要包括社区容貌、休闲娱乐环境、文化设施、生活环境等。通过社区环境,可以感知社区成员的理想、价值观、精神面貌等外在形象。

2. 行为文化

行为文化也可以被称为活动文化,是社区成员在交往、娱乐、生活、学习、经营等过程中产生的活动文化。通常所说的社区文化都是指这一类的社区文化活动。这些活动实际上反映出的是社区风尚、精神面貌、人际关系等文化特征,如儿童节晚会、国庆节联欢会、广场交响音乐会、新春长跑,等等。

3. 制度文化

制度文化是社区精神、社区价值观、社区理想等与之相适应的制度、规章、组织机

---

① 付明琴:《论社区文化及其在社区建设中的作用》,载《发展》,2007(7)。

构等。同时,这些制度对保障社区文化持久健康开展具有一定的约束力和控制力。制度文化可以粗略地分为两大类:一类是物业管理企业的各种规章制度,另一类是社区的公共制度。

4. 精神文化

精神文化是社区文化的核心,是社区独具特征的意识形态和文化观念,环境文化、行为文化、制度文化都属于精神文化的外在体现。如社区升旗仪式、评选文明户、学雷锋演讲等。由于精神文化具有明显的社区特点,所以往往要多年积累形成。

8.4.1.2 社区文化建设的主要任务

(1)用科学理论激励人。要坚持用邓小平理论和“三个代表”重要思想武装、教育社区党员群众,坚定社会主义发展方向,树立正确的世界观、人生观、价值观,积极投身社会主义现代化建设的伟大实践。

(2)用正确的舆论引导人。要加强和改进思想道德建设,尤其要加强社会特殊群体和未成年人的思想道德建设,培养社区群众以爱国主义为核心的民族精神和以改革为核心的时代精神,弘扬集体主义、社会主义思想。

(3)用中华民族的传统美德鼓舞人。要培育社区群众良好的社会公德、职业道德和家庭美德,形成良好的邻里关系、家庭关系,营造团结和睦的社区环境。

(4)用现代科技知识提高人。要着力提高社区群众的科学文化知识和信息化水平,培育良好的文化素质,增强人们的竞争力和创新力,满足人们走向社会的能力需求,实现自身的发展目标,为经济社会的发展提供智力支持。

(5)用丰富多样的文体娱乐活动吸引人。要因势利导,作为倡导健康向上的生活方式、培养高尚的生活情趣的有效载体,通过寓教于乐的方式,发挥宣传引导作用,推动社区群众思想文化、价值观念、生活方式等不断进步和提高。

8.4.1.3 社区文化的功能

文化渗透于社会生活的各个方面,指导着人们的社会实践,影响着人们的思想。生机勃勃、奋发向上的文化是保证一个国家不断蓬勃发展的动力之源。一个社区要想在充满激烈竞争的社会中求得发展,就需自觉加强本社区的文化建设,有效地挖掘文化建设对社区建设的积极功能,为社区的和谐发展提供保障①。

1. 社区文化建设推动社区经济和谐发展的功能

(1)弥补经济建设对居民人性关怀不足的功能。社区建设是一项系统工程,包括经济建设、文化建设、服务建设和环境建设等多方面的内容。各项内容在社区建设中的地位和作用如何,不同的社区管理者会有不同的认知和判断。由于社区建设的实践要受制于领导者的决策,所以在实践中社区的发展呈现出了各种不同的模式。有的社区管理者认为,经济建设是社区建设的基础,只有经济发展了,社区的其他建设才有可能。在这种思想的指导下,社区往往只注重经济的建设,而其他内容的建设

---

① 王竹卿:《社区文化建设对构建和谐社区的功能分析》,载《中共山西省委党校学报》,2007(2)。

则常常被忽视,结果造成社区的发展不平衡,给社区的进一步发展带来许多不利的影响。如由于缺少对社区人文环境的建设,容易造成居民关系日渐淡漠、矛盾日渐增多、生活秩序日渐混乱等诸多不利于社区发展的难题。社区经济的稳定发展离不开社区其他方面的相应建设,特别是不能忽视文化建设对经济建设的作用。社区文化建设是推动社区经济发展的关键因素,社区文化建设能有效增强居民的社区归宿感和主人翁责任感,能确保居民为社区的发展保持一种积极的精神状态,能为社区的经济发展提供有效的智力支持和精神动力。

(2)营造推动经济发展的良好环境的功能。社区文化建设不仅可以弥补经济建设对居民人性关怀的不足,防止社区整合力的减弱,更重要的在于,社区文化建设的成果可转化为能创造经济效益的社区资源,从正面推动社区经济的发展。首先,社区的文化建设可以为社区居民营造一个和谐的人居环境,从而提高社区自身的凝聚力,为社区的发展培育高素质的人力资源。通过建设各种文化设施和文化景观,开展各种文化娱乐活动和教育活动,一方面可以丰富居民的生活内容,使他们在欢快的交往中获得交流和沟通,增进彼此的亲切感,提高社区的聚合力,为社区的经济建设提供一个团结稳定的内部环境;另一方面还可以有效推动居民的社会化,使居民的思想观念和精神状态得到不断的提升,社区人力资源的整体素质得到有效的提高,社区经济发展的潜力得到相应的增加。其次,社区文化建设的成果还会进一步为社区的发展赢得良好的外部环境。通过社区文化建设,良好的人文环境会为社区的外在形象增值,从而提高社区的美誉度。在当今这个以信息化、知识化为主题的时代里,良好的美誉度一方面可为社区的经济建设吸引更多、更好的外来资源和机会;另一方面还可为社区经济走向全国、走向世界打开通途。

2. 社区文化建设推动社区人文环境和谐发展的功能

(1)补偿弱势居民精神享受的功能。社区居民因职业声望、经济地位和受教育水平的不同,在生活方式、价值观念和兴趣爱好等方面表现出了明显的差异。弱势居民在社区生活的相互对比中,常会因与别人在生活水平上的明显差距而产生心理上的失衡,形成嫉妒、仇恨的心理。如果这一情况在社区内发展成为普遍现象,社区安定的人居环境将会受到严重的威胁。此时如果社区管理者能自觉运用社区文化建设的补偿功能,积极开展合理的文化建设,这一问题就会得以解决。当今,休闲活动已经成为人们缓解压力、振奋精神和增进情感的有效途径。要休闲就需拥有休闲资源,然而在经济状况不同的社区居民中,并不是所有的人都能拥有休闲资源。以健身休闲为例,社区的白领阶层,因为有足够的经济能力,所以能经常出入条件优越的健身场所,甚至能拥有高档的健身器材,而对于一般收入以及贫困的居民,虽具有强烈的健身休闲愿望,但限于经济实力很难有机会实现这一愿望。在这种情况下,如果社区能够及时考虑到他们的这种心理需求,通过社区文化建设为其提供一些公共的健身场所和健身设施,免费或以低费来为大众提供休闲性的服务,那么经济能力薄弱的居民就能有机会获得他们需求的现代生活,不平衡的心理将会迎刃而解。通过社区的文化建设来有效平衡不同层次居民享受现代生活资源的机会,消减居民的不适心理,提高社区的整合力,这就是社区文化建设的补偿功能。

通过积极的物质文化建设可以消减和缓冲居民之间的不和谐,同样积极的精神文化建设也能起到一种平衡心理的补偿功能。如空巢家庭中的退休老人,没有工作,没有家人的陪伴,缺少交流和沟通的生活使他们的孤独感倍增。特别是单身老人,他们的生活更是寂寞。这些人面对其他家庭其乐融融的场景时,会很容易陷入孤独失落的困境,因自闭而脱离社区的生活。针对这种情况,社区如果能够积极主动地提供一些适合老人娱乐的场所和设施,组织一些适合老人的文化活动,如书法比赛、桥牌比赛等,为他们走出孤独的生活创造一些条件,他们的生活一定会重焕光彩。社区文化建设给社区居民生活带来的这些精神补偿作用将最终会使社区居民在心理上对社区产生一种强烈的认同感和归宿感,从而为增强社区自身的感召力、凝聚力和整合力发挥出积极的作用。

(2)协调居民行为认同的功能。社区居民之间在价值观念上产生的差距会引起居民之间在行为认同上的不一致,并导致居民之间在行为上的相互排斥和对抗,给社区的和谐生活带来直接的威胁。这种情况下,社区建设者应根据社区不同层次居民的特点,结合时代精神的要求,制定一套简单易行的社区居民行为规范。并通过具体的文化建设,把规范有效地落实到居民的生活中,使其成为社区居民生活参照的共同标准。要使这些承载现代文明的规范发挥作用,管理者要做的不只是制定文字性的规章制度,更重要的是要把规范的核心内容规划到社区文化建设的整个体系中去。在总的原则上,社区建设的理念要与规范的精神保持一致,从而使规范能通过社区的有形建设,以物的形态呈现在居民的日常生活当中,给居民营造出一种处处文明景象、处处可受教育的环境,同时规范也应渗透到社区文化的活动中去,使规范通过居民的行为表现出来,实现观念教育到行为教育的转变。

总之,社区文化建设是社区建设的灵魂工程,在当前推进建设和谐社会的浪潮中,社区的文化建设是促进社区和谐发展的重要措施。特别是在现代社会转型的过程中,社区文化建设对于消除社区不同层次居民之间的隔阂和不协调,提高社区对居民的整合效力,促进社区的全面发展将会起到不可低估的作用。

8.4.2 社区文化的类型

社区文化是一个内涵丰富的文化体系,有各种不同的表现形态。根据不同的分类标准,可以将社区文化划分为不同的类型①。

1. 依据文化性质分类

以文化的性质为标准,可以把社区文化划分为公益性群众文化、娱乐性营利文化、休闲文化、艺术教育及表演等团体的专业性文化等。通常公益性的自娱自乐的社

---

① 史柏林:《社区管理》,213 页,北京,中央广播电视大学出版社,2004。

区文化形式更易为社区居民所接受。

2. 依据文化活动主体分类

以文化活动主体为标准，可以将社区文化划分为企业文化、商业文化、校园文化、军营文化、家庭文化等，体现了不同文化活动主体的生活。

3. 依据文化活动的内容分类

以文化活动的内容为标准，可以将社区文化划分为文艺体育表演、文艺体育锻炼、信息交流、宣传教育等。

8.4.3 社区文化建设

为了更好地发挥社区文化的作用，加强社区文化建设，应该做到以下几点①。

1. 坚持文化创新的主旋律

文化是人类独有的生存方式，创新是文化的本质特征。党的十六大明确把理论创新、制度创新、科技创新、文化创新作为我们党必须长期坚持的治党治国之道。因此，文化创新不仅关系到文化的自身发展，更关系到社会主义现代化建设的全局，关系到我们民族的未来。城市社区文化建设也要坚持创新，在创新中坚持弘扬主旋律与提倡多样化的统一，这样才能充分发挥作家、艺术家、文化工作者以及广大社区群众的积极性、创造性，才能促进文化艺术的繁荣和发展。

2. 辩证认识社区文化与经济发展的互动关系和意义

首先，先进社区文化能够极大地促进人的思想道德和科技素质的提高，人的素质的提高必然有力地提高社会生产力的整体水平；其次，先进社区文化可以优化社区环境，提高社区品位，增强社区的辐射力和吸引力，为城市经济持续快速健康发展创造良好的环境；最后，先进社区文化必须具备与时俱进、不断创新的特性，不断为城市经济发展注入新的生机与活力，促进生产力快速发展。

3. 社区文化应体现以人为本的理念

创新社区文化要十分注意以人为本，贯彻为人民服务的宗旨，紧紧围绕全面建设小康社会的实践，不断提高人民群众的思想道德素质、科学文化素质和健康素质，振奋人的精神，增强人的信心，满足人的精神文化需求，促进人的全面发展。社区文化尤其要在全面提高人的发展上下功夫，人越全面发展，社会文明程度越高，为社会做出的贡献就多，为社会创造的财富就越丰富；而为社会创造的财富越多，做出的贡献越大，又进一步推动人的全面发展。

4. 采取多体制、多渠道的融资方式

基层文化工作面对千家万户，直接涉及亿万群众的切身利益，需求与供给存在很大的矛盾，仅靠国家的投入远远不能满足基层文化事业发展的需要。要形成多渠道投入、多形式发展的良性格局，以解决社区文化建设经费严重不足。要看到当前社会

---

① 王丽华:《关于城市社区文化建设的思考》，载《边疆经济与文化》，2007(2)。

资金投入社区文化建设的现象日益增多，一些城市社区甚至出现了社区居民自发投资兴建文化活动站和露天文艺舞台的好势头，这是对“社会文化社会办”思路的有益支持和补充。只有抓好基础文化设施的建设，才能夯实基层文化工作的基础，巩固社会主义文化阵地。

5. 根据本区现有的人文资源和文化设施，开展具有地域特色的社区文化活动

要坚持不懈、经常深入地搞好科技、文化、卫生“三下乡”和科教、文体、法律、卫生“四进社区”的活动，有计划地组织一些导向性的、有影响的群众文化活动，引导和鼓励群众参与，带动群众文化活动整体水平的提高。

6. 重视企业文化的发展和渗透作用，与社区文化互为补充

一手抓企业建设，一手抓社区文化建设，既能促进企业的生产经营，又活跃了社区文化活动。如有的企业通过资助球队、赞助比赛等方式参与到社区文化活动中，既促进了企业的生产经营，又丰富了企业文化的内涵，使社区文化得到了补充和延伸。

7. 大力加强基层文化队伍建设

基层文化队伍存在着人员数量少、年龄结构不合理、业务水平和文化素质低的问题。基层文化工作缺乏基本的工作条件和手段，工作人员待遇低，工作条件艰苦，人才流失非常严重。当前一些地方在撤乡建镇和机构改革中，出现了因文化站被撤销、编制缩减、人员下岗而无人理事等问题，这些情况应该引起重视并得到解决。

8. 注重社区的空间形态和外部环境

要注重社区的空间形态和外部环境。社区的整体布局、中心广场的有无、广场的设计、社区内路标、路灯、小路、草地、水体、雕塑、喷泉、建筑、树种等的规划与选择；餐馆、茶社、酒楼的装潢，包括建筑的样式，大社区天文馆、体育馆、博物馆、动物园等的有无；时装表演、文艺演出，都能够充分显示一个社区的文化价值和鉴定能力，这些硬件设施不可缺少。并且，要突出特色，彰显个性。无论是社区发展还是城市建设，都应充分考察其文化定位，从而进行保护、挖掘、开发，使居民从心理感情上产生归属感和文化认同。

8.5 社区社会保障

8.5.1 由单位保障到社会保障

社会保障，是为保障民生以及促进社会进步，由国家和社会以立法为依据出面举办，由政府机关和社会团体组织实施，对因各种经济和社会风险事故而陷入困境的人群以及有无物质和精神需求的全体公民提供的、福利性的物质援助和专业服务的制度和事业的总称。

但是在计划经济时期，中国的社会保障制度实质上是一种“单位保障”制度。即国家举办的保障项目主要是通过各企业、事业单位来实施的。在这种保障制度下，国家对具有劳动能力的城镇人口保障其基本就业，一个人在事业单位或企业就业后，就

可以享受企业、事业单位内部实行的各种社会保障，如公费医疗、离退休养老金、困难补贴、工伤保险、生育保险、安葬费、子女教育补助以及其他各种生活福利等。在社区层面上，社会保障资源的配置非常少，接受保障的人口数量也非常少，主要是没有单位的“三无人员”，即无生活来源、无劳动能力、无法定赡养人或抚养人的居民。

改革开放以来，中国的社会保障制度发生了很大的变化，其中一个重大的变化就是从单位保障向真正的社区保障的转变①。

1999 年，党的十五届四中全会做出的《关于国有企业改革和发展若干重大问题的决定》指出：要逐步推进社会保障的社会化管理，实行退休人员与原企业相分离，养老金由社会服务机构发放，人员由社区管理。同年的《政府工作报告》中也明确要求积极开展退休人员由社区管理服务的试点。

2000 年，国务院印发的《完善城镇社会保障体系试点方案》专门对社会保障的管理和服务社会化做了部署。一是退休人员的档案及日常管理服务工作要从原用人单位转到职工户口所在地或常年居住地的街道社区统一管理；二是从企业剥离出来的社会保障事务性工作，除了社会保险经办机构承接一部分外，主要由街道和社区服务组织承担，街道办事处要设立或确定负责社会保障事务的机构；三是各地要加强社区基础设施建设和老年卫生、文化、福利设施及活动场所建设，建立健全服务网络，强化社区功能；四是民政部门要加强街道、居民委员会组织建设，组织和指导社区服务，推动社区建设等。

2002 年《中共中央、国务院关于进一步做好下岗失业人员再就业工作的通知》，对社区化的社会保障又提出了要求。要求积极开发社区服务业的就业岗位，要重点开发面向社区居民生活服务、机关企事业单位后勤保障和社区、公共管理的就业岗位以及清洁、绿化、社区保安、公共设施养护等公益性岗位。从这个要求上可以看出社会保障向社区化方向的进一步发展。

2003 年中央两办转发劳动和社会保障部等《关于推进企业退休人员社会化管理的意见》，对社会保障社区化工作又做了部署。除前文已提及的社区化社会保障的内容外，还指出，将企业退休人员直接纳入街道和社区进行管理和服务是社会化管理服务的基本形式。也就是说，社区化保障是社会保障社会化的基本形式。

8.5.2 现行社区社会保障及其局限

改革开放以来，我国的经济发展迅速，人民生活水平也有了相当大的提高，随之而来的社会保障问题却越来越突出。特别是随着我国经济体制改革的不断深入和社会主义市场经济的确立，国家、社会与个人之间的关系发生了根本的转变，政府的职能也相应发生了转换。由企事业单位剥离的社会职能和政府转移的社会职能，已经越来越多地回归社区，社区作为社会的基本构成单位和现代社会成员参与社会生活

---

① 宋崴，魏冬蕊：《社区化保障：社会保障社会化趋势选择》，载《经济论坛》，2007(15)。

的基本场所，将逐步取代单位成为人们参与社会生活的媒介，社区发展在个人与社会发展中的作用日益突显。社区社会保障作为城市社区发展的重要组成部分，其完善与否对维护社会秩序、化解众多社会矛盾、实现社会稳定与发展，都将起到越来越重要的作用。因此，深入研究社区社会保障，对完善我国社会保障体系、确保我国城市现代化建设的顺利进行，具有十分深远的社会意义。

8.5.2.1 社区社会保障的必要性

加强城市社区社会保障制度建设的必要性主要体现在以下几点。

1. 城市社区社会保障是社会保障制度发展的趋势要求

社会保障是现代社会化生产方式的产物，是社会文明发展的成果。城市社区社会保障是维系统一制度下的社区特色，由当地政府、企业部门和既非企业又非政府的非营利部门针对社区出现的社会保障问题，进行协同合作，以最大限度地满足社区居民的多层次的社会福利需求。改革开放以来，原有的社会保障制度在某些方面已经不适应社会主义市场经济体制发展的要求。微观层面家庭保障功能外移，宏观层面政府能力弱化，与此同时，人们的需求也趋于多样化，仅靠原有的国家保障是不可能满足人们的多样化需求的。所以，必须把眼光投向中观社区层面，逐步建立一个新型的独立于企事业单位之外的社会化的城市社区社会保障体系。社区社会保障体系既是整个社会保障制度的有机组成部分，也是社会保障制度在社区基层得到实施落实的具体体现，具有较强的地域性和文化特征。

2. 完善城市社区社会保障是我国社会保障功能有效发挥的重要途径

随着经济体制改革的深入，党和政府非常重视发挥社会保障的作用，重视社会保障制度的改革和完善，把建立新的社会保障制度作为保证经济体制改革顺利进行和取得成功的重要条件，同时也是维护社会安定与国家长治久安的根本大计。由于市场化导致多元社会价值观的出现，从而使政府的作用减弱，社会的作用增强，社会成员由“单位人”向“社会人”转变，社会保障社会化的功能必然落在社区，社会保障每一项目的实施中都有社区的介入。从制度的施行上看，社区组织作为社会保障制度落实的最基层组织，承担着国家和地方行政部门交办的众多社会保障事务。特别是社区性福利服务、贫困救助、职工互助互济、最低生活保障和再就业等工作，都需要通过以居民社会生活共同体为基点的社区建设，来满足人们日益多样化的高质量生活和全面发展的需要。

3. 强化城市社区社会保障体系建设是维持城市社会稳定，建构和谐社区、和谐城市的重要基础性条件

社区社会保障制度是城市发展市场经济的基础，是城市进步的“稳定器”、经济运行的“减震器”和城市社会公平的“调节器”。社会转型引发的种种社会问题，使城市居民及家庭同整个社会乃至政府，产生了一致的社会保障需求。另外，像计划生育工作的推进、人口老龄化的逼近、贫富差距的调节、某些社会问题的预防等等，都需要以社会保障作为依托，这些都加大了社会保障的需求压力。而社区不断增强的保障

功能,则是缓解需求压力的主要途径。这项工作完成得好坏直接影响社会的稳定。党的十六大报告强调,建立健全同经济发展水平相适应的社会保障体系,是社会稳定和国家长治久安的重要保证。因此,我们要从实践"三个代表"重要思想的高度,充分认识完善社区社会保障体系对促进城市社会经济全面发展的重要性和迫切性。

8.5.2.2 社区社会保障的主要内容

社区社会保障是社会保障体系的重要方面,是社会保障工作的具体化。

1. 劳动与就业服务

为失业人员进行登记,为下岗职工、失业者及新增就业人员提供就业服务。社区不但可以在资金上给失业和下岗人员提供帮助,也可以给他们提供精神上的安慰,也可以对那些有再就业能力的社区成员进行再就业培训,以便使他们重新走上工作岗位。

2. 企业离退休人员社区社会化管理服务

就是要按要求建立独立于企事业之外的社会保障体系,实行退休人员与原单位相分离,养老金实行社会化发放,人员由社区管理。具体要建立企业退休人员的人事档案;建立社区社会养老保险服务中心;建立企业离退休人员基本数据库,并与市、区社会养老社会化服务中心联网;在社区开展有益于老年人身心健康的各种活动等。街道办事处及社区要及时了解和掌握离退休人员生活、健康状况;对孤老患病住院及其他特困人员,组织社会力量为他们提供生活照料服务。

3. 实施最低生活保障制度

社区机构承担了大量的城市最低生活保障工作,如接受申请最低生活保障津贴的社区居民的申请,调查申请者的生活经历、探讨贫困的原因,给保障对象发放各种待遇,帮助贫困者创业,在精神上帮助贫困者摆脱自卑、屈辱和压抑的心态,等等。

4. 计划生育及残疾人保障服务

社区机构承担社区计划生育工作,向居民进行计划生育宣传,促进落实我国计划生育政策,并承担向社区残疾人提供帮忙和服务的工作。

5. 司法服务

为社区居民提供社会保障方面的司法咨询。

8.5.2.3 社区社会保障存在的问题

由于体制和历史的原因,我国社区社会保障管理与服务等方面还存在着许多问题,已构成了我国社区保障进一步发展的制约因素,从而使社区社会保障只停留在浅层次或形式上,不利于其功能的有效发挥。具体存在的问题有以下几点。

1. 社区保障项目少且难以有效落实

我国社区保障项目单一,不能使所有的社区成员在得到国家基本社会保障的同时,还可以得到社区补充托底的保障。目前只能集中给社区内有特殊困难者提供福利性帮助,难以满足广大社区成员的福利要求。与此同时,数量有限的保障项目也难以充分落实到位。这一方面是因为缺乏配套的法律相关规定。社区保障离不开法规与政策的指导和扶持,法律法规的不到位,本身就表明社区保障的缺位。尽管有政府政策可以在一定程度上弥补法律法规的空白,但我国政府已有的政策规定又缺乏连续性,出台的很多政策都带有某种程度的权宜性及暂时性的弊端。即使是正在实施的社区保障项目,比较多的也只是探索尝试;另一方面是社区保障的组织者和提供者的职能与权限没有明确的规定,使社区保障需求即使在不断地增加与扩大,也明显缺乏实现的客观条件。

2. 社区保障体制的部门分割、协调性差

在我国,社区保障的具体实施主要涉及工商、市政、卫生、城管、税务等部门。这些部门之间的职责界定不清,经常发生矛盾,社区的社会职能还不够明确,给社区保障服务工作的推进造成了很大困难。组织管理体系也不够健全,从而影响社区保障能力的充分发挥。而且社区保障在我国也尚未真正纳入社区建设整体之中,因而难以有效地整合社区保障资源。目前,各地社区中的社会保障操作也大都属于社保部门下达指令,未列入中央政府的全盘规划,这不仅不利于操作的规范化和系统化,而且也不利于帮助弱势群体摆脱弱势地位。社区社会保障体系与社区建设体系之间,是纵向与横向的关系,作为纵向体系的社会保障,如果不能与横向体系的社区建设找到适当的接口,就难以形成可持续成长的态势。

3. 社区社会保障资金的严重缺乏

一切发展均需要经济或财政的支持。在我国,社区社会保障多是微利运营甚至亏损,追求利润最大化的社会投资资本较少涉足这一领域。尽管政府对参与社区保障的组织实体给予一定的资金支持,但大多是后期拨款。政府在社会事业中常常感到"力不从心","发展优先与效率优先"的观念是政府开展社区社会保障的一种重要约束。

4. 社区社会保障还普遍缺乏有活力的社区中介组织的介入

有活力的社区中介组织介入社区社会保障,不但可以发挥其自我管理、自我服务的功能,达到服务社区、服务社会的目的,而且还可以起到沟通政府和社会的联系,把政府和社会紧密结合在一起,发挥社区中介组织所固有的桥梁和纽带作用。改革开放以来,我国的社会中介组织虽然发展很快,但社区中介组织的发展还不够充分,再加上它们大都从政府组织转变过来,与政府的关系还没有真正理顺,即使有中介组织愿意介入社区社会保障的实践领域,也由于相关制度的缺失而导致中介组织在发挥社区社会保障功能方面非常有限,尚未形成与社会发展相适应的社区社会保障功能体系。

5. 我国社区社会保障缺乏有力的法律保障

社区保障服务开展已10多年,在现实社会生活中的作用越来越突出,但是这一不断发展壮大的事业在国家的社会保障体系、社会福利事业中究竟占据什么地位、扮演何种角色、发挥何种作用等问题,在法律上一直没有明确的规定。

8.5.3 新的社区社会保障体制的构建

新的社区社会保障体制的构建,应该做到以下几点。

1. 提高认识,树立新的理念

(1)以人为本的社区保障理念。作为现代社会维护公民基本生存权利的社会安全制度,在制度选择的基本导向上,必须全面确立以人为本的社会价值理念,使保障制度真正体现社会公平和对人的终极关怀。党的十六届三中全会明确提出了“坚持以人为本,树立全面、协调、可持续的发展观,促进经济社会和人的全面发展”。坚持以人为本是社区社会保障建设的本质和核心,社区社会保障是达到以人为本这个目的的手段。社区社会保障正是通过创造人们平等发展、尊重和保障人权的社会环境,使广大人民群众不断地享受到经济和社会发展的成果。社区在实际工作中着力解决关系群众切身利益的问题,做好增加就业、积极帮助特困群众解决生产生活问题,提高服务效率,强调服务与管理的公开性和透明度,注重便捷性、规范性和可操作性。唯有这样,才能较好地体现社区保障服务精神。

(2)依法保障的理念。坚持依法保障是建设社区社会保障的必然要求和重要环节。社区社会保障虽然强调社区组织和社区成员的群众性、自发性与临时性,但前提是应当依照有关法律、法规进行,不得影响公民、企事业单位和各种社会组织的合法权益,社区社会保障应当符合法律目的,排除不相关因素的干扰。

(3)保障公平的理念。追求社会公平是社区社会保障的主要特色,建立和完善社区社会保障的目的就是要建设一个更为公平的社会。如果没有健全的社会保障体制,仅靠市场是不能保证社会公平的,社会不稳定状况也就不可避免。

2. 强化政府责任

社区保障的主体是社区组织,但政府的职责必须明确,政府在其中的作用是任何组织、个人和机构所不可替代的。社区保障是社会公益性事业,服务保障对象主要是需要提供服务的弱势群体,这种服务无利可图,任何营利性商业行为都无助于制度建设和事业发展。因此,政府在建立新型社区保障体系中应成为领导、协调、规划、评价和监督的主体,以保证社区保障制度建设的正确方向。另外,要建立和完善相应的法律法规,制定扶持社区组织发展的相关政策,为社区组织发展营造自由公正的社会环境。同时,要规范管理以社区居委会为代表的自治性社区组织,使其能真正提供社区保障服务。

3. 探索多方筹集社区社会保障资金的方式和渠道

资金来源是建立社区社会保障的关键和根本保证,要坚持筹资渠道多元化、形式多样化,政府财政要定期拨款资助,广泛发动民间募集、企业捐助等等。同时在社区建立经常性的基金,还可以举办义卖义演,筹集社区社会保障基金。政府应允许基金会、慈善机构、互助机构的设立和运行,并给予必要的资助、引导和监督。同时,社区也应形成自我监督机制,定期或不定期地对社区社会保障工作的进展、资金筹集、储存运营、政策执行、对象确定、标准掌握、操作服务、资金发放和工作人员服务质量等进行检查、指导与监督。

4. 加强社区社会保障资源的有效整合

高质量、高水平的社会保障,需以丰厚的资源为基础。资源不足是困扰我国社会保障发展的瓶颈问题。充分发挥社区的资源整合功能,是解决我国社会保障资源相对贫乏的有效途径。社区以地缘为基础,得天独厚的优越条件使它具有丰富的资源:人力资源是社区资源中最具有能动性、居于主导地位的最宝贵资源;政策资源是社区社会保障实施的政策保障,即政府制定社区保障制度的合理政策和社区对受保障人员的优惠政策;财力物力资源是实施社区社会保障的客观基础;文化资源是社区社会保障实施的隐形资源。社区通过自身非行政的社会民间网络,能够有效动员、配置各种资源,实现资源结构合理定位和不同主体间的良性互动。社区通过发动和宣传教育,吸引更多的群体和个体参与互助保障,有利于培养现代公民应有的科学的权利义务观和自我保障意识,从而促进广大民众从“计划经济人”向“市场经济人”的转变。这不仅是建立现代社会保障制度的必备要素,也是实现社会现代化不可或缺的条件。

5. 充分发挥中介组织在社区社会保障中的辅助作用

社区的非营利组织是发展社区公益性事业的依托。社区的非营利组织是由社区的居民、企业甚至政府部门自我创造的,按照创办机构的不同性质,可以粗略划分为政府办的和民间办的两类。非营利组织在社区内的任务,是满足社区居民的各种需求,推动社区建设与发展,有利于解决社区存在的各种问题。社区非营利组织的主要功能是:①维护社区治安与各项秩序,维护社区环境,使社区居民安居乐业——安全的功能;②保持社区特征与社区凝聚力,对社区资源进行组合与分配——生存的功能;③进一步开发社区资源,使社区能够通过与外界的不断交流,持续地满足社区居民不断增长的需要,创造性地解决社区面临的各种问题——发展的功能。无论何种功能,其发挥作用时都需要筹集资源、管理资源和使用资源。为此,又可以把社区内的非营利组织划分为资源筹集、资源管理、资源使用三大部门。其中,资源使用是最重要的部门,它可以再细分为社区功能设施、社区环境治理、社区福利服务三个分部门,它们构成了社区化的社会保障的主要内容。

国外的社区社会保障是自下而上的独立于政府之外的社会自治中介组织,大多起源于教会、慈善机构和民间的自助力量。我国的社区社会保障刚刚起步,是在党和政府领导下开展起来的,中介组织本身发育也不是很成熟。因此,对于民间社团或个人出资兴办的便民服务应放宽其登记注册的限制,在其产权关系的确定和法人资格的获得上给予一定的法律保障;要支持中介组织依法开展各种慈善活动;要建立常年接收社会捐赠的网点和慈善救助超市,多方位地开辟捐赠与受助的沟通渠道。只有从少数人的参与社区社会保障发展到大多数人的积极参与,充分发挥社区成员各自的特长,才能使社区社会保障具有广泛性和针对性。

6. 加快社区社会保障平台的设施及信息化建设,强化服务功能,提高服务水平

徐永祥教授对社区服务的性质和功能做了全新的解释:社区服务实际上是社区

社会服务的简称,是指政府、组织与个人等在社区里开展的福利性服务和公益性服务以及社区居民之间的互助性服务。社区照顾、残障人士服务、儿童与青少年服务、贫困家庭的救助与资助、单身母亲及遭虐妇女的社会帮助、家庭治疗、志愿者服务等,都属于社区服务的范畴。社区服务的价值功能或价值标准主要体现在三个层面:一是维系弱势人群的社会尊严、生存权利和生活能力,限制不平等,提高社会的公正度和稳定性;二是满足社区居民的公共利益需求,提升居民的福利水平和生活素质;三是促进社区的人际交流和人际关怀,改善社区的人文环境,提高居民的道德文化素养①。

加大对街道社区劳动保障平台基础建设的资金投入,充分利用现有的卫生、文化、福利设施和场所,引导社会力量为社区社会保障对象提供生活照料、医疗保健、文化教育和法律服务。进一步完善街道、社区劳动保障工作平台在开发就业岗位和帮扶困难人员再就业的服务功能。加大社区社会保障事业的信息化投入,通过信息网络管理系统在街道、社区劳动保障平台的应用,将政府的就业和社会保障信息网络延伸至社区内的每一个家庭。

参考文献

[1] 付明琴. 论社区文化及其在社区建设中的作用[J]. 发展,2007(7).

[2] 高山. 社区社会保障——社会保障制度发展的新途径[J]. 武汉冶金管理干部学院学报,2006(1).

[3] 李会欣,刘庆龙. 中国城市社区[M]. 郑州:河南人民出版社,2002.

[4] 宋崴,魏冬蕊. 社区化保障:社会保障社会化趋势选择[J]. 经济论坛,2007(15).

[5] 史柏林. 社区管理[M]. 北京:中央广播电视大学出版社,2004.

[6] 唐忠新. 社区服务思路与方法[M]. 北京:机械工业出版社,2003.

[7] 王丽华. 关于城市社区文化建设的思考[J]. 边疆经济与文化,2007(2).

[8] 王竹卿. 社区文化建设对构建和谐社区的功能分析[J]. 中共山西省委党校学报,2007(2).

① 高山:《社区社会保障——社会保障制度发展的新途径》,载《武汉冶金管理干部学院学报》,2006(1)。

9

社区管理的发展趋势

学习目标

1. 通过学习，理解社区管理是中国有待发展的一门非常重要的新兴学科；
2. 了解城乡社区管理中尚存在的问题及如何对策的战略；
3. 分析并理解影响社区善治的基本因素；
4. 了解城乡基层社区管理体制改革的必要性及其发展趋势；
5. 理解、掌握及如何建构新型的社区管理模式。

内容提要

社区是社会的细胞，随着城乡管理重心下移，社区承担着越来越多的社会管理职能。作为社会基本单元的社区细胞，它既是连接社区居民个体与社会的桥梁和纽带，也是微观社会的重要组成部分。因此，只有做好社区的"小和谐"，才能促成整个社会的"大和谐"。不言而喻，研究社区管理的发展趋势，并力争建构适合中国发展所需的社区管理模式，既是中国进一步改革、发展和稳定大局的需要，也是从事社区管理研究的目的所在。本章的内容主要有：城乡社区管理中存在的问题和对策，影响中国社区善治的基本因素，社区管理的发展趋势及体制模式的建构。

9.1 城市社区管理中存在的问题和对策

9.1.1 当前城市社区管理中存在的若干问题

伴随着经济转轨和社会转型,我国城市的经济社会生活发生了巨大变化,城市社区管理面对着很多新的领域和新的情况,诸如,就像本章前面所涉及的"单位人"转变为"社会人"回归到社区的问题那样,还有老龄人人口逐渐增多、农民工进城人数日益增加、下岗失业人员逐年产生,等等。这一切都充分证明了社区管理已成为一项大而复杂的服务工程,其必然需要多方面社会力量的共同参与和紧密配合,而绝不能仍由政府再继续来唱独角戏。但长期以来,国家作为社会管理的唯一主体,总是习惯于通过行政一体化体系对经济和社会生活实行全盘统管,这种传统的管理模式显然已与当今社会的发展变得格格不入了。其主要表现在以下几个方面。

1."街道办"的职能定位不明确

在城市社区建设实践中,上海、青岛、石家庄、南京等城市都提出了"两级政府,三级管理,四级落实"的管理体制。"两级政府"是指市、区政府;"三级管理"是指市、区和街道的管理,强调街道层面的管理;"四级落实"是指市、区、街道、居委会四级的组织落实。其中区政府是我国城市的基层政权机关,街道办事处是政府的一级派出机构,居委会是城市基层群众性自治组织。"街道"作为城市行政区划的最基层单位,代表政府对辖区内的行政事务、社会事务实施管理,是社区组织管理的主体,但一直具有责大权小、力不从心的问题。

一是"单位体制"的解构,"单位人"转变为"社会人",还有企业等多元化的利益主体大量涌现,"街道"仅依靠单一的行政手段、行政资源,已不能对社区事务实施全面、有效的管理。二是"条条"管理大大制约了街道的作用。社区内各组织分别属于"条条"与"块块"两个相对封闭的系统,形成一种"条块分割"的局面。而市场经济体制的建立,使社区内"条块"组织的关系出现了变化,有一部分职能重叠。对于一些复杂的问题,"街道办"往往出现无权管理或越权管理现象。因此,所谓"两级政府、三级管理"实际上就是"三级政府、三级管理"。

从实践中看,"街道办"的改革基本上都是按照一级准政府或者说相当于一级政府的理解来操作的,"街道办"对社会性、群众性、公益性工作负全责,既承担行政管理职能,还承担社会管理职能和经济管理职能。由此"两级政府、三级管理"的模式所引发的在逻辑上的以及在实际操作中的矛盾情况,进而所带来的问题就是"街道办"究竟应该定位于"派出机关"还是"一级政府"?因为定位的不明确所以就导致了"街道办"角色的混乱,也就是责、权、利的不统一。

2.政府"越位"与"缺位"问题突出

尽管"两级政府、三级管理"的体制对"条块关系"已初步进行调整。即从"以条为主"向"以块为主"转变,但长期沿袭下来的"条条统治"依然是支配城市行政管理运作的常规思维方式，也就是“条条”能指挥“块块”，而“块块”却监督不了“条条”。改革后的双重管理的制度安排事实上仍旧走的是老套路，根本难以发挥其作用。按照新的制度设计，原本应该是“以块为主、条块结合、条包块管”，但在实际工作中往往是“条管块包”。条线部门的专业管理不到位，经常把任务推给街道；而且人员、经费和政策都没有相应配套。

究其原因，导致“条块关系”不顺主要在于：①“街道办”对条线部门缺乏有效的制约机制，“街道办”尽管承担社区管理的责任，但却没有相应的执法权力，因而在社区事务管理上要经常依赖条线职能部门，因此所谓的“会考制”、“会签制”、“评议制”①的制度设计当然形同虚设；②在工作评估方面，目前主要由区职能部门对街道社区工作进行考核，每年条线部门都会对街道开展各种形式的评比检查活动，因此，条线部门可以随时向街道分派工作任务，导致很多具体工作，特别是矛盾突出的事务最后都落到了“街道办”头上；③“条块关系”不顺的根本原因在于政府部门也存在着追求自我利益的目的，致使难以形成“一个政府”，因此“街道办”在推进社区工作中往往就容易造成力不从心或有位不能有为的现象。最突出的问题是，往往存在法律不健全或没有明确的法律规定，“街道办”在处理一些棘手问题时就很难依法行政，结果不得不大量地以行政代替法律或政府条条越权管理。因此，如果将“街道办”定位于“派出机关”，就需要解决其职能强化的问题；如果定位于“一级政府”，那么就需要修改法定职权问题。总之，目前这种体制结构不能适应甚至于影响社区工作的开展。

3. 居委会角色的错位

“两级政府、三级管理”的体制强化了“街道办”的管理职责，由此“街道办”管理的社区事务也大量增加，与管理资源相比，明显负担过重。在这种情况下，“街道办”逐步将居民委员会纳入到行政组织的基层网络中，即“四级网络”。“街道办”将相当多的行政工作往下转移给了居委会，包括从老年、失业、优抚、卫生、治保、计生、调解，到精神文明建设、党建等事务工作；随之居委会承担的行政职能也就越来越多，其实际功能也就渐渐向行政组织靠拢。随着居委会行政性的加强，“街道办”对它的控制也逐步加强，居委会在很大程度上接受“街道办”的指挥和考核，实际上成为“街道办”行政领导的下属机构。

我国《宪法》规定：“城市和农村按居民居住地区设立的居民委员会和村民委员会是基层群众性自治组织。”《中华人民共和国城市居民委员会组织法》更是明确规定了居民委员会是居民自我管理、自我教育、自我服务的基层群众性自治组织，不是

---

① 这是为了落实市、区派出单位和街道党工委对派出机构实行双重管理制度而采取的具体措施。会考制是指对区职能部门派出机构负责人的考核，由区职能部门和街道党工委共同考核。会签制是指街道党工委对区派出机构负责人的平时考核意见，应以书面形式反馈职能部门会签备案。评议制是指由街道党工委组织居民代表、辖区内企事业单位、人大代表、政协委员以及街道有关委员会对派出机构的负责人参加社区建设和管理的各方面工作进行评议。

一级政权,也不是基层政府或街道办事处的分支机构。它与街道办事处的关系是国家机关对基层群众性自治组织的指导关系。但现实中,居委会的工作往往是向政府负责,而不是向居民负责。这就造成了居委会带有官方色彩,而其本来自治组织的角色却淡化了,居民与居委会也就形成了一种被动参与的关系。

4. 社区民间组织力量薄弱

随着社会的发展,民间社会组织在社区管理中的作用越来越显得更为重要,具体体现在:①它在向公民提供某些公共物品时往往比政府成本低、效率高;②大多民间组织都以社区困难群体为服务对象,目的是想为公民多增加一些社会福利,促进社会公平;③民间社会组织还可以满足居民的多样化需求,提高社区组织化程度。但是,目前民间社会组织参与社区管理与服务的程度十分有限。原因是:①政府对民间社会组织认识不够,习惯包办一切,虽然大力推行政府购买服务的形式,但我们可以发现这些提供服务的社会组织要么是街道自办的,如助老服务社、社工站、志愿者协会等,要么是已被纳入街道既有管理体制之内的,如法律服务社、家政服务社、商会等。这些社会组织资源不多、能力有限、独立性不够,过分依赖于“街道办”;②多数公民,包括政府对民间社会组织信任不够,同时政府也不习惯与民间组织相处,政府在社区管理中主要重视社会稳定,而对社区服务的效率和效益没有那么强烈的意识,成本概念也不强,反而对民间社会组织的发展保持戒备心理。因此,现阶段民间社会组织还没有能力承接目前由“街道办”承担的社会管理与服务职能,社区服务社会化程度尚较低,政府包办社会的局面短期内还难以改变。

5. 社区居民的参与程度不高

行政化的社区管理方式使居民对政府产生的依赖心理有增无减,自治观念、参与观念淡薄。由于社区与街道在地域区划上的重合,一些社会成员,甚至包括相当一些人数的政府官员,都误将“社区”等同于“街道”或“居民区”,认为两者只是名称的不同,本质上没有根本区别,社区管理只不过就是“街道办”或居委会管理的范围的扩大、内容的扩展和权限的增大而已。因此,在长期计划经济体制下形成的对社会生活的行政管理模式仍仿效到社区建设中,社区管理事实上就继承了行政管理的衣钵。在“街道办”和居委会的全面管束下,居民一方面很少有机会参与社区事务决策和管理;另一方面他们也早已习惯于事无巨细地直接找政府、寻求政府的帮助、等待政府的安排,因而缺乏参与社区活动的积极性和主动性。

9.1.2 解决城市社区管理中存在问题的相关对策建议

根据上述当前社区管理中所存在的问题,经分析探讨,应该着手做好如下几方面的对策战略。

1. 合理调整“街道办”的职能

理论界对“街道办”的改革主要有三大设想①:一是将“街道办”改成一级政府;

① 李秀琴,王金华:《当代中国基层政权建设》,235页,北京,中国社会科学出版社,1995。

二是撤销“街道办”的建制；三是恢复“街道办”派出机关的性质。在各地实践的过程中，有的城市试点撤销“街道办”的建制，如：北京市石景山区鲁谷社区、南京市白下区淮海路社区、青岛市市北区浮山后社区等。① 其中以北京石景山区鲁谷社区改革的实际效果更显突出，目前已经在石景山全区推广。它的主要做法是构建了新的社区管理组织体系——社区党工委、社区行政事务管理中心和社区委员会，通过理顺政府、社会和市场的关系，实现“政事”和“政社”分开。另外，也有一些城市对“街道办”的功能进行了重新定位。比如，上海市在新一轮的社区建设试点中，着重加强“街道办”在社区的综合管理职能，规定“街道办”要行使区（县）政府派出机关“组织领导、综合协调、监督管理”的职能，发挥强化综合管理、监督专业管理、组织公共服务、指导自治组织的作用。还有些做法就是创造条件逐步淡化直至取消中心城区“街道办”招商引资的功能，以确保“街道办”把工作重点转移到社会管理和公共服务上来。

对于撤销“街道办”建制的做法，在短期内可能难以推广。特别是大城市，撤销“街道办”必须要考虑区政府的管辖幅度和人口规模，因而难度较大。而调整“街道办”功能，进一步理顺“条块关系”，相对来说难度稍小一点。但是要必须考虑到经济职能的弱化会否影响“街道办”的积极性和能动性，进而影响到社区建设和管理问题。而且，“街道办”功能的调整，也需要区政府功能的调整，区政府需要建立专项的社区公共财政，需要掌握更多的社区事务，区政府职能部门必须真正实现专业化的跟进管理。此外，对于有些学者提出的“虚区实街”和“撤街分区”②的做法，由于涉及法律的修改和行政区划的调整，非常复杂，因而近期内要达成这种思想模式实施的可能性较低。

2. 理顺政府与社区的关系，还原居委会身份

街道办事处及区、市政府职能部门与社区居委会的关系应该是指导、支持和帮助的关系，而不应是上下级的行政隶属关系。所谓指导，就是在工作上给予指点和引导，提出原则性意见；而支持是指在政策、舆论、人员调配等方面的支持和帮助。要建立这种新的工作关系，必须走出两个误区：“一是将居委会视同基层政权组织形式；二是认为政府拨给工作经费，居委会就应理所当然地接受政府领导。”③对社区居民委员会、街道办事处以及政府职能管理部门的职责要进行认真理清并力争明确划分，一些社会公益性的社会服务工作，要从街道的行政职能中分离出去；对涉及行政执法、行政管理的工作，则由街道办事处和政府相关职能部门全面负责，对一些需要社区协调、配合或者需要街道和职能部门支持、服务的工作，也应该作相应明确的界定和区分。

---

① 何海兵：《中国的城市“街道”管理体制改革与社区发展》，载《当代中国研究》，2006(1)，86～96页。

② 孙立平：《理论与实践的张力》，载《第三届上海社区发展论坛》，2003。

③ 汪大海：《社区管理》，北京，中国人民大学出版社，2003。

3. 明确界定居民委员会的职责

在指责居委会行政化的过程中,大部分城市采取的改革措施多半是实行"议行分设",即将居委会原先的议决权和执行权分离,居委会只作为议事和决策机构,由居民选举产生,成员兼职且是义务的;另外成立社区工作站作为专门的执行机构,为居民提供服务。如深圳盐田为了让居委会的自治功能得以实现,就进一步推行了"居站分设",也就是成立社区工作站作为行政代理机构,专门承担原先由居委会承担的行政事务,这样居委会承担的行政事务就可以剥离出来,从而可以专门发挥自治功能。有学者将这一做法称之为"深圳盐田模式"①。

对于"议行分设"的做法,其现实理论意义是值得肯定的,这在某种程度上是降低了居委会的行政化色彩。但是,必须注意的是,在我国社区发展的现有阶段上,"议行分设"的可行性和运作效果究竟如何?实际上,采用"议行分设"的做法,居委会在形式上褪去了行政化的色彩,但实质上只有"行"而没有"议",居委会成员兼职、不拿报酬,对社区事务做不到全面了解,议事和决策能力难以保证,并且没有相应的保障机制。这样运行的结果是居委会的地位被虚化。在"居站分设"的做法中就更加明显,居委会面临着边缘化的危机。

我们认为,关于居委会的改革,问题的关键不在于组织是按照什么原则(如议行分设、议行合一)、按照什么模式来设置,关键的问题是:能否为居民的参与提供广泛而畅通的渠道?能否真正体现和整合社区居民的意志?能否真正起到沟通政府与社区居民的桥梁和纽带作用?政府部门可以对居委会承担的事务进行分类,属于自治事务的,由居委会自行负责;属于行政事务的,政府可以与其签订协议,实行行政代理,不需要另外成立专门的行政代理机构;而且,在现阶段居委会还可以通过承担部分行政事务方式以达到提高自治的能力。比如,上海市在2006年的居委会换届选举过程中,坚持实行"议行合一"的居民区管理模式,并确保有三分之二以上的成员从事居委会日常工作的原则。这种"议行合一"的做法似乎可以视为对当前居委会改革的一种反思。

4. 推动民间社会组织的发展

民间组织是公民社会的组织基础,是实现社会公共管理由政府统管转向社会管理的基础。民间组织起到政府与人民之间的桥梁作用,可以代表政府把相关的政策传递到社区居民,把意见和要求反映给政府部门。所以必须大力推进民间组织的发展。政府应逐渐把一些社会管理的事务交给民间组织,让民间组织发挥其在社会管理中的作用。

5. 妥善处理社区对内主要是居委会与物业管理部门的关系

随着城市化进程的加快,在我国社区管理实践中,也出现了一些新的工作关系及矛盾,比如社区内部就出现了需要对物业公司、业委会和居委会三者之间关系的协调

① 侯伊莎:《透视盐田模式——社区从管理到治理体制》,重庆,重庆人民出版社,2006。

问题。对于这类新生的关系,本来就没有明确的规范;加之,物业管理公司与业主委员会及居委会之间本来就存在着扯不清、理还乱的情况。因此,必须要对物业管理进行客观类别或性质的划分。比如它若是以赢利为目的的经营服务性企业,那么它与社区就是一种合同关系。处在这种情况下的它,就意味着不具有社会行政管理职能。据此,在进行城市社区管理新模式的构建中,一定要依法将物业管理单位的服务性质明确界定为企业管理的性质,使其回到经营的专业领域。同时要明确规定居委会具有法定的服务、管理和指导的职能,应代表居民对物业公司的工作给予支持、配合和监督。

9.2 农村社区管理中存在的问题和对策

9.2.1 当前农村社区管理中存在的若干问题

中国农村社区是自然经济的产物,农村改革虽然使农民的经营活动延伸到社区外,并在很多方面同社区脱离了联系。但一般来讲,广大农民的生活基地还是在社区,所需要的社会服务也首先来自社区。可以预见,大部分农民在今后相当长时期内的生计也还必须以经营社区的土地为主。然而,能否直接对农村实行全面的社会化管理,还要看社会是否具备这种管理的能力。经验证明,将现有的各种上下贯通的社会组织(政党的、政府的、群众团体的、准军事的),都用之于搞经济建设、管理社区并不那么有效。

经研究,当前农村社区管理中尚存在的若干问题主要体现在如下几个方面。

9.2.1.1 家庭承包与社区公共物品供需的矛盾

20 世纪 70 年代末期开始的农村改革拉开了新中国改革开放的帷幕。农村经济改革的主要内容是减少行政机构对生产的计划与控制。家庭承包责任制的实行,恢复了农户对农业生产独立经营的权力;对工分制的取消,恢复了农民自由支配农业劳动时间的权力。农业活动的各个环节,包括生产资料获取、经营选择、经营管理和产品销售,重新落实到农户家庭来完成。这种体制的运行,改变了乡村集体制原则下的生产组织形式和生活模式。家庭的生产性功能重新处于决定性的地位,家庭重新成为个人获取经济资源的方式。事实上,家庭联产承包又回归到了传统小农生产方式的老路。

经济改革带来农村整体发展和农民生活的富裕,二者共同促进了公共资源供给和维护的需求。乡村社会是一个整体,其发展需要超家庭的公共资源的积累,包括灌溉、发电、机械化、教育、科技、福利、保障、交通、通讯、环境等。对于个别家庭来讲,这些资源的供需问题却是难以为力的;而这些公共服务设施又同众多农户的利益密切相连,同社区未来的发展密切相关。公共物品提供不足,会严重制约经济的进一步发展和农民生活质量的提高,进而还会连锁影响到家庭经济发展的外部环境。农民生活水平提高,又提升了农民对提高生活质量的需求,而生活质量的各组成要素如教育、卫生、环保、保障等，都是典型的公共物品。总之，所有公共物品需求都会随着经济发展和农民生活水平提高而使得公共供给能力越来越缺乏，这是一对非常突出的矛盾。

(1)承包责任制后的小农生产方式的回归所形成的基于家庭的资源积累方式，又具有“分”和“散”的弱点，这对公共资源的提供和维护是极其不利的。一方面是，公共物品的私人供给，会造成供给不足的情况。某种财产或资源只有“我”与“非我”之分，缺乏共享的概念；对于公共资源的投入，每个人都希望享受没有成本的共同收益。如果基层组织向个人要钱投入公共事务，农民则认为是侵害了自己的利益，他们将会由不情愿变成对立情绪，这将造成公共资源的积累不足。另一方面是，因为公共物品的无排他性的使用，又会造成公共物品过度的消耗，这就是哈丁所说的“公地的悲剧”。比如经济比较发达的沿海某些农村，基本上家家户户盖起了三层以上的楼房，但社区内各种基础设施还是一塌糊涂，有人形象地描述“走了一村又一村，村村像城镇；走了一镇又一镇，镇镇像农村”，在那里缺乏足够的文化、娱乐、体育等方面的公共设施。这些就充分暴露出了在联产承包责任制之后，农村社区公共资源积累的机制问题，这又是一个突出的而且是亟待解决的问题。而在承包责任制以前，农村的公共资源积累，一般的都是由农村基层的国家正式权力体系（人民公社）统一决策、组织和提供，其行政基础在于国家权力体系下计划、命令、平调等政府手段，经济基础在于国家权力掌握农、林、牧、副、渔各业的经营管理权。

(2)土地承包造成国家政权逐步退出基层的经济生活领域，经济控制的退出，同时造成基层政权对行政控制和其他社会经济事业管理力量的逐步减弱。一些农村通过兴办乡村两级集体企业占有企业的利润，补偿社区的公共资源供给。而在相当多的农村地区，集体经济由于分田到户受到影响，一些地方的集体资产甚至无偿地分给了个人，造成社区公共福利提供减少，社区内整合机制弱化，社区组织软弱和涣散。比如在一些地方已经出现了比较明显的“村梗阻”现象。村梗阻是基层组织与社会体制脱钩现象，它不能有效地发挥维护社区公共利益、提供公共物品的作用，是公共资源积累能力减弱的必然结果。因此，实现农村基层共同体的公共资源的积累和维护，已成为当前农村社区发展的严重阻碍问题。

(3)与社区公共资源积累紧密相关的另一个重要问题是农民负担问题。如果从公共物品积累角度理解，农民负担是农民承受的除税收以外的所有公共物品的成本分担。提留统筹、集资摊派、公积金、公益金、义务工、劳动积累工等，可以看作是农民购买政府或社区制度外公共物品的支出。前面所述的联产承包制度下公共物品提供不足是基层农村的重要问题；而同时存在的另一个问题是农村公共物品供过于求，以至引起农民的抱怨。农民负担过重成为当前影响农村基层干群矛盾和农村稳定的重要原因之一。目前，将农民负担问题主要归结于基层社区干部的工作作风和贪污腐化，因此普遍认为“解决收费较重的关键是班子建设”。但仔细想来，作为一个基层干部，在他（或她）直接面对的是上有国家明文规定，下有百姓的热切呼吁，他（或她）

实在有这个必要去冒天下之大不韪而干一件低能的事吗？因此讲，针对农民负担过重的这种普遍的社会现象问题，就不应只从领导者个人道德上寻求解决的办法，而应该从农村公共物品供给的制度上寻找原因才是治本的做法。

目前，农村公共物品的供给决策程序基本上仍受人民公社体制做法的影响，是自上而下的政府指令。农民负担项目大多来自乡以上各级、各部门的文件，由社区外部因素来决定公共资源的筹集；这样做极容易导致公共物品的提供脱离社区居民的实际需求。对此，中央电视台还作了“减负要动真格”的专题“焦点访谈”，并于 1998 年 2 月报道了河北省定州市赵村乡。乡里要求集资，并且规定 5 天交上去，也没有说明什么用途，最后每个村强行完成每人交 3 元的任务。这种自上而下的集资和统筹任务在农村地区比较多见。现行政策允许全乡范围的办学、计划生育、优抚、民兵训练和交通等五项公共事业费用的“统筹”，但在实际运作过程中乡、镇政府的“统筹”范围往往都超出此规定。问题还在于，这些自上而下的统筹有多少是因地制宜的，又有多少是被统筹的提供者需要的。农民本身并没有明显感受到这些公共物品支出给自己带来的切实利益，因此，容易导致农民对政府指令的反感。

事实上社区干部往往处于社区居民与上级政府之间的两难境地，因为其政绩和工作同完成这些上级任务的好坏密切相关。比如有时某些集资就是为了政府用于组织大量的达标评比活动，即使其个人认为某些集资是没有必要的，事实上也超过了实际经济水平所能承担的能力的“样板事业”，他也只能被动地听从政府指令而对农民们采用强迫的办法来完成。如果公共物品的提供真正根据社区居民的实际需求，并由社区群众自我决策，那么，即使超出了农民的积累能力，社区群众也会有一种齐心协力、共度难关的责任感和使命感。因此，农民负担过重问题，不是公共物品的供给过多了，而是公共物品的供给并没有满足农民的需要。显然，对于在公共资源需求和供给的沟通协调问题是：一方面没有做到根据社区内部对公共物品的需求来确定公共物品的供给目标；另一方面也没有做到应该建立全体农民对本社区公益事业的需求表达机制；第三方面更没有做到，或者说缺少了建立社区基础设施的常规发展以及自下而上的农村公共资源筹集制度。

9.2.1.2 政社合一到乡政村治

改革开放以来的一个重要政治变迁是村民自治委员会的建立，原来身负政治、经济、社会组织多种功能的“政社合一”的人民公社体制逐步解体，转变为政、经分开的“乡政村治”格局，1984 年实行了县、镇、乡的农村管理体制，农村基层成立村民自治委员会，成为农村生活的一个较为独立的层次。1982 年宪法规定，村民委员会是基层群众性自治组织。九届人大常委会第五次会议通过《中华人民共和国村民委员会组织法》(1998)，重申了村委会的性质，并规定村委会有权决定自身的内部事务。乡镇政府对村委会的工作给予指导、支持和帮助，而不是领导和干预，从法律上确定了村委会作为基层社区代理组织的独立法人地位。

虽然基层社区的自治性质在法律上得到确认，但在实际运行中，仍然带有较多人民公社管理制度的遗产。表现在基层地方单位过度行政化，过分重视由上至下、由外至内的行政推动，忽视社区群众的自我组织和自我管理，民主自治的自我管理机制未能得到充分发育。改革开放以来，基层社区过度行政化的弱点表现得越来越明显。

1. 工作效率非常低下

自上而下、层层下派任务的管理模式给基层组织带来的问题首先是数不清的任务，可以说农、林、牧、副、工商、文体、科技、机电、水土，还有信访、民调、民兵训练等无所不包，真是名副其实的上面千条线底下一根针。所谓“上面千条线，底下一根针”，就是指一名基层的工作人员必须应对上面千条线汇聚下来所有各级分派给他（或她）的任务。因此，某一名具体的基层工作人员就是三头六臂也无法承受那些本来就超出他（或她）力所不能及的多项工作任务，到头来，因为工作千头万绪，他（或她）往往只能疲于奔命。而疲于应付上级的另一面，是因为事情越来越繁杂而导致了上面的机构越来越增多，从而导致官僚作风也越来越膨胀；由此，吃“皇粮”的人不断增加了，结果在计算成本与开支时平均摊到每个群众头上的负担将会成比例增加。这就意味着社会资源在内部消耗，同时也意味着群众负担在增加。

2. 财政负担非减反增

目前基层组织的财政问题极为普遍，是典型的“吃饭财政”。最重要的原因是联产承包责任制实施后，基层政权组织从社区经济活动中退了出来，相当多的地方集体经济受到很大削弱，以至于使基层经济成为“空壳”。另一个原因是自上而下行政安排的各种检查、招待、评比费用的增加，这些累计起来实际上就给地方单位增加了大量的经费开支。基层财政困难最直接的后果是减弱了公共物品的提供能力和公共事务的处理能力，也降低了基层组织人员的工作积极性。例如，根据在对浙江南部农村的一份调查资料，那里的村干部一天的务工补贴是 15 元，同家庭手工业的经营收入相比显得比较悬殊，不能给基层领导提供有效激励。更严重的问题是，财政困难下的基层组织的行为目标却转变成为追求政府可支配收入最大化，而不是社区公共利益最大化，“创收”成为基层单位的无奈的解决问题的办法。在村班子中，相当一部分力量忙于为维护这个或那个“摊派”的生存而从事种种经济活动，导致基层组织进一步脱离村民，乱集资和乱摊派也应运而生。

3. 基层组织脱离群众，进而失去群众支持

按照我国《村民委员会组织法》，村委会属自治组织，应通过民主选举产生，接受全体村民的有效监督，在法律范围内行使其权力。这就意味着村委会应该对全体村民负责，它与政府的关系是自治与指导的关系，双方应以契约形式明确双方的责任和义务。但在实践中，现在的基层村组织已演变为政府的直接下属，成了某种形式的政府派生的组织；且越来越只对上级政府负责，越来越脱离了村民的监督，并由此造成基层社区和群众关系越来越疏远。另外，基层组织目前所从事的工作，多半是收费收税和计划生育管理等方面，这些工作又都是涉及群众最敏感的切身利益问题，因此又进一步激化了干群之间的矛盾关系，所以基层社区的管理人员在群众心目中的地位

和威信逐步下降，进而也影响了他们在群众心目中的影响力、凝聚力和信任度。

4. 持续发展问题不容乐观

自上而下、自外而内的行政推动，往往忽视因地制宜和群众的创造力，因此使得低效率成为恶性循环。例如根据在对东北农村调查的资料，发现当地按照上级农业部门要求，大力推广塑料薄膜播种玉米的新技术，并列入考核指标。虽然花费了大量财力物力进行技术指导、奖金扶持，却遭到农民的反对，推广效率也很低。政府部门将此归咎于农民的素质较低，不愿接受新技术。但农民考虑问题的思维方式很简单，他们认为，目前种植玉米的收益远没有种植水稻的利益大。虽然采用地膜技术，但是其增加的收益还不能弥补机会成本的损失。类似的依靠政府行为大量投入，最后结果劳而无功的例子还很多，并且很多的政府项目，由于不能因地制宜而导致亏损或停产，造成更大的资源浪费。

自上而下行政推动的另一种情况是，很多农村地区都有政府扶持的若干典型样板村。这些农村的快速发展太多的是依靠政府政策和资金扶持，有的甚至是专门依靠县有关部门定点提供资金。设想一下，如果所有农村都这样依靠政府采取扶持政策的投入来使其发展，显然政府是力所不能及的。而且，这些样板村一旦被“断奶”之后，其未来发展的可持续性是值得忧虑的。因此，这种由上到下、由外到内的行政推动的发展思路仅具有较低的滚动性和可持续性。

现实生活中，村民民主自治管理体制下的村委会具有太强的“政府化”弱点，“单结构，双功能”。它不仅是社区公共利益的当家人，同时又是上级政府政策的执行人，村务和政务的双重角色，使其存在着内在的矛盾关系，而且往往政府管理的力量不但占了主要方面，还处处制约和束缚着其自身的工作。所以说，基层社区组织实际上就是一种行政管理的派出机构和执行机构，这对于协调干群关系、合理配备和优化利用资源以及选择因地制宜的发展思路，明显表现出是一种非常不顺的体制结构。

9.2.2 解决农村社区管理中存在问题的相关对策建议

纵观社区发展历史，社区历史从过去向现在的推移，不是简单地导致了传统的衰落，不是简单地从传统向现代化的“进化”，而是在社区中存在的这些现实力量的交错和互相作用。这种地方传统的“再循环”，不是传统的简单重复，而是对传统的不断“再发现”和在社会经济发展过程中的重新“嵌入”，通过社区内部力量和外来力量的相互作用，共同构造着具体的社会历史过程。

改革开放以来，农村基层通过由下到上的自我创新、以社区为单位的发展、社区成员的积极参与和互相合作以及对社区内部资源的充分利用，使新时期农村呈现出社区发展的崭新面貌。这一基层社区发展的根本原因，恰恰只有通过对改革开放以来农村生活实际变化的事实来进行解释。从而充分地说明了农村的经济发展和政府变革是孕育农村社区发展的基本力量。总的来说，这些力量主要包括如下几个方面。

1. 加强资源整合

居民生活水平的日益提高和农村社会各项事业的全面发展，造成公共物品的需求不断增强，而家庭生产的小农分散性，造成公共资源整合能力的不足，农村整体发展需要加强村级社区力量实现公共物品的提供和维护。同时从公共资源的供给体制看，应形成自下而上的、以社区为基础的、社区成员自我决策的公共物品积累体制。

2. 强化自我服务

农村庞大的农业剩余劳动力需要在农耕之外寻找消化的途径，农村非农产业的发展增强了单个农户之上的投资需求和互助需求，同时改变了农村的风险环境和应付生活风险的方式。这些增强了基层合作和集体行动的需求，要求发展适当的基层网络来承担必要的经济功能。

3. 发展自我管理体制

作为人民公社管理体制遗产的行政推动管理方式，仍在当前农村经济社会发展中起着重要作用，并表现出若干不足和不适应性。随着人民公社解体，“政社合一”的管理体制逐步转变成政经分开的“乡政村治”格局，村民自治委员会的法律地位的确立，增强了社区内的整合力和自我运行、自我管理体制。加强基层干部对村民自治法律法规及其配套制度规范的学习培训，增强其依法办事观念，依法组织村民进行民主选举，发动村民积极参与。此外，要严厉打击各种破坏民主选举的违法活动，保障村委会选举的依法进行。

4. 弘扬传统文化精神

传统文化的复兴，可以推动人们以一种特别的亲情或亲戚血脉关系的表现形式来实现社区内部网络之间的社会互助。因此，传统的力量在现代社会中已被重新发现和重新构造，不仅不是现代化的阻碍，反而一定程度上成为现代化的推动力量。正因为有了这些基本力量的综合作用，才使得改革开放以来的村级社区越来越对农村发展发挥着重要的作用，并充当了社会合作体系和社会整合体系的重要角色，可以预见，这将对未来农村的现代化进程产生深远的影响。

9.3 影响中国社区管理的几个基本因素①

9.3.1 把好国家政治体制的改革方向

1. 坚持“小政府、大社会”的改革方向

我国行政体制与机构改革发展的实践已证明，“小政府、大社会”模式是政府改革方向，我国五次机构改革无不以此为目标。应进一步树立小政府、有限政府的理念，坚定不移地进行职能转变；要突破政府职能和权力只在行政机关内部上下转移的框架，实行管理重心、权力向社会、社区和民间组织转移；要切实改革行政审批制度，树立政府就是服务的基本理念，强化政府的服务功能；缩减机构和人员编制，确立政

① 考虑到城市社区管理相对于农村社区的情况更规范、更系统一些，因此，本节在阐述有关内容时多半是以城市社区的主体为重点对象进行的。

府对社会的管理有所为、有所不为的方针;要按照"小政府、大社会"的思路重新构筑政府与企业、事业,政府与社会、社区的合理性关系,并用法律的刚性加以明确规定。

2. 改革现行的社区管理体制,以适应市场经济的要求

我国目前实行的社区管理体制与管理模式仍然属于"行政单一化"的传统模式,政府在社区管理中仍然起着绝对的主导作用,这与我国目前的社会主义市场经济体制极不适应,在一定程度上阻碍了城市社区的发展。因此,我们必须要改革现行的社区管理体制。首先,要调整管理体制,下放管理权限,包括计划管理权限、城乡规划权限、财务权限和人事权限等等。其次,是增大街道办事处和村民自治的管理权限。比如街道办事处,它是我国城市社区管理的真正主体,而它们所承担的责任、义务,同自身拥有的权力极不适应,这就造成了许多社区管理事务上面没人管、下面管不了的局面。要加大街道办事处的管理权限,第一应该是赋予其综合协调的权力;第二是增强其管理职责,扩大其管理权限,使街道办事处对辖区内的社区管理、社区服务、社区治安、综合治理、社区环境卫生、园林绿化、环境保护等各方面的管理工作均能行使相应的职权,使街道办事处真正成为城市社区管理的主体。

3. 加强社区党组织的建设

社区管理离不开党的领导,而且社区体制改革对社区党建工作提出了更高的要求,党应更多地采用非行政性(如法律的、经济的、民主的等)手段来确立社区的领导核心地位。加强社区党的建设,要特别注意以下几点:①是树立区域性大党建的意识,在新的历史条件下,城市社区党建工作已经由过去条块分割的封闭式区属型党建,向条块结合的网络化开放式区域性大党建格局转变,因此,必须转变观念和思路,转变工作方式和方法;②是注重工作对象和工作内容的转变,社区党建的对象不仅仅是党员,内容也不仅仅是宣传党的路线、方针和政策,社区党组织需要整合资源,面向社区开展工作,这是基层党建的一个全新课题,虽然党的组织建设非常重要,但是组织扩张只能提供党组织的正当权威,党组织要在社区获取实际权威必须依靠自身的服务,通过整合各方力量服务社区,让老百姓安居乐业,这是当前社区党建的重要内容;③是注重工作载体和人员队伍建设,进一步加强社区党员服务中心的建设,拓展党员服务中心的功能,为社区党员和群众提供多方面的服务项目,同时,要不断提高社区党群工作者的素质,增强开展党的社会工作的能力和水平。

9.3.2 注重社区治理的相关法规政策体系建设

1. 积极培育城市社区管理主体

社会主义市场经济体制要求投资主体多元化,在这种情况下,我们应该积极培育城市社区管理主体。政府组织、企事业单位、包括社会中介组织在内的各种社会团体以及社区居民,都可以成为社区管理的主体。

目前,我国大多数城市社区管理的主体为街道办事处、居民委员会及少数的物业管理公司。这些管理主体要么数量有限,要么力量太小,真正能够承担起社区管理任务的尚不多见。为尽快适应飞速发展的城市社区建设形势,我们必须要积极培育城

市社区管理主体。首先,要努力创造适合于各种主体成长发育的环境;其次,要使政府组织的管理权限及时缩小,给其他管理主体创造生存发展的空间;最后,要切实杜绝行政干预的现象发生。

2. 加强城市社区管理规范

(1)规范城市社区管理,首先要规范政府行为,建立法制化社会:①要从治本着手,以立法明确社区政府组织的管理职能及其组织形式;②要对政府组织行使权力的方式和程序加以规范,依法行政,克服主观随意性和盲目性;③要强化对社区政府组织行政工作的法律监督。

(2)要规范街道办事处、居民委员会的行为;①要深化街道管理体制改革,进一步理顺条块关系,形成运转有序、以块为主的街道管理模式;②要明确街道的功能定位;③使居民委员会的工作规范化、制度化、科学化,改革完善居民委员会的选举制度,抓好居民委员会基础建设。

总之,中国城市社区管理是一项系统的工程,它直接关系到每位居民的利益,与社区居民生活水平的提高和生活质量的改善息息相关。而且随着社会的飞速发展,城市社区管理也应逐步实现法制化、科学化、制度化。

9.3.3 推动民间组织的发育和壮大

民间社会组织是社区建设的主体之一,也是社区管理体系的有机组成部分。如何培育和管理民间社会组织,是深化城市街道社区管理体制改革的重要内容。我们一方面要扶持、引导民间社会组织发展,但另一方面更关键的是要建立一套有效的监督管理制度。

(1)要转变观念,正确认识民间社会组织的作用。实践证明,民间社会组织在促进政府职能转变、繁荣社区公益事业、强化社区自治能力、拓展就业和再就业渠道、推动民主法制建设、密切党群干群关系、缓解社会矛盾和促进人际关系和谐等方面具有重要的作用。

(2)加强对民间社会组织的扶持、培育力度,为民间社会组织的发展提供条件和保障。政府有关部门可以制定税收、财务、人事、工资、福利和劳动用工等方面优惠政策,比如对于民间社会服务组织从事社区服务活动,在区别认定后给予免税、减税等优惠政策,以鼓励它们投身于社区公益性、低偿性服务。对于社区所必须的社团活动,政府可以给予一定的经费支持,既可以通过专款专用的形式下拨,也可以通过项目招标的形式,由社区社团公开竞投,以获得项目资金的形式得到政府资助。政府还可以为民间社会组织在社区的服务活动提供场地支持。

(3)加强对民间社会组织的管理和监督,保证民间社会组织健康发展。要改变目前"重登记、轻管理"的局面,进一步完善相关的管理法规、政策,对民间社会组织实施分类管理,不断健全登记管理制度,探讨社区民间组织备案制度,引导民间社会组织规范运作,加强民间社会组织自律建设,重点加强对民间社会组织活动合法性的监督。

9.3.4 强化公民参与意识

社区管理离不开居民参与，没有居民参与，社区犹如“无源之水”、“无本之木”。而缺乏居民参与是当前我国城市社区管理所面临的主要问题之一。可以说，目前城市社区是“没有公民的社区”，无论是社区精英还是普通居民，都比较缺乏公民意识。现代公民是以关心公共事务、参与公益事业、承担社会责任为基本标志的。公民意识体现在社区中就是居民的“社区意识”。居民有了社区意识，才会真正认识到“社区是我家”的现实意义，进而才会产生对社区的认同感、归属感。社区中的居民没有公民意识，也就不可能形成真正意义上的“社区”。因此，要培育公民的社区意识，促进居民向公民角色的转变。培育公民意识的途径是让居民直接参与公共事务的管理和建设。要让居民认同社区，最好的办法就是让他们参与社区管理。因此，要建立居民多层面地参与社区各类公共事务管理与建设的制度化机制，为社区居民提供平等的参与机会，让他们在参与中增强自主性。但更关键的是，要授权让参与者分担社区工作的责任，增强居民的社会责任意识，而不是“事不关己，高高挂起”，只顾个人权利而忽视社会责任。只有这样做才能达到真正意义上的居民赖以生存的“社区”。

9.4 社区管理进一步加强的趋势

9.4.1 社区管理进一步加强的体制背景

社区管理是社区建设的主心骨，它是社会组织管理的重要组成部分。有学者认为，社区的发展与稳定是事关整个社会稳定的重要基础。因为许多社会管理职能都是依托社区来承担的，管理重心的下移，相当部分管理职能逐步向社区聚集。因此，只有将治理理论与社区管理相结合，推动社区管理能力的发展和壮大，才能使其在我国社会主义和谐社会建设中获得新的拓展与动力。我国社区管理进一步加强的体制背景主要有以下几个方面。

1. 为社区管理体制改革提供的实践平台

根据客观情况表明，当前我国政府在履行公共管理职能的过程中，其实际效能若与广大人民群众的期望相比、与社会主义市场经济体制的要求相比、与世贸组织规则所要求必须遵循的国际惯例相比，明显呈现出差距，主要表现在政府公共服务的能力不强、品质低下，配置社会资源的效率低下，难以有效地协调地区之间、群体之间的利益矛盾和冲突等方面；再者，由于我国在计划经济时期形成的传统的管理理论和趋于僵化的思维，政府习惯于通过强制性的行政命令包揽社区管理，直接去管理社区事务。应该说这在当时的国情下，是便于政府管理职能的发挥，便于形成统一意志和统一行动，也集中解决了社区的特殊问题。

但是，随着市场经济体制的不断完善和社会主义和谐社会建设的推进，过去“条强块弱”的“单位制”的社区管理机制、社区事务管理主体的单一化，往往会抑制其他社区管理主体的积极性，而无法实现共享社区的各种资源，社区管理还会演变成单一的政府行为，形成管理效率低下的结局，进而也加重了政府的负担。当前社区管理正在根据社区发展的需要和客观环境的变化，建立与市场经济相适应的新的社区管理体制，实现由“单位制”向“社区制”的转变已被提上议事日程。增加社区的职能，承接一些从政府职能中剥离出来的社会职能，这些新增加的职能，在社区中运作，变直接管理为间接管理，变命令式管理为服务型管理，这为解决社区管理中的实际问题提供了改革的思路和平台。

2. 居民权利意识的增强

权利是宪法和法律赋予每个公民的，是客观存在的。人们正因为拥有这些法定权利而成为社会的权利主体，相应地，权利也已成为居民保障自身在社会中生存和发展、参与社会生活的重要资源。改革给社会带来的变化是全方位的，人们的日常生活与工作和自己所在的社区关联度都在逐渐提高。因此，居民公共生活的活跃，社区事务的内容不断丰富，这些关系到居民公共利益的实现和维护等综合性问题也呈现多样化和丰富化的趋势。在此情境下，社区居民自然就有了强烈的自我公民权利意识，从而社区居民对社区公共事务的管理和公益事业的关注日益增强。

目前，在大多数居民的生活已经达到或接近了小康水平的区域内，人们从“温饱型”向“小康型”转变，这种类型的城市居民，他们在经济上的自主以及所带来的自我独立发展，居民参与社区建设和管理的热情日益增长，对“社区是我家”的公共意义领会比较深刻，产生了对社区的认同感、归属感和亲近感，并主动参与社区事务。①随着居民自我管理、自我服务和自我约束意识的提高，社区居民参与社区的公共事务和公益活动的行为与过程，也正影响和推动着社区居民对分担社区管理的责任和分享社区发展的成果的意识在进一步自我增强，从而又为治理实践奠定了思想基础。

3. 社区民间组织的渐趋成熟

社区作为人们共同居住地，其居民成员构成复杂化，利益关系多样化、交叉化，进而造成居民需求的微观化和多元化，当然也就聚集了复杂的社会关系和问题；城市功能的复杂性和整体性以及社区能力不足的现状使其本应承担的社会服务、社区管理功能无法得以实现，而民间组织正好弥补了这一缺陷。

我国的社区民间组织，虽处于成长的初步阶段，经过数年的发展，中国的社区民间组织的职能框架已经呈现出来，并显示出它促进社会发展的强大动力。民间组织的公共产品带有一种“俱乐部产品”的性质②，对特定领域、特定阶层的服务，更加具体，更加灵活，目前的政府和社区是无法做到的。在社区管理领域，其作用与地位也越来越突出，原先由政府直接管理的社区福利机构，现在由社区民间组织来管理，从事与社区建设和管理事务相关民间组织的比重不断增大。它能够通过持续不断地对

① 常铁威：《新社区论》，北京，中国社会出版社，2005。

② 陆明远：《中国城市管理中的民间组织功能研究》，载《公共行政》，2006(3)。

话来产生和交换更多的信息,政府不是唯一的“元话语”①,能够通过政府与社会多元主体之间的互动形成“话语”的共同管理,来尽量减少人为的政策失误;能够通过一系列的短期、中期和长期合作将各组织、个人和政府维系在相互依赖、共同生存的关系中;通过不断地反思,让公民与草根组织的力量充分释放出来,增强组织和个人的学习能力,以适应社会不断提出的新的挑战,社区民间组织的渐趋成熟为治理实践创造了社会条件。

4. 信息和网络的技术保障

知识经济时代是信息飞速发展的时代,尤其是网络技术的广泛运用,它通过向公众提供大量的政治、经济、社会、文化等与普通百姓生活密切相关的各种信息,将社区与外界紧密联系起来,使人与人之间、社区与社区之间、社区与政府之间、社区与社会之间信息沟通的渠道变得更加畅通,社区居民和社区中介组织的思维更加活跃,需求更加多样化和复杂化。同时,网络为社区管理提供了现代化的手段,推动社区管理组织成为学习型组织,并不断积累经验以提高管理的反馈能力,在新环境下重新设定组织目标与调整组织行为的适应能力,自我更新的能力;促进国家与社会之间的双向互动不断得以强化,一方面社区能够承载政府转移出来的部分职能,进行有效的管理和拓展,另一方面有利于构筑多中心的公共管理模式的转变,推动社区管理能力的发展和壮大。以信息化和网络化为标志的现代管理手段也日益渗透到社区管理的各个环节,使社区管理手段的知识和技术含量越来越高,同时为治理实践提供了技术保障。

5. 城市管理重心的下移

长期以来,我国对社会资源的支配权和分配权,对经济和社会生活的管理,都是按条块划分的行政体系来实现的。由于条块组织之间缺乏有机的横向联系,形成了封闭性的结构,存在着严重的条块分割状况。面对当前越来越复杂的社会事务和不断增加的管理职能,条块组织都逐渐将自己的管理重心下移,使街道组织和社会面临一系列新的问题和挑战。

随着大规模的城市建设和发展,城市管理功能急剧增加。在城市内部管理上,市场化管理、法制化管理、行政性管理以及更为复杂的社会生活管理等,使城市管理功能大大增加了。面临管理功能不断增加,城市管理重心逐渐下移。一方面各类组织剥离、下放的社会管理功能已大量地转移到街道一级组织;另一方面,各类新增加的管理功能也要落实到基层社会。方方面面、条条线线的社会管理功能都集聚在现有的社区组织之中,社区管理有进一步加强的必要。

9.4.2 社区作用的进一步强化

在了解了社区管理进一步加强的体制背景的基础上,针对我国社区管理中的现状,经分析,我们应主要从如下三方面入手,来实现政府公共管理职能与居民自治功

① 梁莹:《现代公共治理中的话语民主》,载《公共行政》,2006(4)。

能的有效对接,以便进一步强化社区的作用。

1. 清晰、正确地区划社区管理诸因素的作用边界

只有清晰、正确地区划政府、市场和自治组织在社区管理中的作用边界,才可能形成三者的良性互动或互补,并避免三者之间可能发生的僭越或互黜。政府在社区管理中的主要作用应当是:制定政策、法规,以引导社区发展方向,扶持社区公益事业,并规范社区行为;为社区发展提供尽量充分的资金支持,并采取各种措施以改善资金投入的使用效率;协调社区与社区之间、社区与社会之间的利益关系,必要时,还可协调社区内部各群体之间的利益关系;培育社区组织,并通过制定和提供良好的政策、法规环境,引导社区组织逐渐形成自组织性质与功能;动员社区参与,激发社区居民的自主、自治意识。

综上所述,社区管理中的政府行为,主要是宏观指导社区行为和外部支撑社区行为,而非对社区具体事务的行政介入。实际上是市场机制在社区经济领域中发挥主要作用。除社区经济领域外,还可在社区管理的非经济方面引入市场机制的某些因素。例如,市场所注重的竞争、成本、效率、质量等观念及相应的管理方法,都可以经变通后应用于一般的社区管理中。虽然市场机制的引入对于社区管理来说具有重大意义,但由于有"市场失灵"的问题,故我们不能将所有社区管理行为都变成市场行为,尤其不能以市场机制冲击或消解社区管理的公益性目标,或以有偿服务完全代替低偿、无偿服务。此外,在引入市场机制时,还应特别注意其可能造成的负面影响,并通过政策、法规及思想教育等途径,防止市场机制在公域的泛化。

社区自治组织的自组织治理,主要作用于社区内部事务,重点是为全体居民提供相应的服务特别是满足弱势群体需求的服务,调整特定区域内和特定群体内及群体之间的利益关系。作为代表居民意志和利益的管理主体,社区自治组织有权利也有义务整合居民意见,设定合理的管理目标,推动社区各项事业的开展,通过其管理工作为全体居民谋求合法的最大利益。鉴于社区自治组织也可能出现失灵的问题,因此,社区自治组织不能超越自己的职能,不能取代政府和市场的作用。在涉及社区与社区之间、社区与社会之间的关系时,某一社区的自治组织不能仅以该社区的整体利益为管理坐标,而必须服从政府的调控。在管理社区内部的经济事务时,社区自治组织既不能使自己变身为经济组织,也不能违背市场规律,以非经济手段干预经济活动。

当前,重点是要认真贯彻国务院《关于加强和改进社区服务工作的意见》,大力推进社区卫生服务、安全服务、就业服务、社会保障服务、救助服务、文化教育体育服务以及流动人口管理与服务等公共服务体系建设,使政府的公共服务覆盖到社区。要把加强社区卫生工作作为健全政府公共服务体系的一个切入点,力争在近两年内取得明显成效,实现在全国率先建立比较完善的社区卫生服务体系的目标,切实缓解群众看病难、看病贵问题。在积极发育公共管理体制和公共服务体系的同时,要着力探索政府公共管理职能与居民自治功能对接的机制,使两者更好地融合起来,发挥两

个方面的积极性，整合两个方面甚至更多方面的资源，形成社区建设的强大合力。比如，在解决社区违章建设问题上，既要发挥城管部门依法拆除违章建设的职能，还要发挥居民自治的组织作用，约束居民不搞违章建设。又如，在社区困难群体的救助工作上，既要发挥民政部门的救济职能，还要发挥社区组织的互助合作功能和社区志愿者的作用，等等。

2. 完成由政府主导向主体自主的过渡

由于历史原因和我国社会转型的特殊背景，政府在我国现阶段的社区管理中的主导地位是不可避免也是客观需要的。但是，政府的这种主导地位不能永久持续下去。因为如果政府总是保持其在社区管理中的主导地位，那么，社区管理中最重要的主体——社区自治组织的地位就会被边缘化。因此，在社区管理的优化过程中，应当逐步完成由政府主导向社区自治组织自主的过渡。政府主导实质上是“为民做主”，而理想状态的社区管理则要求“民为自己做主”。在一个社区内，分散的社区居民由于彼此利益的独特性而难以完成社区管理的整合行动或确定社区管理的统一目标，因此，只有组织起来，才可能实现“民为自己做主”。而社区自治组织，就是“民为自己做主”的组织形式。社区自治组织应当逐步确立自己的主体地位，并在适当时候取代政府主导而实现对社区的自主管理。由政府主导向主体自主的过渡是一个渐进的过程。在我国的社区建设中，不可能也不应当一开始就弱化政府的主导地位。社区自治组织需要政府的培育。没有政府的培育，社区自治组织在量和质上都难以适应社区管理的客观需要。因此，政府主导的弱化是与社区自治组织的成熟密切相关的，也是相辅相成、相得益彰的。政府应在培育社区自治组织方面下大力气，并通过使得社区自治组织逐渐成熟的过程中，逐步弱化自己的主导地位。

要进一步深化街道层面的改革，切实加强街道党工委、办事处领导指导社区居民自治的职能。一是要继续推进街道职能转变。要按照新的理念和公共治理的体制框架，加强对“统筹辖区发展、监督专业管理、组织公共服务、指导社区建设”四项职能的认识，解决好“转向”问题从单纯为了完成上级任务转向以人为本服务群众；从整合政府行政职能的平台转向整合政府行政职能和居民自治功能的平台；从单纯依靠行政手段转向综合利用政府调控机制、社区民主自治机制和社会协调机制。二是加强对社区居民自治的领导、指导和服务。要把“指导社区建设”作为街道的重要职能和任务，帮助社区解决好社区居民自治组织建设中的各种问题。要在街道层面建立以社区自治组织为基础的民主管理、民主监督机制，有些街道建立了社区居民代表会议制度，效果是好的，可以逐步推广。在街道层面发育社区服务互助合作机制，如爱心超市、阳光驿站等服务组织。要加强对社区建设的服务，完善和发挥好社区服务中心的功能，加大街道社区服务中心对社区干部、骨干和居民建设社区的教育培训，把社区服务中心办成政府提供的对社区建设进行指导、服务、教育培训的场所和基地。三是继续推进街道内部改革。根据街道职能，搞好街道内部机构的改革和调整，改进办事方式，办好一站式服务大厅，推进信息化建设，组织更多的政府部门为群众提供各方面的服务，使政府各项职能在基层贯彻落实并到位。

3. 提升居民民主意识

加强社区民主建设，促进具有自组织性质的社区自治组织的形成，一方面需要政府的培育，另一方面也以居民的民主意识为基础。社区自治组织要代表社区居民的意志和利益，就只能通过民主途径产生。但在传统体制下的基层社会群众希望有人“为民做主”的思维惯性，仍然在相当一部分社区居民中根深蒂固。这样的思维惯性，是居民民主意识不浓厚的主观根源，在一定程度上牵制了社区自治组织的自组织性质和功能的形成及完善。为了提升居民的民主意识，首先就必须破除居民思想中消极的传统观念。此外，社区管理者应当多为社区居民办实事，让社区居民体会到社区利益与他们的个人利益之间的密切联系，从而激发他们参与社区民主的积极性。在提升社区居民民主意识的基础上，还应当普遍实行民主选举、民主决策和民主监督。社区管理最重要的主体——社区自治组织的成员，应是由社区居民自己选举出来而不是由上面指派的。有关社区重大事项的决策是经过民主程序形成的。社区自治组织的管理活动要受到广泛的民主监督。这些内容，都是社区民主建设的根本要义。

4. 实现政府公共管理职能与居民自治功能的有效对接

社区管理说穿了它的首要任务就是为广大居民做好服务工作；而社区服务工作中最重要也是最复杂的内容之一就是公共治理，因为凡是涉及属于公共事务方面的社区管理工作，一般都需要由政府作为组织者身份出面规划、协调并贯彻落实；但同时又需要社区服务组织配合提供各类服务产品，以及社区居民热情、主动、积极参与。因此，要做好公共治理工作，一定要做到两头热，也就是，一头要有政府的关心和尽职，另一头又要有居民以主人公精神参与和自治。只有这样上下对接，同心协力，才能使得社区管理工作达到真正意义上的善治和持续发展。诚然，社区居民自治制度实际上既是为在社区层面上构建公共治理体制而实施的一种配套规则；也是推进和谐社区建设可持续发展的重要保证。可以说，假如离开了这个制度，就谈不上公共治理；而且只要这个制度不完善，就难以把党的领导、政府行政、居民自治以及市场机制等方方面面的制度有效衔接、有效融合起来。所以，必须全面落实民主参与、民主选举、民主决策、民主管理、民主监督、全民共享的大略，完善社区民主自治制度，夯实和谐社区建设的制度基础。

这里要抓住以下几个重点。

(1)完善社区居民自治的章程和公约。通过依法制定“社区章程”、“组织章程”以及社区安全、健康等专项公约，健全社区居民共同遵守的自我教育、自我管理、自我服务和自我监督规范。

(2)要完善社区居民自治的组织。首先要根据居民的居住状况，健全居民小组，通过居民小组，把居民家庭和社区自治组织密切联系起来。同时，要根据居民的需求，大力培育各种类型的专项群众性组织，如体育健身、文化娱乐、爱心救助、儿童抚育、宠物管理等组织，都要依章管理，把自我服务、自我管理结合起来。关于业主委员会的问题，要坚持社区居委会对业主委员会的指导职能，使业主委员会的活动成为居民自治的组成部分。总之，要通过各个方面的有个性、有活力、群众参与率高、社会效益显著的群众性组织，把居民组织起来，发动起来，参与到社区建设中。

(3)要加强社区居民自治的队伍建设。要加强对社区各种群众性组织、志愿者队伍的骨干力量的培育，造就一大批热心于社区建设和社区公益事业、在居民中有影响力的社区群众性组织的带头人，壮大社区居民自治和社区建设队伍。并通过这支队伍，在党的领导下，在社区居委会的指导下，带领和组织居民，开展各项民主自治活动和各方面的和谐社区创建活动。

(4)要完善社区居民代表会议制度。要进一步规范社区居民代表会议制度，通过社区居民代表会议，决定社区重大事项，监督政府履行社会管理和公共服务职能。要将热心于社区建设并在社区建设中发挥带头作用的骨干，选入到社区居民代表之中，增强社区居民代表会议的影响力和号召力，并充分发挥其功能和作用。

9.5 建立新型社区管理体制模式

9.5.1 新体制模式建立的原则

1. 以人为本、服务居民与因地制宜、社区共建相结合的原则

坚持以人为本、服务居民的原则，就是要坚持以不断满足社区居民的社会需求、提高居民生活质量和文明程度为宗旨，把服务社区居民作为社区建设的首要任务来抓，只有这样做，才能提高社区建设对居民的吸引力和凝聚力。如果背离了这一原则，社区建设就会脱离群众走到邪路上去。同时还要坚持因地制宜、社区共建的原则，要充分调动社区内机关、团体、部队、企事业单位等一切力量广泛参与社区建设，最大限度地实现社区资源的共有、共享，营造共驻社区、共建社区的氛围。

2. 确立社区管理主体，理顺政社关系

在新的模式中，政府已不是社区管理的主体，行政管理范围将大大缩小，管理的方式手段也将发生变化(主要以规划、协调、指导为主)。居民积极参与，社区提供服务，社会力量增长，朝着“小政府、大社会”，“小社区、大服务”的方向发展。

3. 消灭“行政化”，实现网络化

当前社区“行政化”倾向仍比较突出。很多地方社区组织仍承担着政府下派的工作，有时穷于应付，“6个人的居委会挂45块牌子”，就是居委会行政负担过重的真实写照。而新的社区管理体制应该界定政府的权限，提高社区的自治程度，突出各类社区组织对社区管理的参与，增加管理主体之间的联系、协调，使各项管理环环相扣，产生联运、互促效应，提高城市社区建设、管理的协同化程度和协作效能。

4. 立足国情，实现自治

中国城市社区管理体制改革，一要充分考虑到中国城市社区的实际情况，特别是

街道和居委会的具体情况,以便于与原有的管理体制衔接。二要大力发展社区自治组织、社会组织和中介组织,转变政府职能,扩大居民民主参与,加强社区自治,进而实现由“统治”向“治理”转变的发展趋势。

9.5.2 新体制模式的意义

城市社区是城市发展的基本载体。因此,当前我国城市发展若想取得突出成就,关键需要城市社区管理再上新台阶,即采用新体制模式。新体制模式对我国城市化进程有着重大意义,具体如下。

1. 有利于推进城市化进程

在城市化迅猛发展的今天,城市管理面临着繁重的任务,这些任务仅靠政府有关部门难以完成,若继续采用政府包揽一切的城市管理模式也难以取得良好的效果。为此,必须加强和改善城市社区管理工作,从而使城市管理的各项措施落到实处,不断提高城市化水平,为顺利推进城市化战略奠定良好的管理基础。

2. 有利于维护城市社会稳定,促进社会和谐

胡锦涛总书记指出:“社区是社会的细胞,建设和谐社区是构建和谐社会的基础。”《中共中央关于制定国民经济和社会发展第十一个五年规划的建议》特别指出,建设社会主义和谐社会,必须加强社区建设,完善社会管理体制。加强城市社区管理,协调社区居民间的关系,及时化解基层各种矛盾,促进社区成员和谐融洽,维护基层社会稳定,有助于整个社会的稳定和国家的长治久安。

3. 有利于加强社会主义精神文明建设

社区是深入持久开展群众性文化、卫生、体育和科普活动,倡导文明健康生活方式,反对封建迷信,拒绝邪教和各种伪科学的重要阵地,它在社会主义精神文明建设中具有独特的不可替代的地位。因此,搞好社区管理,是推动城市走向现代文明的重要手段。

4. 有利于推进政治体制改革和政治民主化进程

社区管理的加强和完善,适应了我国政府体制改革“减政放权”的要求。同时,政治民主化的发展意味着广大公民越来越广泛参与社会公共管理与政治生活。社区管理中,广大居民的广泛积极参与,实现了一定程度的基层民主自治,是我国社会主义民主政治的重要体现,也将大大推进我国城市的政治民主化进程。

在社区管理的目标定位上,应在实行自我管理的前提下,以社区居委会为依托,以发展社区服务为龙头,以提高居民整体素质和生活质量为宗旨,不断强化社区的组织、协调、凝聚动员、组织群众参与社区管理的职能,建设实行居民自治、管理工作有序、服务功能配套、治安状况良好、社区环境优美、居民和谐相处的新型社区。

9.5.3 新体制模式的目标定位

1. 实行社区居民自治

社区建设的本质要求是发展社会主义民主政治,完善城市居民自治。什么是真

正意义上的社区自治？首先是自理，自己管理自己的居住环境。从自理到自治，从自我教育到自我管理。因为，在一个社区范围内，是这个社区范围内居民共同生活的地方，应该体现居民自身的最大利益。说到底，社区建设的最大受益者也是广大社区居民。因此，片面地认为社区建设是政府的事情、与己无关是不对的。当然，在社区建设过程中，政府投入必要的财力给予扶助和支持也是不可缺少的，但绝不能依赖政府财政提供城市社区建设的全部经费。

按照新的财政体制，将来政府对社区建设提供的财力支持，主要是通过政府向社会中介服务组织购买服务的形式来实现。所以，对于社区来说，要从一切由政府部门下达指令转到居民自己决定自己的事情上来。但也要看到实行居民自治是一个渐进的过程，目前在一些社区，政府仍有很强的行政干预作用，实行居民自治的条件还不够成熟。原因是：居民之间有陌生感，缺乏参与意识，缺乏自治的能力和必要的心理准备。多年来，居民似乎习惯了依赖政府和上级部门的指令，居委会也成了政府的代言人，成了政府的“腿”和“嘴”，这就不适应居民自治的需要。因此，要坚持在党的领导下，保证社区居民依法直接行使民主权力，当家做主人，进行自我教育、自我服务、自我管理、自我发展。

2. 保证治安状况良好

一个社区的治安状况良好，让居民就会有一种安全感。人的生存需求满足之后，就会对“安全”提出要求，要求社会稳定、安居乐业。居民对社区有了安全感之后，就会对生存环境产生良好的归属感和认同感。因为人的一生除了工作期间的几十年之外（即使在这一期间，每天也有一半多的时间要在社区中度过），人的童年和老年时期都要生活在社区。社区是人们的居住之地、生存之地、休闲之地。人们在这里度过自己的业余时间，非常重要的一环就是需要有一种安全感。就社区管理而言，要想谋求社区的发展，首先就得保证社区的稳定，全力构建长效的社区治安防控体系。

比如，建立健全社会治安综合机构，加强对失足青年和解教人员的帮助教育并积极开展相关调解工作，等等。在做好以上工作的同时，还应从长效的角度进一步抓好三个环节的工作：一是采取多种形式，生动而又形象地开展好深入的法制宣传教育，在提高居民的法制意识上下功夫；二是采取多种手段，深入实际，全面准确掌握社区情况，有针对性地采取安全防范对策，提高安全防范水平；三是采取多种方法，建立健全社区矛盾协调机制，引导居民以理性合法的形式表达自己的利益需求，妥善解决相互之间的矛盾纠纷，自觉维护安定团结的社区氛围。

3. 配置优化的服务功能

社区服务是社区管理的龙头，不断拓展社区服务领域，逐步完善配套的社区服务功能并不断提高服务水平，是居民群众安居乐业的前提条件。社区服务的目标应定位在为居民提供配套的服务上，这样，就能使居民有一种方便感，使居民感到居住在社区内，一般在生活中想需求的服务，都能在社区内找到着落。社区服务不能等同于城市的商业服务，商业服务是根据市场竞争的原则，以追求自身利益最大化为出发点,以商品赢利为目的,而社区服务应以满足居民最大利益为出发点,其方式则以无偿、低偿为主,部分实行有偿服务。比如,可充分利用社区具有各种资源的优势,将各种资源有机地加以整合和共享,形成社区志愿者服务队伍。利用这支队伍,就可为社区低收入家庭提供一些必要的低偿生活服务,可以为无收入者提供无偿服务。社区所提供的各类服务可以不见回报、不计利润、不计报酬,完全以满足人的基本需要为目的。社区居委会应在做好各类"福利"服务的前提下,把工作重心放在大力发展便民服务上,对涉及居民吃、住、行、医等事情,应均能提供便利的服务。

4. 创造优美的社区环境

社区环境优美,这不仅是社区管理工作正常运行的重要基础,也是促进人与自然和谐的需要。作为社区居委会来说,要让所辖居民住得舒适、住得愉快,就应该在优化社区环境上高点定位,常抓不懈。重点应做好四个方面的工作:①是要采取多种形式,坚持经常地搞好宣传教育,教育社区居民做好街巷保洁、爱国卫生、环境保护、节水保源工作,爱护自己的家园。使人人增强优美社区环境的意识,确保社区环境卫生整洁,空气清新;②是要积极开展社区绿化活动,配合城市建设,积极动员单位、居民户积极开展拆围补绿、破墙透绿、辟地造绿、见缝插绿、户户植绿等活动,形成常年见绿、春色满园的优美环境;③是要加强对各类传染病的防治,提高社区居民的身体素质,保障社区居民的身心健康;④是要加强社区无障碍设施建设,为社区残疾人生活出行提供方便,努力营造社区优美的人居环境。

5. 促进居民相处和谐

居民和谐相处不仅是建设和谐社区的重要一环,如果说社区环境优美是给居民创造良好的外部环境,那居民和谐相处的定位就上升到了心理的层面,它包含了人与人之间关系的和谐,人与人之间关系的融合等方面的诉求,体现了社区居民之间的满意程度。这也是在社区管理中突出社区和谐主题的重要体现。因此,要实现居民和谐相处的这一目标定位,作为社区居委会来说,在加强宣传教育的同时,必须建立大范围、多层次的志愿者服务制度,并实实在在地开展好各项服务活动。尤其对老年人、残疾人、优抚对象、下岗职工等弱势群体的生活应给予更多的关爱。这样,做到不冷落、不放弃每一个需要帮助的人,促进社区内家庭、邻居及人与人关系的和谐,努力形成团结互助、扶贫济困、平等友爱、融洽和谐的社区环境,就可以使每个人都能在社区里找到一个温暖的归宿。

9.5.4 新体制模式建立的具体要求

当前中国城市基层管理体制的模式主要有:"上海模式"、武汉"江汉模式"、"青岛和南京模式"、武汉"百步亭模式"等,它们各有特色,也各有不足,因此笔者力图探寻一种更完善的模式。

1. 制定政策法规是顺利开展社区建设的根本保证

政府除了对社区建设加强宏观规划、制定政策和监督评估措施以外,应该充分加强有关社区建设的立法工作,面对社会不断呈现出来的具体问题,通过深入细致的调研和充分的论证，有步骤、有计划，适时制定有关社区建设方面的法律法规，为顺利开展社区建设与管理提供有力的法律保证。

2. 社会问题社会化解决是社区建设的发展方向

美国非政府机构是社区解决各类社会问题的主要承担者，这个做法可以说是相当成功的。我国各级政府应当从政府直接服务转向宏观管理，培育、发展非政府机构（包括社会公益性团体、民办非企业单位、企业及个人等），鼓励它们进入社区进行发展，真正形成“政府宏观管理、非政府机构直接操办”的“小政府、大社会”的格局。

3. 成立社区管理委员会，理顺几个关系

（1）理顺居民与业主、社区居委会与业主委员会的关系，从而确定城市社区管理委员会的性质和职能（社区管理委员会集业主委员会、居委会、社区服务中心于一体）。业主是以财产——物业权来划分的，业主的权利主要是一种经济权；居民是以居住地来划分的，居民的权利主要是其作为公民所享有的基本政治权利。居民、业主在社区内本是一体的，但是社区居委会是居民的自治组织，业主委员会代表业主，二者成为“两张皮”，难以协调、沟通，所以建议取消社区居民委员会与业主委员会，建立起能代表居民与业主共同利益的统一的社区管理机构——社区管理委员会，代替社区居民委员会与业主委员会行使职权。

（2）理顺社区管理委员会与物业管理组织、社区服务中心的关系，明确各自职责。由社区管理委员会征询居民意见后，代表全体业主选择（或成立）某个物业公司，使其提供物业及其配套设施的维护与管理服务，并对社区管理委员会和全体业主负责，而将社区文化建设、家政服务、治安、拥军优属服务、社会救助服务等功能归位于社区管理委员会，由其同时承担社区服务中心的职能。

4. 打造高素质、高水平的城市社区管理队伍

未来的城市社区管理，离不开高素质的管理队伍。笔者认为可从两个方面加强建设。

（1）加强城市社区管理委员会队伍建设。当前城市社区居委会管理人员的“老龄化”与“业余性质”是一个重要的制约因素。在可预见的未来，社区管理委员会的人员应由两部分构成：专职的管理人员和威望较高的居民、业主、社区内单位代表、知名人士、专业人士。专职的管理人员可从以下几个渠道选择：①是从大中专毕业生中去招聘一批；②是从机关下派部分干部到社区任职，实行兼职兼薪；③是把政治素质好、文化程度高、协调能力强、热心社区公益事业的干部充实到社区；④是加强现有社区干部队伍的教育管理，通过业务培训、岗位实践、以会代训、参观学习等方式，实行社区干部资格认证和持证上岗制度，提高社区干部的综合素质和工作能力。

（2）加强社区企业与项目经营者队伍建设。社区企业与经营项目往往是社区管理委员会资金来源的重要渠道，也是社区内全体人员共同利益之所在。因此，对于社区企业和经营项目的经营管理，应选聘素质高的、可靠的专业人士来承担，以确保社区资产的安全、利税的增长和财富的积累。

5. 构建城市社区管理运行体系

城市社区管理新模式,应当是通过多种渠道和途径,增强居民认同感和归属感,使居民自愿建设社区、管理社区,实现"居民自治";同时,由专业人士进行社区管理与服务,实现社区管理与服务"专业化"二者结合,这样才能把社区建设成为居民的温馨家园。

社会工作作为现代社会中管理社会与服务群众的一种重要手段,在解决社会问题、维护社会公义、保持社会稳定等方面发挥了十分重要的作用。美国作为西方发达国家,社会工作职业制度发展较为成熟,社会工作者不仅具有相当高的专业化程度、较为强烈的敬业精神、比较稳定的专业队伍,而且建立了一套较为完备的社会工作职业体系以及与之相适应的行政管理体制。为适应社会经济发展的要求,积极创新管理体制,实现经济和社会的同步协调发展,推动职业化、专业化的社会工作,是我国社区发展的必由之路。

在全面推进社区建设时,还应当充分重视对义工的发展和培育,通过制定相应的政策鼓励,吸引大批市民、学生,尤其是具有相当学历和医学、法学、社会学等专业知识的人士加入义工队伍,参与社区建设,培养他们的社会责任感,使之成为社区建设工作的生力军。

6. 整合社区资源,加大社区基础设施建设的投入

社区的基础设施是推进社区建设和拓展社区服务的重要载体,是社区管理良好运行的基础物质保障,必须加大投入力度,目前仅靠政府财政投入是不够的。笔者认为,可把扩大投资的着力点放在激活、整合社区资源上。应充分发挥市场机制的作用,充分利用社区资源,引导社区内企事业单位的设施向社区开放,让闲置场地、设施为社区所用,并鼓励企事业单位及个人以资金、房产、设备、技术、信息、劳务等形式投入社区服务业。

7. 完善社区功能,突出社区特色

针对当前城市社区功能不全、特色不明显的现实,改革城市社区管理体制应从以下着手:①未来的新型城市社区应具备较为完善的管理与服务功能,一般包括治安、饮食、卫生、体育、娱乐、宣传、文化、交通、通讯、邮政、休闲等;②未来的新型城市社区应形成各自的特色,社区特色的构建可根据居民的种族、宗教、文化、社会地位、经济状况、职业、地域以及物业的档次、风格等因素,划分为安居房住宅区、金融业住宅区、个私经营者住宅区等各具特色的社区,进而设计、实行不同的管理与服务,提高社区管理的效益与水平。

中国的城市社区管理是一项伟大而艰巨的任务,它需要社会各阶层、各方面力量的通力合作、尽职尽责。只有这样,才能把城市社区建设成为生态环境优美、社区服务完善、文化教育发达、社会秩序稳定、公共安全可靠、人际关系和谐、生活质量优良、居民安居乐业并充分体现我国社会主义社区建设成就的新型社区。

参 考 文 献

[1] 常铁威.新社区论[M].北京:中国社会出版社,2005.
[2] 何海兵.中国的城市“街道”管理体制改革与社区发展[J].当代中国研究,2006(1).
[3] 梁莹.现代公共治理中的话语民主[J].公共行政,2006(4).
[4] 陆明远.中国城市管理中的民间组织功能研究[J].公共行政,2006(3).
[5] 孙立平.理论与实践的张力[J].第三届“上海社区发展论坛”发言稿,2003.
[6] 万鹏飞.中国大陆城市的街道行政管理体制[J].当代中国研究,1994(3).
[7] 魏娜.中国城市社区治理模式创新的基本思路[J].新华文摘,2003(6).